Rembrandts Mätresse

Zum Buch

Sie ist ihm Modell und Geliebte zugleich: Hendrickje Stoffels
kennt den Künstler Rembrandt wie keine andere. Im Alter
von 20 Jahren kommt sie als Dienstmädchen in das Haus des
größten Malers des 17. Jahrhunderts. Schon bald ist Rembrandt fasziniert von ihrer magischen Schönheit – als Modell
inspiriert sie ihn, als Geliebte verzaubert sie ihn. Doch Neid
und Intrigen werfen dunkle Schatten auf die große Liebe,
und Hendrickje kämpft verzweifelt um Rembrandts Herz...

Zur Autorin

Die renommierte Autorin Sylvie Matton hat für ihren Roman
das Leben von Rembrandt und Hendrickje Stoffels intensiv
studiert. Unterstützt wurde sie dabei von ihrem Ehemann,
dem bekannten Maler und Filmemacher Charles Matton.

Sylvie Matton

REMBRANDTS MÄTRESSE

Roman

Aus dem Französischen
von Sylvia Antz

Econ & List Taschenbuch Verlag

Veröffentlicht im Econ & List Taschenbuch Verlag
Der Econ & List Taschenbuch Verlag
ist ein Unternehmen der Econ & List Verlagsgesellschaft, München
Deutsche Erstausgabe
© für die deutsche Ausgabe 1999 by Econ Verlag München
© 1998 by Plon
First published by Plon, Paris
Titel des französischen Originals: Moi, la putain de Rembrandt
Aus dem Französischen übersetzt von: Sylvia Antz
Umschlagkonzept: Büro Meyer & Schmidt, München – Jorge Schmidt
Umschlagrealisation: Init GmbH, Bielefeld
Titelabbildung: AKG, Berlin
Lektorat: Anja Nattefort
Gesetzt aus der Walbaum
Satz: Josefine Urban – KompetenzCenter, Düsseldorf
Druck und Bindearbeiten: Ebner Ulm
Printed in Germany
ISBN 3-612-27658-1

Für Charles

Seit einiger Zeit lebt er mit Hendrickje zusammen, und diese wunderbare Frau (sieht man einmal von Titus' Porträts ab, so atmen nur die Bilder Hendrickjes dieselbe Zärtlichkeit und Dankbarkeit des alten erhabenen Bären) muß gleichzeitig seine Sinnlichkeit und sein Bedürfnis nach Zärtlichkeit befriedigen.

JEAN GENET

1649

Gott war gut. Er gab unseren Vorfahren die Kraft und den Mut, über das Meer unsere Heimat zu erreichen. Ich glaube an Gott, den allmächtigen Vater. Die Protestanten sind das Volk der Bibel, die Holländer sind das auserwählte Volk. Gott ist gut, aber wir müssen ihm gehorchen. Über diejenigen, die das vergessen, wird er Sturm säen, und die Deiche werden brechen. Das hat er schon einmal getan. Dann überflutet das wütende Wasser das Land, das der Mensch durch seine Sünden verloren hat. Diese neue Sintflut wird unter Schrecken und Schreien alle ertränken und auslöschen. In der Ferne ragen noch einige Glockentürme aus der in milchigem Schlick versunkenen Landschaft.

Die Türen schlugen zu, und da hörte ich das Wort. Wieder einmal, einmal zuviel. Eine Hure war ich, deine, Rembrandts Hure. Ich preßte mich zitternd an die eisige Mauer. Stimmlos, atemlos. Keuchend. Hure, sagte sie, und das Wort hallte im Treppenhaus wider, in das die Sonne rote Streifen malte. Noch lange klang es in meinem Kopf nach, eine Hure war ich also geworden, deine Hure, für Geertje Dircx.

Ich habe es immer gewußt, selbst wenn ich schlafe, selbst wenn ich von diesen scheußlichen klei-

11

nen, sich windenden weißen Würmern träume. Ich schlafe und sage mir, daß diese Wesen mit den schrecklichen kleinen Zähnen Geschöpfe Gottes sind, die arbeiten. Leben ist Arbeiten, jeder weiß das, selbst die schlechten Frauen aus dem *Spinhuis,* der Besserungsanstalt für Frauen. Wenn sie nicht gehorchen, sperrt man sie in einen Keller und öffnet die Pumpe. Langsam steigt das Wasser. In einer Viertelstunde wird der Keller vollgelaufen sein. Wer nicht sterben will, muß pumpen. Und zwar schnell. Das ist anstrengender als Arbeiten. Und gefährlicher.

Du bist es, zu dem ich spreche, und auch meine Erinnerungen sprechen von dir. Du bist überall in mir, in meinem Leben, in der Luft, die ich atme, in dem Kirschbaum im Garten, in meinem Bauch. Du bist es, mein Geliebter, zu dem ich spreche. Und zu Gott, wenn ich bete. Ich bete immer. Ohne daß ich daran denke, drängen die Worte durch die Windungen in meinem Kopf. Ich kann weder schreiben noch lesen, aber ich kann die Zeit festhalten. Ich kann den Augenblick einschließen, um mich später daran zu erinnern, selbst die Schreie höre ich noch.

Ich ließ den kupfernen Türklopfer los, trat auf das Pflaster der Breestraat zurück, um die Fassade besser betrachten zu können, so riesig, wie ich noch nie eine gesehen hatte. Sie öffnete die Tür. Die Beine gespreizt, die Hände auf die Hüften gestemmt, ihr rundes Gesicht von der Sonne geschunden. Ihr Blick in meine Augen. Im Nu wägte sie meine Kraft, mein Lächeln, meine Blässe und mein schmutziges blaues Stoffbündel ab, das ich zu meinen Füßen abgestellt hatte, das Elend und den Mut meiner Familie, meine Rechtschaffenheit. Sie sagte: »Kommt herein«, und die schwere Tür schloß sich hinter mir.

Empfangen vom Heiligen Geist, geboren aus der Jungfrau Maria. Gelitten unter Pontius Pilatus, gekreuzigt, ein Wort nach dem anderen steigt das Gebet in mir empor.

Meine Augen gewöhnen sich an das Dunkel um mich herum. Man könnte glauben, bei dem Maler Rembrandt van Rijn gäbe es keine Wände, kaum daß man sie zwischen den Bildern erahnt, dabei weiß ich genau, daß hinter all diesen Bildern Wände sein müssen, weil sie ja daran aufgehängt wurden. Und dann dieser stechende Geruch, den ich noch nie gerochen habe und der mich zum Weinen bringt.

Geertje Dircx starrt auf meine dreckigen Holzschuhe, ein Blick, der meinen Füßen befiehlt, nicht weiterzugehen. Ihr Finger zeigt auf eine weiße Bodenfliese, auf ein Paar Lederpantoffeln. Auf einer Konsole stehen zwei nackte schlafende Kinder aus Gips. Daneben, unter einem Bild mit rosa Himmel (so rosa, daß ich Lust bekomme, in das Bild hineinzugehen), ein Schädelknochen mit Augenlöchern so dunkel wie ein Kaninchenbau. Ich steige aus meinen Holzschuhen, ziehe die Pantoffeln an und folge Geertje mit kleinen Schritten über den spiegelblanken Boden.

Ich kann nicht schreiben. Dort, wo ich geboren bin, brachte der Schulmeister den Knaben das Alphabet bei, selbst den beiden rotznasigen Metzgerssöhnen, und ließ sie das Vaterunser und die zehn Gebote auswendig lernen. An manchen Tagen fragte er auch, ob Eva einen Apfel oder eine Birne gegessen habe. Ich bin nicht in meinem Dorf zur Schule gegangen, Mädchen gingen nicht zur Schule. Aber ich habe immer den Geschichten von Liebe und Vergeltung aus der Bibel zugehört, die meine Mutter jeden Abend und der Prediger mit seinem großen Mund voller Zähne jeden Sonntag erzählten. Ich danke Dir, o Herr des Himmels und der Erde, für das, was Du den Weisen und Klugen vorenthalten und den kleinen Kindern enthüllt hast.

Ich kann weder schreiben noch lesen, und ich werde es nie können. Mein Blick verharrt auf denen, die mich anschauen, und ich höre die Gedanken, die sich hinter ihrer Stirn verbergen. Das meine ich mit erraten. Ich höre sie, vor allem die Angst und die Lügen. Und fern, ganz fern, das Schlagen der Wellen auf die Deiche, die singen und schreien, brechen und zerbrechen.

Ich habe Kindheit und Familie hinter mir gelassen, ich bin noch nicht volljährig, aber dort, wo ich geboren bin, fehlt es an Geld. Vor allem seit dem Westfälischen Frieden. Während sie auf die nächste Schlacht warten, sitzen die Soldaten ohne Familie, die im Krieg an einer oder mehreren Körperstellen verwundet wurden, bettelnd an den Kanälen der kleinen Städte. Mit ausgestreckter Hand führen sie den Tod eines Teils von sich spazieren, dort wo der abgerissene Knochen und das herausspritzende Blut ausgebrannt wurden. In jenen Straßen mache ich kehrt, es ist nicht der Anblick, es ist der Geruch, den ich nicht ertrage. Sobald sie die Hand ausstrecken, erwachen die Würmer in ihrem Körper.

Daß ich Bradevoort verlassen wollte, wo ich geboren bin, brachte meine Mutter zum Weinen und die Männer zum Reden.

»In der Stadt ist es gefährlich, und Amsterdam ist eine große Stadt«, sagte der Mann meiner Schwester, er war niemals dort und hat noch nie einen Satz gesagt, ohne daß ein anderer ihn vor ihm gedacht hätte. Es ist, als würde man etwas hinunterschlukken, was schon vorgekaut wurde. Einmal habe ich ganz laut widersprochen, und die Augen meiner Schwester Marina funkelten vor Zorn:

»Geh doch, geh nach Amsterdam, wenn die ein Dienstmädchen in diesem Haus suchen, von dem unsere Mutter die Adresse hat. Geh, die Leute hier bei uns auf dem Land waren dir ja nie gut genug.«

Es gibt Leute, die immer sagen, was sie denken, selbst wenn man sie nicht danach fragt. Ich habe nicht geantwortet, ich mag keinen Streit. Aber ich wollte gehen. Unsere Gegend ist nicht wirklich ländlich, und unsere kleine Stadt keine richtige Stadt, sie ist eine Garnisonsstadt. Im Winter beziehen die Soldaten in den Häusern Quartier, wo sie von den Familien aufgenommen werden; und wenn im Frühling die Pferde genug Futter haben und die Garnison ihr Lager aufschlägt, haben die Mädchen oft einen dikken Bauch. Als Tochter und Schwester von Soldaten würde ich nie die Frau eines Soldaten werden wie meine Schwester Marina.

Seit dem Frieden mischte sie Bilsenkraut und Belladonna in das Frühstücksbier, damit der Jähzorn ihres Mannes nicht so früh erwachte. Dann konnte ich ganz nah an ihm vorbeigehen, ohne daß er seine Hand mit dem fehlenden Finger ausstreckte. Immer um mich anzufassen. Die Wunde in seinem Bauch ist nie richtig verheilt, ein großes Feuer brennt in seinem Innern, sagt Marina. Ich werde nie in eine offene Wunde mit den kleinen Würmern darin schauen. Ich glaube, das Feuer von draußen wird sein Inneres nicht mehr verlassen. Die Männer lieben den Krieg. Das Feuer ist das Gift des Teufels, das er auf die Erde schleudert.

Ich folgte Geertje Dircx, sagte mir, daß das junge Dienstmädchen dem älteren folgte. Die schwarzen und weißen Bodenfliesen warfen unser zitterndes Bild zurück. Sie glänzten so, daß ich mich darin spiegelte.

»Vor dem Haus mußt du jeden Morgen mit drei Eimern Wasser putzen. Mit der kleinen Bürste schrubbst du die Zwischenräume der Pflastersteine und auch die Bretter über dem Rinnstein auf beiden Seiten der Straße.«

Der Unrat sinkt auf den Boden der Kanäle, wo ihn die Ratten fressen; was sie nicht vertilgt haben, fließt ins Meer, das reinigt und zerstört. Unser Vater sagte oft, die Vereinigten Provinzen Hollands seien das sauberste Land der Welt. Dank der Kanäle und der Ratten das Land mit dem wenigsten Ungeziefer und der wenigsten Pest.

Von ganz weit hinten kam Judith mit kleinen Schritten lautlos über die glänzenden Fliesen auf uns zu. Mit beiden Händen trug sie den großen Korb Monatswäsche mit Spuren getrockneten Blutes vor sich her, errötete unter seinem Gewicht. Sie schaute mir in die Augen, bis wir auf gleicher Höhe waren. Erst im allerletzten Augenblick lächelte sie, mit ihrem Lächeln, das ihr ganzes Gesicht zu der breiten Stirn hinaufzieht. »Das ist Judith«, sagte Geertje.

Je tiefer die Flure im Dunkel des Treppenhauses in die Eingeweide des Hauses eindrangen, um so mehr begleiteten mich die Gerüche, die mich seit dem Vestibül eingehüllt hatten, von Stufe zu Stufe. Es riecht und stinkt immer mehr. Es brennt in den Augen und läßt einen mit offenem Mund atmen. Noch ekelerregendere Gerüche erahne ich hinter der geschlossenen Tür. Von der anderen Seite höre ich Stimmen und Gelächter, es ist hell und klingt nach vielen, ich glaube, jungen Leuten. Am liebsten hätte ich nicht mehr geatmet und meinen Mund nicht mehr aufgemacht. Ich weiß sehr wohl, daß Gerüche von außen in unseren Körper eindringen und dort all die schlafenden Würmer aufwecken. Man muß sich übergeben, wenn die Gerüche aus dem Innern herauskommen und sich draußen niederlassen. Dann kann die Nase die Würmer riechen.

Geertje legt einen Finger auf die Lippen und dreht sich um. Sie flüstert nicht, ihre Stimme ist nicht sanft, sie ist tief, ganz leise wie ein Seufzer. In den beiden Werkstätten des Meisters und der Schüler mußt du langsam gehen, vor allem keinen Staub aufwirbeln, der sich dann auf die frische Farbe der Bilder setzen könnte. Und niemals der Hand eines Schülers gestatten, deine Körperformen abzutasten und zu begutachten, selbst (und vor allem) dann nicht, wenn er sagt, er versuche die Schwere des Fleisches besser kennenzulernen. Geertje Dircx spricht, ohne zu lachen, selbst ohne ein Lächeln.

Sie öffnet die Tür. Plötzlich legt sich Stille über die Gerüche, die im Hals kratzen, eine Stille, so leer, daß sogleich neues Gelächter erklingt. Schüchtern. Ich sehe niemanden. Wie Höhlen verbergen sich fünf Nischen hinter langen, ungebleichten Tüchern in der großen Wand. Als ich sehe, wie sich das Tuch aufbläht und die Körper, die sich dahinter bewegen, nachformt, errate ich, daß hier die einzelnen Schüler arbeiten, allein und geschützt vor den anderen. Ersticktes Gelächter. All diese erahnten Blicke brennen auf meinen Wangen und lassen in mir die Lust aufkeimen zu lachen, mitzulachen. Geertje klatscht in die Hände, ich senke den Kopf.

»Sie ist heute morgen aus Bradevoort bei Winterswigle gekommen, sie heißt Hendrickje Stoffels. Sie wird euch nachmittags Heringe und Bier bringen.

Und ab nächstem Monat werdet ihr jeden Morgen den Torf für eure Fußwärmer von ihr bekommen.« Sie dreht sich zu mir um: »... wenn diese jungen Burschen so lange regungslos in der Kälte arbeiten, reiben sie die Farben nicht richtig ins Öl, weil sie es nicht lange genug erhitzen.«

Köpfe erschienen, halb erwürgt vom Stoff der Vorhänge, lächelnd, rot, andere ernster, distanzierter, fast streng; die Schüler und die Lehrlinge von Rembrandts Werkstatt, wie ich um die zwanzig. Bestimmt würde das Leben in der Stadt nicht traurig sein. Ein Lachen gluckste in mir, meine Freiheit, ohne meinen Vater, ohne die Brüder und den Schwager; und junge Männer in meinem Alter, die nicht nur von Krieg und Blut träumten. Ich biß mir auf die Unterlippe. Zuerst hob ich die Lider, dann, mit einer großen Anstrengung, das ganze Gesicht.

An jenem Morgen hatte ich unsere Mutter umarmt, als sollte ich sie nie mehr wiedersehen. Ich drückte ihr einen leichten Kuß auf die Lider, erst auf das eine, dann auf das andere, beide so zart, daß sie kaum die Perlen zwischen den Wimpern zurückhielten: Ich wollte ihr die Finger wärmen und ihr in Tränen aufgelöstes Inneres. Ich sagte, daß nun mein Leben beginne und daß ich gut auf die Bibel aufpassen würde, die sie mir gegeben hatte, daß ich immer, wenn ich eine Seite umblätterte und mit dem Zeigefinger von oben nach unten die Zeilen nachfuhr, an sie denken würde. Niemals würde ich vergessen, daß Er zur Rechten Gottes, des allmächtigen Vaters sitzt; von dort Er kommen wird, zu richten die Lebenden und die Toten: diejenigen, die Gutes getan haben, wird Er zum Ewigen Leben erwecken, diejenigen, die Böses getan haben, zum Jüngsten Gericht. Und nein, ich würde nicht vergessen, daß die Frau dem Manne untertan ist, daß er sie ehren und sie unter Schmerzen gebären soll. Ja, ich wußte, was das Leben vor dem Tode war und daß es für die Auserwählten, nach dem Tod, das ewige Leben sein würde. Und daß meines so sein würde, wie Gott es wollte.

Dann bestieg ich den Treidelkahn, der von einem Pferd gezogen wird und auf dem Kanal zwischen Dämmen aus aufgeweichtem Gras in einer Reise von zwei Tagen und zwei Nächten Bradevoort mit Amsterdam verbindet. Verborgen unter der Kapuze ihres langen *huik* weinte meine Mutter hinter meinem Rücken; blicklos starrte ich auf den Horizont vor mir.

Von Raum zu Raum folgte ich Geertje Dircx mit kleinen, eiligen Schritten. Vor den Buntglasfenstern, durch die eine orangefarbene Sonne brannte, tauchte Titus auf, das Gesicht im Schatten. Eine kleine rosige Fleischkugel, ein naschhaftes Lächeln um seine spitzen Zähnchen, voller Lebenslust und Tatendrang. »Sieben Jahre«, sagte er zu mir. Ich weiß nicht mehr, wann ich ihn liebgewann. Das vorbeieilende Profil der ausgetrockneten Amme, er, der wartet. Der mich anschaut, voller Vertrauen. Ich sagte mir, daß auch ich ihn gern getragen hätte, ganz klein in meinen Armen. Als die ersten Zähnchen durch den Kiefer drangen, hätte ich sie ihm mit Wacholderöl eingerieben. Hätte Umschläge aus Roggenmehl und Milch für seinen kleinen, wunden Hintern gemacht, ein paar Blutstropfen auf ein rotes Eisen fallen lassen, um sein Nasenbluten zu stillen. Ich würde das können. Wenn ich alt genug wäre, wenn ich Mutter wäre. Ich höre auf mit diesen Träumen von einer Vergangenheit, die endgültig vorbei ist. Titus ist sieben Jahre alt, und ich verspüre, ohne zu wissen, warum, ein eifersüchtiges Bedauern.

Geertje schimpft: »Ab mit dir in die Küche, Titus, geh essen.«

Aber der rosige Knabe mit den roten Locken hört nicht. Er geht nicht in die Küche. Vielleicht hat er keinen Hunger. Seine Füße schlittern über den schwarzweißen Fliesenboden bis zu dem Lichtstreifen. Er will mich von nahem sehen. Seine kleine warme Hand schlüpft in meine.

Bittere Dämpfe brennen in meinen Augen. Oder liegt es daran, daß sie sehen, und zwar zum ersten Mal? Die Worte fallen aus Geertje Dircx' Mund, und ich stelle keine Fragen, der große Saal vorne, der kleine hinten, neben dem Hof das Vorzimmer und die Kuriositätenkammer. Sämtliche Wände in allen Zimmern sind hinter Bildern und Gegenständen versteckt. Nie gesehene Waffen, die ich an ihrer Schneide erkenne, geschmückt mit Fell und Federn, Waffen aus fernen Ländern. Bestimmt haben sie die Seeleute der Ostindischen Kompanie von weither

mitgebracht. Köpfe und weiße Schultern von Män-
nern und Frauen (aus mattem Gips oder hartem
Stein, der im Licht funkelt), Kleider in schillernden
Farben, die kein Holländer jemals in irgendeiner
Stadt unseres arbeitsamen Landes tragen würde.
Gerahmte Jesusbilder, die immer von der traurigen
Güte Christi erzählen, andere mit Früchten, Silber-
karaffen, Landschaften und, auf einer Konsole, ein
schöner gehämmerter Helm, der wie Gold glänzt.

Vor der geschlossenen Tür deiner Werkstatt
wandte Geertje Dircx sich um, überlegte jedes Wort:
»Ich werde dich jetzt dem Meister vorstellen. Er
arbeitet von morgens bis abends und darf von nichts
und niemandem im Haus gestört werden.«

Im Schatten zwischen Pinseln und Staffeleien ver-
lagert Rembrandt langsam die Gerüche im Raum.
Mit abwesendem Blick. Es gibt zu viel einzuatmen
und zu sehen, ich traue mich nicht, meine Augen
gleiten nur ein bißchen weiter auf dem Boden vor
mir. Du sagtest: »Ich hoffe, es wird ihr hier gefallen«,
ich sagte mir, daß ich dir gefallen habe, und bin
rückwärts wieder hinausgegangen. Ich dachte, der
Geruch würde vielleicht mit dem Bild trocknen und
man könne sich eines Tages deinen Gemälden nähern, ohne an dem Gestank zu ersticken. Titus wartete an der Tür auf uns. Er darf durch nichts gestört
werden. So sagte Geertje Dircx. Das war lange vor
ihrem Geschrei.

Wo ich herkomme, schrien alle außer meiner
Mutter. Mein Vater, meine beiden Brüder und der

Mann meiner Schwester Marina, die allesamt mit den schenkellangen Stulpenstiefeln der Soldaten und Sergeanten auf dem Boden herumtrampelten. In ihren großen, fetten Bäuchen, die den ganzen Tag Bierschaum ausschwitzten, konnten sie Blasen machen. Sie wollten wissen, wer am lautesten rülpste. Schrien dann. Ich versteckte mich, vor allem vor Marinas Mann und seiner Hand mit dem fehlenden Finger, die mich schon einmal an den Haaren gepackt hatte, während die anderen fünf Finger den Schrei aus meinem Mund unterdrückten.

Je mehr sie schrien, um so mehr tranken sie, und dann verschwand meine Mutter. Als ob sie mit einem Schlag alt und zerbrechlich geworden wäre, plötzlich durchsichtig, unsere Mutter. Dann weinte sie, die Tränen flossen leise, als ob sie nie mehr aufhören würden. Dann setzte ich mich auf ihre Knie, wischte die langen, glänzenden Spuren von ihren Wangen. Wie damals, als ich noch ein kleines Mädchen war, wenn ich mit den Zähnen klapperte, um Fieber vorzutäuschen, und sie mir vom Krieg gegen die Spanier erzählte, dem Krieg, der schon mehr als hundert Jahre vorbei war, und wie die Vereinigten Holländischen Provinzen ein Land wurden, unser von Gott geliebtes Vaterland. Weil man immer lernen muß, sich zu verteidigen. Damit die spanischen Barbaren nie mehr den Männern und Frauen unserer Städte die Kehle durchschneiden und sie quälen konnten.

An jenem ersten Abend kam Judith herunter ins Zwischengeschoß, um mir gute Nacht zu wünschen und um zu sehen, ob es mir in der Ecke der Kammer, in der mein Bett steht, weder an Luft noch an Wärme fehle und ob wir Freundinnen würden. Sie spricht ganz leise. Ihre Worte sind nicht schüchtern, sie will nur nicht stören; deswegen spricht sie ganz leise. Judith ist ein Jahr jünger als ich. Sie ist verheiratet. Ihr Mann arbeitet in der Färbermühle. Jeden Abend wartet er vor dem Tor der Breestraat, damit sie nicht alleine an den schwarzen Kanälen entlang in das neue Jordaan-Viertel zurückgehen muß, wo sie den ersten Stock eines Hauses an der Bloemgracht gemietet haben.

An jenem Abend habe ich eine Frage gestellt, eine einzige: Die Sachen und die Bilder, mit denen alle Wände aller Zimmer des Hauses vollgestopft sind, wo kamen sie her? Und warum? Hat Rembrandt sie gemacht, Rembrandt oder seine Schüler?

»Er kauft sie. Er liebt die Gemälde und Skulpturen anderer Künstler.« Bestimmt konnte man an meinem Gesicht ablesen, daß ich nicht verstand.

Judith lachte: »Er kommt mit seinen Einkäufen nach Hause und ist glücklich. Es ist sein Sinn für Schönheit, er will um sich herum immer sehen, was er liebt. Und manchmal finden all diese Stoffe, diese Kleider, diese Gegenstände Eingang in seine Bilder. Er leiht sie auch an befreundete Maler aus. Mindestens einmal im Monat geht er zu einer Versteigerung. Vor zehn Jahren, mit Saskia, noch viel öfter.«

Auch ich fing an zu lachen. Ohne genau zu wissen, warum.

Mein neues Bett ist in der Wand verborgen wie das in Bradevoort, aber länger. Mit ausgestreckten Füßen lege ich mich hin, zum ersten Mal in meinem Leben schlafe ich nicht im Sitzen; ich zähle die Knochen meines Rückens, einer nach dem anderen sinken sie ins Kissen. Damit die Hexen des Teufels mich nicht mit ihren glühenden Lanzen durchbohren, habe ich meine Pantoffeln verkehrt herum ans Fußende des Bettes gestellt. Verkehrt herum. Aber in dieser Nacht (meiner ersten im Hause Rembrandts) hat mich die Trompete vom Wachturm, die der Stadt die Zeit ansagt, jede Stunde geweckt. Zwischen zwei Signalen starrte ich mit weit geöffneten Augen in das Dunkel meines Zimmer und hörte zu, wie die Zeit in dem großen Zwölfstundenglas verrann.

Ich wälze mich herum, seufze. Der Mittelfinger der rechten Hand kann ein wenig das lindern, was einem Schmerz ähnelt, wenn man nicht schläft. Dann fällt der Schlaf darauf herein. Die Spucke, die meine Zunge auf die Fingerspitze geleckt hat, fühlt sich fast kühl an auf der kleinen, hart werdenden Knospe. In der großen Süße zwischen den Schenkeln, in der Feuchte zwischen den Haaren und den warmen Geheimnissen, die selbst der Mann meiner Schwester nicht durchdrungen hat, spielt der schon getrocknete Finger mit der Knospe, die erwacht wie eine Glut. Wieder strecke ich die Zunge heraus, wieder ein wenig Spucke, niemand kann mich sehen, noch die Tropfen, die auf mein Kinn gefallen sind. Allein mit meinem Innern, niemand kann mich hören, ich seufze, ich stöhne. Der Finger wird immer schneller.

Damit ich es nicht vergesse, erzählte meine Mutter mir, unter wieviel Tränen und Blut unser Land geboren wurde: »Erbarmungslos stachen die Spanier einem siebzigjährigen Greis in den Hals und ließen ihn dann sein eigenes Blut trinken, bis keines mehr floß. Sie zogen den Männern bei lebendigem Leibe die Haut ab und spannten sie auf die Trommeln ihrer Regimenter.« Meine Mutter schweigt. Sie neigt den Kopf, will sehen, ob ich, von ihr gewiegt, schon schlafe. Dann verziehe ich den Mund zu einem kleinen Lächeln, das besagt »erzähl weiter«. Und sie erinnert sich an das, was ihre Mutter ihr erzählte, und sie wiegt mich, wie ihre Mutter es mit ihr getan hat. »Die Spanier erstechen die Männer und vergewaltigen die Frauen. Sie reißen ihnen die Kleider vom Leib und jagen sie nackt und blutüberströmt durch die Stadt. Einer von den Schurken bringt es zu Ende und läßt sie wie Unrat zwischen Leichen mit abgerissenen Beinen, Armen und Köpfen auf der Straße liegen.«

Hier hielt meine Mutter inne und betete schweigend für die Rache der Seelen.

Ich spreize die Schenkel noch etwas weiter, presse die Füße aneinander. Den Mund geöffnet zu einem Kuß, den ich mir gebe, verborgen und gepeitscht von meiner wilden Haarmähne, wälze ich den Kopf von einer Seite auf die andere. Der Finger, die Spucke, die fiebrige Knospe. Und jenseits der schwellenden

Geheimnisse überschwemmt mich eine neue Wärme. Von weither gekommen, schwillt die Woge an, ich habe sie unter dem Schaum erraten. Ich stöhne, möchte weinen. Wie eine Flut, die nicht aufhört, sich zurückzuziehen. Ich rühre mich nicht, atme kaum, Arme und Beine ausgebreitet, den Mund unter dem Kuß geöffnet, den ich mir vorstelle. Dann öffne ich die Augen, ein Seufzer, ich verspüre Lust, ganz allein vor mich hin zu lachen, und sage mir, daß ich nun schlafen werde.

Sanft wiegte mich meine Mutter. Auf ihren Knien schlief ich ein, bis das Poltern der Stiefel meines Vaters und meiner Brüder mich weckte.

Im ersten Licht des rosafarbenen Schimmers am Himmel über dem Hafen zieht der von weither kommende Bäcker seinen holprigen Karren über das Pflaster der Breestraat: »Roggenbrötchen, Gerstenkekse. Noch ganz warm. Warme Brötchen.«

Gleich nach dem Aufstehen ziehe ich mich an. Ich schaudere immer, wenn ich das Hemd wechsele: Das für den Tag legt sich eiskalt auf meine feuchte Haut. Ich schnüre es und schlüpfe ganz schnell in die Wollstrümpfe. Dann ziehe ich den Unterrock über die Hüften, lasse das Tuchgewand darüberfallen, in dem ich werktags arbeite. Das andere, das unsere Mutter aus demselben Stoff genäht hat, halte ich mir, um am siebten Tag in die Kirche zu gehen. Das enganliegende Mieder, Kragen und Jacke. Über der Zinnschüssel wasche ich mir Hände und Gesicht. Dann bürste ich mir vor dem kleinen, an die

Fensterscheiben gelehnten Spiegel mein langes, dunkelrotes Haar, dessen Locken sich nachts verwirren, wenn ich nicht schlafe. Ich fasse sie zu einem Knoten zusammen, den meine Finger auch im Dunkeln fertigbringen, und stecke sie rasch mit drei Messingnadeln fest.

Ich nähere mein Gesicht dem Spiegel, damit ich die neue Haube zurechtrücken kann, die Ohren und Nacken bedeckt. Nicht gerade hübsch. Ich betrachte meine Augen, dann nur eines, aus nächster Nähe. Ich sage mir, daß es sicher ist, und doch gleicht es einem Gebet. Und jedesmal frage ich mich, ob es Gott ist, zu dem ich bete, oder der Teufel. Die Pupille weitet sich, ich betrete den dunklen Tunnel, steige ganz tief hinunter. Ich werde nicht alt werden.

Von beiden Seiten prüfe ich mein Gesicht vor dem Spiegel. Wenn ich lächle, reiht sich Zahn an Zahn zwischen den beiden Einkerbungen beiderseits der Lippen, kleine Knochen, die mit den Jahren nicht vergilben werden. Ich kneife die Augen zusammen, strecke eine spitze Zunge heraus, ziehe einen Augenblick lang eine Teufelsfratze. Die Haut spannt sich wieder, die Stirn wird breiter. Ich liebe mich, und ich weiß nicht, wer mich lieben wird. Aber immer dieselbe Gewißheit: Weder der Wind noch die Kälte oder die Zeit werden dieses Gesicht, diese Haut abnutzen, die zwanzig Jahre gewebt haben. Die Zeit wird sie vergessen, wird sie meiden, das Wunder wird geschehen. Langsam komme ich aus meinem Blick zurück, trete wieder in mein Leben ein.

Ich binde die große blaugestreifte Schürze um, ziehe die beigefarbenen Manschetten vom Ellbogen zum Handgelenk. Ein neuer Tag beginnt. Rasch werde ich die heiße Milch aus der Zinnschale trinken, werde ein im Kamin geröstetes Stück Brot und nach Kümmel duftenden Leidener Käse essen. Seit einem Jahr trinke ich kein Bier mehr zum Frühstück, seit ich, als ich den Mann meiner Schwester bediente, merkte, daß Bier nicht wach macht, selbst das beste nicht, nicht einmal das braune aus Rotterdam.

Die Blätter des Sommers lösen sich von ihrem Baum, langsam schweben sie an den rosenfarbenen Scheiben der Küche vorbei. Ich öffne die Tür, sehe ihnen zu, wie sie sich auf das Pflaster des kleinen Hofs legen; ich werde sie aufkehren. An den höchsten Zweigen des Kirschbaums schaukeln noch ein paar Kerne und ein paar Früchte, die die Vögel vergessen haben. Ein paar schwarze Kirschen. Schwarze. Dort, wo ich geboren bin, wachsen keine Bäume mit schwarzen Kirschen. Das sind die Früchte der Seuche, wer davon ißt, wird sterben. Es sei denn, man hat zuvor mindestens einmal in seinem Leben die Zähne eines Pestkranken gelutscht, den der Tod befreit hat.

Die schwarzen Kirschen. Allein schon sie anzuschauen ist eine Gefahr. Denn die Pest stirbt nie, verborgen in der Erde wartet sie auf den Zorn Gottes. Du bist meine Zuflucht und meine Festung, mein Gott, in den ich mein ganzes Vertrauen setze.

Schnell schließe ich die Tür, heftig pocht die Angst unter meinen Brüsten. Bitte den Teufel um Verzeihung. Dann Gott. Man wird die Tür und die Fensterläden vor den Schreien des Kranken vernageln; die Nachbarn in seiner Straße werden warten, werden ihm zuhören; eines Nachts wird die Stille den Eingeschlossenen ersticken. Meine Hände falten sich. Er wird uns von dem Netz des Vogelfängers und der mörderischen Pest befreien.

Ich liebe gut getane Arbeit, ich liebe es, meine Arbeit gut zu tun. Geertje Dircx, Judith und ich inspizieren die Schränke der Küche. Die Lade für Salz und Gewürze, das Fleisch haltbar zu machen. Das Wandfach für das Gemüse, in das die Kälte des kleinen Hofs dringt, in dem Wirsing, Birnen und Käse aufbewahrt werden. Die Töpfe mit den in Öl eingelegten frischen Heringen und die Räucherwürste, die entlang des Kamins aufgehängt sind. Die großen Zinnkrüge, in die der Lehrling des Straßenhändlers jeden Montag- und Donnerstagmorgen das gute lauwarme, schaumige Bier gießt. Und im spanischen Schrank das weiße Porzellangeschirr und die durchsichtigen Gläser für die Besuche der ehrenwerten Käufer.

Ich schäle, schneide und fülle den großen Kupfertopf. Als ich Geertje Dircx sagte, daß ich das *Hutspot*-Rezept meiner Mutter kenne, antwortete sie: »Ich werde es vor dem Herrn versuchen«, dann ging sie aus der Küche. Fein gehacktes Hammel- und Rindfleisch, Gurken, Schwarzwurzeln, in kleine Würfel geschnittene Pastinaken und Pflaumen, das Ganze mit Orangensaft übergossen, mit starkem Essig versetzt und lange in mit Ingwer gewürztem Fett geschmort. Der beste Hutspot ist der im Herbst, den meine Mutter mit Kastanien serviert. So, die letzten Zwiebelstücke in den großen Kupfertopf, Deckel darauf. Drei Stunden kochen lassen. Eine Mahlzeit für zwanzig Personen. Zehnmal in drei Stunden werde ich den Deckel heben, um nachzuschauen und den guten Duft des würzigen Fetts einzusaugen, dann werde ich wieder nach oben gehen.

Heute morgen wollte ich mit Titus spielen. Er ist ein Kind, das von der Kälte Fieber bekommt und das niemals auf den zugefrorenen Kanälen Schlittschuh laufen wird. Sein Vater will, daß er den ganzen Winter über vor dem warmen Kamin sitzt. Man kann seine Angst verstehen, seine ersten drei Kinder sind ganz früh gestorben. Als ob Saskia ihr Leben für dieses Kind gegeben hätte, so erschöpft von der Anstrengung, dem Kind das Leben zu schenken, das nicht sterben würde. Er bläst seine Backen auf, pustet durch einen mit Seife eingefetteten Ring, von morgens bis abends läßt er die Farben des Lichts in den Blasen schillern, selbst als Geertje in den Farben, die das Licht auf die Fliesen warf, ausrutschte. Titus hat sie schimpfen gehört, er wird sich daran erinnern.

Wie alle Holländer spielt er Karten und Würfel, aber lustige Spiele wie Vogelstechen kennt er nicht. Meine Brüder spielten das oft, bevor sie Soldaten wurden. Mit verbundenen Augen muß man einer Ente, die kopfüber an einem Strick aufgehängt ist, mit einem spitzen Messer den Hals durchschneiden. Jeder kommt an die Reihe, und zwar ohne zu mogeln. Das Katzenspiel wollte ich Titus auch beibringen. Man sperrt eine Katze in ein Fäßchen, das man an einen Strick bindet. Nacheinander schlagen alle mit einem Holzstock darauf. Wenn das Fäßchen zu krachen beginnt, miaut die Katze ganz laut, dann wird das Spiel lustig. Wenn das Fäßchen zerbricht, springt die Katze heraus. Sie zittert vor Angst, ihr Schwanz ist ganz aufgebauscht, ihr Fell gesträubt wie die Stacheln eines Igels. Dann schlägt man nicht mehr auf das Faß, sondern auf die Katze. Wer sie tötet, hat gewonnen. Titus wollte nicht spielen, er ist weggegangen, ich habe ihn schniefen hören. Er weiß nichts, und ich werde es ihm erklären. In einer Garnisonsstadt gibt es viele Fässer und überall zu viele Katzen. Während die Ratten den Boden der Kanäle von Ungeziefer und der Pest reinigen, tragen die Katzen und Hunde die Krankheiten von einem Haus zum anderen.

Ich klopfte an die Tür zur Werkstatt der Schüler. »Herein«, wiederholten lachende Stimmen, aber niemand öffnete mir. Ich stellte den Bierkrug ab, ohne die Heringe und den Käse von dem großen Teller fallen zu lassen, öffnete die Tür, hielt sie mit einem Fuß auf und trat mit einem Schritt in den Geruch. Zwei Schüler liefen herbei und stellten sich freundlich vor. Barent Fabritius greift nach dem schweren Krug auf dem Boden; er ist älter als ich, er ist schön, hat langes Haar und dunkle Augen. Und Nicolaes Maes, der an den Nischen entlanggeht und Heringe, Käse und Brot auf den Tellern der anderen Schüler und Lehrlinge verteilt. Er ist sehr jung, lacht die ganze Zeit, wie ein Glucksen, das er nicht hört. Er hat große rote Pickel auf der Stirn und am Hals. Ich glaube, wir werden uns miteinander anfreunden.

Geertje fordert mich auf, Kartoffeln zu schälen. Aber dort, wo ich geboren bin, im Bauch der Vereinigten Provinzen, weit weg vom Meer und von der Welt, ißt man die nicht, man pflanzt sie auch nicht an. Man weiß, daß sie ein Gift enthalten. Ich sage das leise, nicht jeder weiß das, und ich will nicht Geertje Dircx' Mißfallen erregen. In der Stille schaut sie mir tief in die Augen, dann zuckt sie die Schultern, sagt zu Judith: »Dann wirst du sie später schälen.« Ich solle dann zu ihr in den ersten Stock kommen. Mit Judith im Gefolge verließ sie die Küche.

Ich werde mit Geertje auf den Markt gehen und die Stadt um uns herum ein bißchen kennenlernen, hat sie gesagt, aber ich weiß nicht, wann. Von der Stadt kenne ich nur, was Marinas Mann erzählte, was ich auf dem Weg von der Anlegestelle in die Breestraat gesehen habe, und die Geräusche, die durch die orange- und rosafarbenen Buntglasscheiben des Hauses hereindringen, klingen näher und metallener als auf dem Land.

In zwei Linien, die das Wasser des Kanals durchschnitten, folgten die Enten dem Treidelkahn. Laut klang ihr Geschnatter über das regenstumme Land. Ich stand unter dem schützenden Vordach des Kahns. Der Mann trug einen großen schwarzen Hut, von dem die Tropfen abprallten. Er hatte nur ein Auge. Das andere war ein verbranntes Loch mit ganz faltiger Haut, die sich darüber geschlossen hatte. Als wären auch sie versengt, hingen seine Kleider um ihn herum. Seine langen Arme zogen große Kreise, er sprach laut. Er sprach zu allen Leuten auf dem Kahn, all den Leuten, die er nicht kannte und die auf dem Kanal nach Amsterdam fuhren, und ich sagte mir, daß er verrückt sein müsse, denn nur Verrückte reden mit so vielen Leuten, die sie nicht kennen: »...in den Tavernen mischen sie Rauschmittel aus Indien unter den schlechten Tabak, der auf unseren Feldern wächst, und reichen euch dann die in der Glut angezündeten Pfeifen.«

Eine Frau mit angemalten Lippen über gelben Zähnen rief, wir hätten uns auch der Verrückten entledigen müssen, damals, als wir die Spanier aus unserem Holland vertrieben, so daß selbst die Enten hinter dem Kahn zustimmend schnatterten, und in unseren Kirchen würden die Prediger schon drohend die Backen aufblasen, und jetzt sei es genug.

»Bald wird Gott Rache nehmen wegen des Überflusses an Geld, unserer Börse und unseren Versicherungen. Wie vor zehn Jahren, als er den Tulpenhandel und die einfachen Händler bestrafte, indem er ihnen, einem nach dem anderen, den Strick zur Hand gab, den sie sich um den Hals legen sollten...«

»Es ist genug...«, riefen die Frau und die Enten.

»Tausende von Pfählen... Ihr werdet es sehen, das neue Rathaus, wie der Tempel Salomons erbaut in sieben Jahren...«

Der Mann in Schwarz sprach zum Himmel. Reckte die Faust empor: »...Schlimmer als die Sintflut der Bibel... Die Fluten werden alles mit sich reißen, sie werden vernichten, was die Händler beschmutzt haben, man wird die Kinder schreien hören, aber dann wird es schon zu spät sein, dann wird das Wasser sie schon verschlungen haben...«

Hart stieß der Kahn gegen den Pfahl. Vor der Anlegestelle verkaufte ein Mann mit einem von einer fernen Sonne verbrannten Gesicht Gewürze. Wie eine riesige Kette trug er sie in großen Beuteln um den Hals. Ein durchdringender Geruch nach alten Flundergräten umgab ihn, ein Geruch, der ihm vorauseilte, sein Kommen ankündigte. In seinem Leben hatte er so viel Fisch gefangen, gegessen und ausgeschieden, daß er mit Sicherheit schon selbst ein wenig zu einem geworden war. Bestimmt waren unter seinen Gewändern Schuppen gewachsen. Er ruft, singt fast, daß er seine Gewürze selbst aus Ostindien mitgebracht hat, daß er den Gefahren der Stürme und der Wilden getrotzt habe, denn, so sagt er, alle Nichtholländer sind Wilde. Er lächelt mit seinen schwarzen Zähnen unter einem grünen Vogel, der mit gespreizten Federn auf seinem Kopf sitzt. Der große gelbe Schnabel des grünen Vogels wiederholt die letzten Worte seiner Sätze. Doch plötzlich läßt eine Kirchenglocke wieder und wieder ihre kurzen, klaren freudigen Schläge erklingen. Mit wütendem Kreischen antwortet der Vogel auf das nicht enden wollende Glockenläuten. Noch einmal lächelte der Seemann mit allen Schuppen seines Mundes. Dann ging er davon.

Barent Fabritius hat mir ein Kompliment gemacht. Er hat gesagt, noch nie habe er besseren Hutspot gegessen. Nicolaes hat sich zweimal nachgeschöpft.

Amsterdam, die gefährliche Stadt, ich schaue, ich höre, ich atme. Die Sonne prallt von den Kanälen ab, die nach Heringen, allem, was man hineinwirft, und Ratten riechen. Auf dem Straßenpflaster kreuzen sich die Rufe der Kinder und verfolgen sich, sie schlagen auf Trommeln, sie blasen in Hörner. Andere kommen auf Stelzen aus einer Gasse. Sie sind schmutzig, fröhlich, laut. Sie sind schön.

Dort, wo ich geboren bin, läßt man am ersten blauen Herbsttag Drachen steigen. Mit offenem Mund und runden Augen schauen die Kinder den im Himmel tanzenden Farben nach. Dann fällt allen Müttern die traurige Geschichte von Jacob Egh de Zaandam ein. Mit offenem Mund und runden Augen schaute Jacob den Farben nach, die Bilder in den Himmel malten. Er rannte, und sein Drachen tanzte immer hinter ihm her. Einer der Stiere seines Vaters wird wütend und nimmt den Jungen aufs Korn. Der Vater und die hochschwangere Mutter rennen zu dem wütenden Tier, schreien, lenken es ab. Wutschnaubend spießt es den Vater auf und tötet ihn, dann schleudert es die Mutter durch die Luft. Bevor sie stirbt, bringt sie ihr Baby zur Welt, das ein paar Monate am Leben bleibt. In Amsterdam werde ich keine Drachen sehen. Die drei- und viergeschossigen Häuser nehmen ihnen zuviel Himmel weg, schade. Stiere gibt es auch nicht. Ein galoppierender Stier trägt in seinem Fell immer die Miasmen der Pest mit sich. Das Land ist gefährlicher als die Stadt.

Bevor ich aus dem Kahn stieg, hatte ich die Frau mit den angemalten Lippen nach der Breestraat gefragt, und schon versank ich im Geruch der Kanäle. Rauh und gewaltsam dringen plötzlich Rufe und Gelächter aus einem Gäßchen ganz in der Nähe. Um nachzusehen, schlage ich einen anderen Weg ein. Zwei Straßen weiter auf einem kleinen Platz windet eine Frau in einem weißen von Schmutz und Blut gefärbten Hemd mit abgerissenen Knöpfen und zerrissenem Kragen Kopf und Hände im Holz des Prangers. Um ihren Hals hängt ein Schild, und darauf rot gemalt die Worte, die ich erkenne, ohne sie zu lesen, die Worte, die in allen unseren Vereinigten Provinzen die verbannte Hure anzeigen und bestrafen.

Die Lederriemen der Peitsche zeichnen Kreuze auf ihr Hemd. Graben sich in die aufgeplatzte Haut und ziehen lange Blutspuren über den Stoff. Jedem Schlag des Folterknechts folgt ein Schrei der Verbannten. Lang wie ihr Atem. Jedem Schrei antworten Haß und Spott der Gaffer.

Von weitem ist die Frau jung. Aber aus der Nähe kann man sehen, daß die Zeit mehrmals an ihr vorbeigegangen ist. Die Blattern haben Narben auf ihrem Gesicht hinterlassen; sie hat schwarze beziehungsweise keine Zähne; ihre nackten Schultern voller dunkelbrauner Flecken und Krusten erzählen seit langem von Eisen und Peitsche. Ich höre die Worte, falte die Hände. Er nahm unseren Fluch auf sich, um uns zu befreien, und wurde ans Kreuz genagelt. Der Zorn der Frau (mehr aus Angst oder Schmerz) antwortet den Beleidigungen, die drohen, sie ins Spinhuis zurückzuschicken. Richtet, und ihr werdet gerichtet werden.

Die Klapper eines Aussätzigen nähert sich, immer verkündet sie die Auferstehung. Langsam zieht der Mast eines Schiffes auf dem Kanal vor dem scharf umrissenen Giebel eines Hauses vorbei, größer, höher als sein Dach. Hinabgestiegen in die Hölle, am dritten Tage wiederauferstanden von den Toten. Das Klappern von Pferdehufen auf dem Straßenpflaster, näher und gegenwärtiger mit jedem Schlag. Plötzlich springe oder falle ich gegen eine Mauer, ich weiß nicht mehr, gestoßen von dem dahingaloppierenden Pferd, das einen kleinen vergoldeten Wagen mit Dach und Vorhängen zieht. Ein riesiges Pferd, ganz aus Gold. Hinter dem halbgeöffneten Vorhang erblicke ich blitzartig den Mann in Schwarz. Er wollte mich nicht töten, seine lange Nase glänzte wie ein Messer über seinen zusammengepreßten Lippen. Die Stadt ist gefährlich. Nein, er wollte mich nicht töten, von Gold geblendet hat der Mann in Schwarz mich nicht gesehen.

Ich weiß, daß Gott gut ist und daß er Holland liebt. Gott hat uns erwählt. Die Wasser haben sich vor uns zurückgezogen, und Du hast uns trockenen Fußes zum sicheren Hafen geführt, wie das Volk Israels ins Gelobte Land. Aber wenn wir in Gold und Sünden ertrinken, wirst Du Deinen Zorn über uns ausgießen, das große Sterben wird aus der Erde hervorkommen, die Sintflut wird uns verschlingen.

Abends, wenn die letzten Schüler in die Stadt gegangen waren oder in dem fensterlosen Speicher schliefen, pflegte der schwere Schritt Rembrandts die großen Räume des Hauses zu durchqueren. Judith und ich hoben den Kopf, lauschten. Wir lachten nicht mehr, wir sprachen nicht mehr, wir flüsterten. Judiths Stimme, die nicht stören will, war nicht mehr als ein Hauch. Die Stille verbietet das Vergessen. Nur Geertjes Pantoffeln klapperten auf den kalten Fliesen. Nur Geertjes Stimme befahl noch, nur Geertje hörte den im Dunkeln anschwellenden Kummer nicht.

In der Küche weiht mich Judith flüsternd in die Geheimnisse ein. Sieben Jahre nach Saskias Tod konnte Rembrandt immer noch nicht ihre Abwesenheit ertragen und die leere Stille, die sie und ihr Lachen hinterlassen hatten, die nun sein Leben ausmachte. In dieser Stille, in Saskias Stille, lebtest du mit ihr, Tag für Tag, in deiner Werkstatt. Du sprachst mit ihr, und du überlebtest. Du küßtest ihre Lippen unter dem großen roten Samthut, die du auf die Leinwand gemalt hattest. Damit sie nicht starb, nie mehr starb. Sieben Jahre nach ihrem Tod lebte Saskia noch. Vor deinen Augen.

Heute abend schaue ich dich an und erinnere mich. Dein Lächeln hat sich verändert, glaube ich. Es drückt weniger Schmerz aus. Mit einem Atemzug bläst du die Kerze aus, deine Arme halten mich umschlungen.

In deiner Gegenwart senkte ich immer den Kopf. Selbst wenn Geertje mich an ihrer Stelle mit Heringen und Bier in deine Werkstatt schickte. Ich klopfte leise, drei kurze Schläge an die Tür. Du sagtest »herein«, ich trat ein. Ich wartete mit dem Teller und dem Krug, hinter deinem Rücken schaute ich zu, wie aus Farbe ein Bild wurde. Ich sah die große, fette Kruste der dunklen namenlosen Farben auf der Palette, die Farbbeutel und die Öltöpfe, die nach Knoblauch, Hühnerfedern und Lavendel rochen. Ich hatte gelernt, langsam zu atmen, mit offenem Munde, und meine Augen brannten nicht mehr.

Es war Barent Fabritius, der mir die Hand reichte, um mich nach hinten in die Werkstatt der Schüler mitzunehmen, dort wo der Farbmeister das Kochen der Öle überwacht, in denen er dann die Farben zerstößt. Vor allem dürfen sie nicht zu heiß werden, damit die Hühnerfeder sich nicht in dem Terpentinöl kräuselt. Neben ihm läßt ein Lehrling unter ekelerregenden Dämpfen Knochen und Haut eines Kaninchens im Wasserbad schmelzen, die dann mit Schlämmkreide vermischt zu Knochen-leim werden.

Noch dreimal fuhr der Pinsel über die Leinwand, verließ sie dann wie bedauernd; du drehtest dich um. Mit gesenktem Kopf antwortete ich deiner ern-sten Stimme. Ich schaute dir nicht in die Augen, die mich direkt ansahen, traute mich nicht, dir von Angesicht zu Angesicht gegenüberzutreten. Ja, es war schön, ja, es gefiel mir, ich spielte mit Titus, so oft wie möglich, sobald es die Arbeit und Geertje Dircx zuließen. Ich sagte nicht, daß Titus die Spiele meiner Kindheit nicht mochte. Immer, wenn du von deinem Sohn redest, glättet sich deine Stirn, dein ganzes Gesicht erstrahlt vom Lächeln deiner Lip-pen. Tief unten aus der Kehle kommt ein sanftes dunkles Lachen über deine Lippen. Es ist ein trauri-ges Lachen, das Lachen Rembrandt van Rijns. Ich weiß nicht warum, aber wenn ich, die ich gerne lache, es höre, überkommt mich manchmal die Lust zu weinen.

Deine ernste Stimme an jenem Tag, deine Stim-me, die mich bittet, nicht wieder hinunterzugehen, nicht die Küche aufzuwischen, und zwar ohne erst Geertje Dircx zu fragen. Zum ersten Mal schaue ich in deine Augen, die sich in meine bohren. Du hast ein neues Bild gesehen, du brauchst ein Modell, jetzt sofort.

Am siebten Tag trete ich unter das große Gewölbe der Oude Kerk. Durch Gottes Gnade wurdet ihr gerettet, durch den Glauben. Dieses Heil kommt nicht von euch, es ist ein Geschenk Gottes. Mit erhobenem Gesicht gehe ich voran, ich sehe nicht die Stadt, die Männer und Frauen, die um mich herum lachen und Handel treiben. Um sie nicht zu sehen, betrachte ich den Mann in Schwarz in der Kanzel.

Er legt Palette und Pinsel beiseite. Er geht um die Leinwand herum, seine Schritte nähern sich. Seine Hand wächst mir entgegen, sie riecht nach blauen Farbpigmenten und einem Gemisch aus Nelken- und Mohnöl. Hier ordnet sie eine Strähne meines Haars, im Vorbeigehen streichelt sie mein Ohr. Ich blickte zu Boden, du sollst die rosigen Schweißtropfen an meinen Schläfen und über meiner Oberlippe nicht sehen. Du beugst dich zu mir. Dein großer Schatten hüllt mich ein.

Der Zinngießer ist im Viertel. Bei jedem Wort klopft er mit einem Schöpflöffel auf eine alte, verbeulte und durchlöcherte Schale: »Der Zinngießer«... In den Straßen klingt Zinn weniger als Kupfer, aber lauter in der Brust. Ich halte die Teller gegen das Licht der Fenster, schaue sie mir gut an, wähle diejenigen, die Zeit und Messer hauchdünn haben werden lassen, manchmal sogar löcherig. Titus' Becher und drei Teller. Ich warte vor der Tür; der Zinngießer wird das Metall bearbeiten und heute abend dieselbe Anzahl hergerichteter Teller und Schalen zurückbringen. Das kostet etwas Zinn und seine Arbeit. Wie meine Mutter es mich gelehrt hat, werde ich mich vergewissern, daß die neue Mischung nicht magerer und empfindlicher ist. Mit einem Messer werde ich über das Metall reiben und den Glanz vergleichen.

Ich stehe jetzt für Rembrandt Modell. Durch ein offenes Fenster, viel weiter als meine Gedanken reichen, schaue ich stundenlang ins Leere oder in das Dunkel der Küche; Stunden, ohne mich zu bewegen, gerade nur leicht auf einen Besenstiel gestützt, um die Krämpfe von einem Bein zum anderen zu verlagern. Die Zeit steht still, mein Körper wird kalt. In seinen Werken werde ich neu geboren.

Ich höre, wie er den Farbgeruch schnüffelt, die herben Düfte des erhitzten Öls. Sein Pinsel rührt in der Paste auf der Palette, streicht und kratzt über das Holz oder die Leinwand. Dann kommt er, faßt nach meinem Kinn, will sein Modell aus größerer Nähe sehen. Seine Blicke wandern, sie zeichnen mein Gesicht nach, das die Farbe wechselt. Wie gern würde ich die Pose aufgeben und meine Arme um ihn legen, um dich. An seiner Brust die Zärtlichkeit ersticken, die mich überflutet, die aufsteigenden Tränen, mich. Ohne zu wissen, warum, zieht es mich plötzlich so stark zu dir hin.

Eine große Angst, die selbst den Teufel mit den Zähnen klappern läßt, fegt die Straßen leer, wenn die Klappern der Aussätzigen in der Ferne erklingen. Diejenigen, die am weitesten vor den Unreinen davonlaufen, lassen ein paar Münzen auf die Pflastersteine fallen. Ich will es, werde rein! – und sogleich verließ ihn der Aussatz. Schleppend tönten die Worte des Mannes in Schwarz oben in der Kanzel

43

an diesem Sonntag durch das hohe Gewölbe der Kirche: daß die Armen die Barmherzigkeit der Reichen brauchen, die Reichen aber auch die Armen für ihren Seelenfrieden. Am Montag ist der Festtag der Drucker, die große Prozession der Aussätzigen. Durch ein Fenster werfe ich ein paar Geldstücke auf die Straße. Als ob er Trauer tragen würde, sind Kleider und Augen des Aussätzigen zerrissen. Die Nächstenliebe ist unsere Antwort auf Gottes Liebe. Ja, ich liebe sie, aber von Angesicht zu Angesicht vor einem Unreinen zu stehen, nein; keine Nase mehr, keine Hände mehr, langsam verfaulendes Fleisch, von den Würmern im Innern verdaut, so klein, daß man sie mit bloßem Auge nicht sehen kann, das will ich nicht.

Du beugtest dich vor. Küßtest mich. Mit geschlossenen Augen küßten wir uns. Als ob wir darauf gewartet hätten, als ob wir es im voraus gewußt hätten. Seit Tagen. Und sie, atemlos, mit offenem Mund, sie hat ihn gesehen. Den ersten Kuß.

Du konntest ihr nicht sagen, geh. Du hättest es anders gewollt, du magst Geertje Dircx gern, du hängst an denen, die dir Gutes tun. Es wäre dir lieber gewesen, sie würde es verstehen und bei dir bleiben, bei uns, wenn sie wollte. Wie konntest du dir das nur vorstellen? Ich kenne die Männer nicht, doch ich glaube, daß sie alles auf einmal wollen, nichts verlieren und nichts Schlimmes tun. Selbst wenn das Schlimme schon getan ist.

In der Leere jenseits meines Blickes lasse ich meine Gedanken schweifen. Ich sage mir, daß nicht ich es bin, die Rembrandt malt. Daß er mit seinem Pinsel und der Farbe mehr malt als mein Bild, er verleiht Leben. Niemals wird man auf einer Leinwand lebendigere Menschen sehen, die atmen und gehen, das Abbild von Leuten, die reden oder weinen, kleine Leben in einer großen Lache Lichts, Geister, die noch nicht gestorben sind. In seinen Farben lerne ich, nicht mehr zu sterben, ich lächle ihm zu.

Seine Arme tragen mich, tragen mich weg. Im Ohr sein trauriges Lachen, schwebe ich durch die dunklen Räume des Hauses. Ich öffne die Augen. Auf seinem Bett. Stöhnend suchen meine Lippen seinen Mund. Unter seinen Stößen stockt mir der Atem. Mehr. Mein hin und her gerissener Körper unter dem deinen, die Wunde meiner Lust. Deine Lippen und meine, endlich im Fieberwahn verschmolzen. Ich atme tief ein, atme dich ein und schreie. Als wäre mir diese große Leere zuviel. Statt dessen du, zärtlich und hart, meine glühendste Liebe. Nie mehr will ich dich da unten missen, nie mehr. Ich danke dir und füge in Gedanken hinzu: Danke, mein Gott, zu sanft, viel zu sanft. Folget dem Heiligen Geist, und gebet euch nicht den Sünden der Wollust hin. Mehr. Und dann, später, werde ich es dir sagen, noch nie zuvor, vor dir, und nie aus freien Stücken, auch nicht mit dem Mann mit dem fehlenden Finger, dem habe ich die Wange blutig gekratzt. Denn die Begierden des Fleisches stehen im Widerspruch zu jenen des Geistes, und die des Geistes zu jenen des Fleisches.

Bestimmt ist Blut auf den Laken, morgen früh werde ich nachsehen. Du verläßt mich, nicht langsam, nein, zitternd läßt du mich zurück.

Stöhnend, mit einem langen Seufzer des Bedauerns, strecke ich mich. Lächelnd rückst du ein wenig ab, um mich besser zu sehen. Mit geschlossenen Augen sauge ich genießerisch diese neuen Düfte ein, eine herbsüße Mischung, die Gerüche der Werkstatt auf deiner Haut und die Ausdünstungen der Liebe. Blütenzart wandern deine Lippen über meinen Körper, deine Arme überall um mich herum, dein Schenkel an meinem. Von Kopf bis Fuß spüre ich deine Zärtlichkeit. Hart und sanft gleitest du von oben nach unten. Dann, zum gegebenen Zeitpunkt, teilst du mich mitten entzwei, mein Geliebter. Meine Beine umschlingen dich. Die Nacht hat begonnen. Die erste Nacht.

Als am nächsten Morgen die Bäckerjungen in der Breestraat ihre ofenfrischen Roggenbrötchen und Gerstenkekse anpriesen, schlief ich noch. Der erste Morgen. In deinen Armen.

Sieben Jahre lang sorgte Geertje Dircx nach Saskias Tod für Titus und nährte ihn. Trug ihn in ihren Armen, wusch ihn, liebte alle seine Gerüche und wachte jede Sekunde über ihn, seit er laufen konnte. Sie spielte mit ihm, mischte ihm die Lauge für seine Seifenblasen, würfelte mit ihm um Sechser. Auch wenn sie nicht deine Frau geworden war, außer die paar Mal, so brach doch eine Welt für sie zusammen, eine andere Frau in deinen Augen zu sehen. Wenn

sie nicht schreit, hält sie hinter ihren zusammengepreßten Lippen den Schmerz zurück, der ihr Hirn
verbrennt. Und ich kann der Eifersucht und Wut,
kann ihr nicht ins Gesicht sehen.

Oben auf seiner Kanzel wütete der Prediger. Im
Echo des Kirchenschiffes verstummten die Gesprä-
che, eine Zeitlang unterbrachen die Gewürzhändler
ihr Sonntagsgeschäft. Die Frauen stillten nicht
mehr, an die großen Säulen gelehnt, oder höchstens,
damit ihre Babys nicht mehr weinten. Selbst die
Hunde hörten auf, unter den Platten der offenen
Gräber herumzuschnüffeln. »Sein Name ist Galilei...« Dröhnend hallt die Stimme wider. Für den
Italiener dreht sich nicht mehr die Sonne um die
Erde, sondern es ist die Erde, die sich um die Sonne
dreht. Er hat es gewagt, der Schöpfung zu wider-
sprechen. Gemurmel. Die Katholiken haben ihn eingesperrt. Zustimmendes Gemurmel. Vor der Inqui-
sition, auf Knien, hat Galilei seinen Irrtum einge-
standen.

Die gespreizten Haare und Borsten der Pinsel
waren vom Trocknen ganz steif geworden. Grauer
Staub bedeckte die Farbkruste auf der Palette, eine
große verödete Wunde. Saskia fehlte dir. Schreck-
lich. Die Leere ringsum war in dich eingedrungen.
Du küßtest Titus, batest Geertje, gut auf ihn aufzu-
passen, und gingst in die Stadt. Oft lief Judith hinter
dir her durch die Breestraat, so erzählt sie mir flüsternd. Brachte dir die Laterne, die du jedesmal ver-
gaßest. Denn in den gefährlichen Straßen um den

Hafen brennen keine Öllampen vor den Häusern. Kaum einer beklagt sich darüber, allzu oft verursachen diese kleinen Lichter Brände in der Stadt. Doch häufig schwimmt in den Kanälen in der Nähe des Hafens morgens eine Leiche. Es kommt auch vor, daß die Nachtwächter einen Spätheimkömmling nach Hause begleiten, der ohne Licht durch die Straßen geht. Oder sie nehmen ihn fest und bringen ihn in einen der Kerker an den Stadttoren.

Du gingst zu Fuß, miedest Diebe und Ratten, in der Ferne sahst du die erleuchteten Fenster einer Hafentaverne. Die Nacht hüllte dich ein mit ihren Huren, Wahrsagerinnen und Messerwerfern, aber das Leben der Nacht machte dir keine Freude. Im Rauch der Pfeifen kniffst du die Augen zusammen. Zwischen zwei Gläsern Genever antwortetest du, ja, du würdest gerne eine rauchen, Tabak vermischt mit Cannabis sativa aus Ostindien. Ohne dich daran zu erinnern, kehrtest du nach Hause zurück, um ein bißchen erstickten Kummer erleichtert, Mund und Haut aufgedunsen von Bier und Genever. In diesen Nächten ging Geertje nicht zu Bett. Sie lauschte auf Titus' Atemzüge in seinem Bettchen, wartete die ganze Nacht. Du weißt nicht mehr, ob deine verirrten Hände dann ihrer Begierde begegneten oder ob ihre sich an dich klammerten. Wie du sagst, mit einem bösen Lächeln und einem halbgeschlossenen Auge. Ohne Geertje hättest du nicht den Weg in dein Zimmer gefunden. Und auch nicht in dein Bett. Sie glitt unter dich.

Dein Bett war unter ihr, dort, wo sie sich hingelegt hatte.

An traurigen Morgen sage ich mir, daß dies kein Leben für ein kleines Dienstmädchen ist, im Bett des Meisters zu schlafen. Daß ich gehen muß, gehen müßte. Ich sage es mir, aber ich weiß nicht wohin, und nach Bradevoort werde ich nicht zurückgehen, nein, niemals; selbst wenn meine Mutter mit ihrer Sanftheit und ihren Geschichten mir manchmal fehlt. Den Geruch nach Soldatenstiefeln würde ich, glaube ich, nicht mehr ertragen. Ich danke Gott und bete, daß mich nie mehr der Blick eines Mannes ohne Güte streifen möge. Als ob ich mit zwanzig Jahren, hier in Amsterdam, in den Armen, den Gerüchen, der Güte Rembrandt van Rijns neu geboren worden wäre. In seinem Zimmer brennt die halbe Nacht ein Torffeuer, und ein schwerer grüner Vorhang um das Himmelbett hält die Wärme fest. Wohlig räkele ich mich, ich will nicht mehr denken, glücklich vergesse ich alles in seinen Armen, mir ist nie kalt.

Um mir angst zu machen, rufe ich mir dann die Geschichten von Dienstmädchen ins Gedächtnis, die davongejagt wurden, weil sie schwanger waren, und dann im Spinhuis eingesperrt wurden. Auch die von Janeke Welhoeck, Dienstmädchen bei Meister Bickingh in der braven Stadt Edam. Edam ist bekannt für seine Freundlichkeit, mit Freundlichkeit gelang es ihnen, die Sirene, die man dort gefangen hatte, zu zähmen. Als Janekes Bauch anschwoll, gab sie den Namen des Vaters nicht preis. Das Neu-geborene an der Brust, flüsterte sie den Namen von Meister Bickinghs ältestem Sohn. Da ließ Meister Bickingh sie auf der Stelle mitsamt dem vor Hunger greinenden Kind einsperren. Damit sie zugab, daß sie gelogen hatte, und vor allem nicht auf einer Hochzeit bestand. In der Geschichte heißt es, daß sie gar nichts verlangte. Ruf mich an am Tag deiner Ver-zweiflung. Ich werde dich retten, du wirst mich prei-sen. Im Gefängnis erhängt sie sich vor dem Baby, das gerade sein Bäuerchen gemacht hat. Als wäre seine Ehre nicht reingewaschen, verlangt Meister Bik-kingh, aus Rache an der armen jungen Frau, deren hungriges Kind weint, weil es Waise ist, daß der Leichnam gefoltert und auf dem Platz aufgehängt wird. Die erhängte Tote. Die ganze Stadt Edam war dabei. Die Geschichte sagt nicht, ob auch Meister Bickinghs Sohn da war, noch ob das Baby vor Hun-ger oder zu vielem Weinen starb.

Mit einer einzigen Handbewegung ziehst du die Nadeln heraus, und meine langen Locken fallen um mein Gesicht. Du murmelst, daß du nur mein Bestes willst und daß ich zu jung bin, zwanzig Jahre, du dreiundvierzig. Nicht die Jahre, mein Geliebter, sehe ich in und um deine Augen und auf deiner Stirn, sondern das Leid. Es sind deine Toten. Es sind unsere Toten, die uns altern lassen.

Du sagst auch, daß du mir nichts zu bieten hast, daß die Malerei dir alles nimmt und daß du immer mehr allein bist, allein mit dir und deiner Malerei.

Daß du nicht willst, daß Geertje Dircx mir weh tut, daß ich weniger arbeiten und mit Titus in den Zoo gehen soll.

Morgen werden wir hingehen. Er wurde in der Nähe des Hafens gebaut, kleine Gehege und Käfige. Rembrandt wird uns den König der Tiere zeigen, der von weither kommt und den er gemalt hat. Er ist der König, weil kein Tier ihm angst macht. Eine große Katze mit langem Fell und riesigen Zähnen. Doch hier, in dem Heringsgestank, dem Geschrei und Geklapper des Amsterdamer Hafens, die Augen auf ein unmögliches Entkommen durch die Stäbe seines Käfigs gerichtet, wiegt er sich hin und her in einem nicht enden wollenden Gebet.

Du schneidest Grimassen und knurrst laut. Du drohst mit der Rache deiner Ahnen, legst den Kopf ganz weit nach hinten, tief aus deinem Löwengedächtnis holst du dieses Grollen, diesen plötzlichen Zorn des einsamen Königs der Tiere. Wie ich mich fürchte. Über unseren Köpfen verstummt das Klappern von Geertje Dircx' Pantoffeln, im nächsten Augenblick beginnen wir zu lachen.

Rembrandt arbeitet, er ißt nichts. Das Mittagessen wird in der Küche eingenommen, jeder, wie er Hunger hat. Abends wird am Tisch im großen Saal gegessen. Es sind traurige Mahlzeiten. Selten setzen sich Barent und Nicolaes zu uns; sie essen meistens gegen fünf Uhr und haben abends keinen Hunger, oder sie besuchen andere Lehrlinge und Schüler in der Stadt. Manchmal fährt Barent auch mit dem

Treidelkahn zu seinem Bruder Carel, einem früheren Schüler Rembrandts, der in Delft seine Werkstatt aufgemacht hat. Geertje trägt eine verschlossene Miene zur Schau, sie ißt nichts mehr. Ich sagte, ja, ich werde mich zu dem Herrn setzen, aber auch zu Judith, die niemals stört. Mitten auf dem Tisch dampft die tönerne Schüssel. Wir blicken auf das Gedeck vor uns, Rembrandt schließt die Augen. Segne uns, Herr, segne diese Mahlzeit, und hilf denen, die nicht essen.

Eine halbe Tagesfahrt vor der Küste haben Fischer drei Wale gesehen. Ich bete zu Gott und vielleicht dem Teufel, daß sie nicht im Hafen stranden, denn jedermann weiß, daß ein Wal, der an Land stirbt, eine Warnung ist. Gott wird sich für unsere Sünden rächen.

Ich höre zu, immer noch überrascht, daß Rembrandt mich gewählt hat, statt allein über seinen Erinnerungen zu grübeln. Saskia stand nicht mehr von ihrem schmalen Bett auf. Er betrachtete sie, wenn sie schlief, oder sprach zu ihr. Von dem Licht über dem Kanal; ja, der Kleine wache nachts auf, ganz normal mit vier Monaten; sie müsse sich ausruhen, und Geertje Dircx, die trockene Amme, sei sehr ergeben; natürlich würde sie rasch wieder gesund werden, der gute Doktor Ephraim Bueno hatte es wieder und wieder gesagt, und warum dieses traurige Lächeln.

Er sah Saskias Erschöpfung um ihre schlafenden Augen, oder er sprach zu ihr, und immer malte er sie. Wenn er bei Saskia saß, vergaß er das Bild, dem er fast seine ganze Zeit widmete, *Die Kompanie des Kapitäns Frans Banning Cocq*, so groß, daß die Schüler es mit einer dünnen Schnur an einem Gestell im kleinen Hof befestigt hatten, wo Rembrandt weit genug zurücktreten konnte, um es ganz zu betrachten. Monate der Arbeit. Und Saskia schwand dahin. Sie hustete, und durch das Fieber und den Husten, der sie zerriß, sah sie Titus aufwachsen.

Du erzähltest mir von Saskia und den drei Kindern, gestorben schon nach drei kurzen Lebenswochen, Rombertus und die beiden Cornelias. Und du blinzeltest, um die Tränen zurückzuhalten. Ich wußte nicht, daß ein Mann weinen kann. Ohne das braune Rotterdamer Bier getrunken zu haben, einfach nur aus Kummer.

Diesmal sah ich den goldenen Wagen und das Pferd, ehe ich die Hufe auf dem Pflaster hörte. In der Ferne fuhr er die Herengracht entlang. Auf mich zu.

Keine Mutter wird sich je daran gewöhnen, das kleine Leben, das aus ihrem Leib gekommen ist, immer weniger werden zu sehen, bis sie einen Leichnam im Arm hält. Ich glaube, Saskia starb am Kummer über die drei Kleinen in ihrem Sarg, an der Angst, die sich in ihrem Bauch eingenistet hatte.

Zwischen den Schwertern und Stiefeln der Gilde des Kapitän Frans Banning Cocq hat dein Pinsel sie in Glut getaucht, wie um sie in einem Gebet gerade noch vor dem letzten Atemzug wieder zum Leben zu erwecken.

Doktor Ephraim Bueno stattet Rembrandt einen

Besuch ab, aus Freundschaft, aber auch wegen seines Zahnfleisches und seiner Zähne, die falsch herum in seinem Kiefer wachsen und ihn nachts nicht schlafen lassen. Er sagt, daß die Frau, die Rembrandt gut ist, es gesehen haben muß und daß er mich mitnimmt in den großen Versammlungssaal der Gilden. Sein Finger wischt den Ruß der Kerzen weg, der das Gemälde schwärzt. Hinter der fetten Staubschicht erlischt langsam die Sonne, die vor zehn Jahren das Bild wärmte. Bald werden es Mondstrahlen sein. Sagt Ephraim scherzend.

Ich habe deinen Kummer gehört, das tiefe Grollen des verlassenen, einsamen Löwen angesichts der kleinen blonden Frau, dieses lebendigen Irrlichts, das das Bild entflammt. Gott hat Jesus von den Toten auferweckt. Er hat ihn von den Qualen des Todes befreit, weil es nicht sein konnte, daß der Tod Macht über ihn behielt. Die Saskia zwischen den Soldatenstiefeln ähnelt den Bildern, die du in deiner Werkstatt küßt, und dennoch ist sie nicht mehr ganz Fleisch. Mehr durchscheinend als lebendig, ist sie schon all deine Sehnsucht.

Sie haben dich gefragt: »Woher kommt dieses Mädchen aus Licht, aufgetaucht aus dem Nichts?« Deine bodenlose Trauer hatte sie auferweckt, sie war von ihrem Totenbett aufgestanden, aber sie haben sie nicht erkannt.

Das war vor sieben Jahren. Gott segnete den siebten Tag und heiligte ihn. Ende und Anfang. Genau wie das siebte Jahr.

Vor den Flammen des Kamins sitzt Titus auf dem Boden an meinem Stuhl und hat den Kopf auf meine Knie gelegt. Der Fußwärmer, auf dem meine Füße ruhen, wärmt unter meinem Rock. Es ist eine laue Wärme, die Titus einhüllt und seine Augen zufallen läßt. Ich durchsuche sein Haar, seine schönen roten Locken. Nicht nach Würmern, nach Läusen. Doch sie winden sich wie Würmer. Ich fange sie mit Daumen und Zeigefinger, zerquetsche sie zwischen den Nägeln wie Flöhe, aber ihre kleinen Füße zappeln im Nichts. Ich ertränke die Laus, tauche sie lange unter in der Zinnschüssel voller Melasse, die neben meinen Füßen steht. Ich beginne von neuem, die Nägel wie eine Zange zusammengepreßt. Sanft fahre ich mit Daumen und Zeigefinger über den bewohnten Schädel bis zu den Haarspitzen; dann ertränke ich die Nissen in der Schüssel. Und beginne von neuem. Das war auch eine Geschichte, die meine Mutter mir erzählte. Die Geschichte eines Mannes, der bei lebendigem Leibe von seinen Läusen aufgefressen wurde.

Diese Geschichten, wie sie auf dem Land erzählt werden, kennst du nicht, und ich behalte sie für mich. Manchmal sage ich mir, sie werden sich wie Alpträume festsetzen, wenn ich sie nicht herauslasse. Ein Alptraum, der sich wiederholt, kann wahr werden. Ein Mann, der bei lebendigem Leib von seinen Läusen aufgefressen wurde.

Der Stichel gräbt sich in das Kupfer. Dort, wo die Farbe abgesprungen ist, ätzt die Säure das Metall.

Die Walze der Presse knirscht, die eingefärbte Platte zeichnet eine erste Probe auf das feuchte Papier. Ohne die Nase zu verziehen, lerne ich, die Gerüche von Farbe und Terpentinöl zu mögen, sogar den angesengter Federn oder angebrannten Knoblauchs. Ich bleibe mit dem Käseteller an der Tür stehen. Vor den rosafarbenen Scheiben betrachte ich von weitem dein Gesicht im Schatten. Du neigst den Kopf, rufst mich freundlich, willst, daß ich die große Radierung sehe. Ohne Scham, aber bewegt angesichts der Schüler, durchquere ich mit kleinen Schritten die endlos lange Werkstatt. Deine Hand auf meiner Schulter, lerne ich zu schauen. »Lasset die Kindlein zu mir kommen...« Die Kranken, die Jesus heilte, sind ihm gefolgt. Zu seiner Linken erkenne ich den jungen Mann mit dem gesenkten Kopf. »Denn ich sage euch, es ist schwer für einen Reichen, in den Himmel zu kommen!«

Sie haben Saskia nicht erkannt. So viele Blinde rufst du, mit ihren Besitztümern und ihren Gewißheiten, als ob sie niemals sterben müßten. Jeden Sonntag gehen sie in die Kirche. Je mehr du mit mir redest, um so mehr lerne ich.

Und sie kommen zu dir. Den Blick auf meine Schürze gesenkt, öffne ich ihnen die Tür. Du empfängst sie, sie kreisen um dich, tragen ihre dicken Bäuche zur Schau und ihre Wichtigkeit und wie die Sonne sich ohne sie nicht mehr um die Erde drehen würde. (Du trinkst ein Glas Genever.) Ein paar Wochen lang stehen sie Modell in deiner Werkstatt, ersticken fast in der weißen Halskrause, auf die sie ihren roten Kopf legen. Sie sind es, die das Geld haben, das Geld ihrer Eltern, des Krieges und der Kanonen, das Geld des Walöls, der Gewürze oder der Versicherungen. Mein Besitz ist meine Sicherheit, das ist es, was ihr Gesicht sagt, das ist es, was ihr Portrait sagen wird. Sie werden es in ihrem Salon über den Kamin hängen und von ihresgleichen wiedererkannt werden. (Noch ein Schluck Genever.) Ja, sie sind sicher, ja, das Leben ist gut zu dem, dessen Bild nach ihm weiterleben wird. Gott hat es so gewollt, wer Besitz sein eigen nennt, ist ein Auserwählter Gottes.

Wenn du dann, in der Stille und dem Widerhall ihrer Worte, monatelang allein vor deiner Staffelei stehst, um das Bild zu beenden, kämpfst du gegen sie. Gegen den Hochmut, der Lippen verkniffen und Blicke düster werden läßt. Gegen die Gewißheiten, die ihre Wangen aushöhlen. (Du gießt dir noch ein Glas ein.) Die Gewißheiten ihrer Eltern, bereits vorgekaut, die sie gedankenlos nachbeten. Allein vor deiner Staffelei, trinkst du zuviel Genever, und dann erzählst du dem Porträt von Gott, dem Tod und der Güte. Später wird dein Pinsel Farbe und Leben auf die Gesichter legen.

Geertje ist gegangen. Das Atmen fällt jetzt leichter im Haus. Sicher, ich habe mehr Arbeit, aber arbeiten habe ich gelernt. Judith kommt jeden Tag. Sie wird Geertruid um Hilfe bitten (sie wohnt am selben Kanal wie sie im Jordaan), donnerstags, um Küche und Keller zu putzen, und dienstags nachmittags, wenn wir nach dem Markt die Zimmer und die großen Räume wachsen. Geertruid wird sich auf den Boden hocken und nach Eiern und Kot von Küchenschaben und Läusen suchen. Wenn sie welche findet, wird sie entlang der Wände eine Mischung aus Kalk und Terpentinöl auslegen, die sie erstickt. Ich werde ihr auch zeigen, wie man in einem löcherigen Balken die Gänge von Würmern und Termiten erkennt. Daß durch die Gänge und Hohlräume in den Balken das Dach eines Hauses mit einem großen Getöse von Staub und Tod einstürzen kann. Deswegen ließ der Herr das Ungeziefer in Massen über das Haus des Pharao kommen.

Geertje ist gegangen und schlug die Tür hinter sich zu. Wenn ich daran denke, höre ich immer noch den Widerhall, und mein Herz klopft wie verrückt.

Es gibt Blinde, und es gibt jene, die wissen, denen Rembrandt jedoch nicht mehr sagt, was er denkt. Es gibt Freunde und ehemalige Freunde. Seit Jahren hattest du Constantin Huygens nicht mehr gesehen. Nun stand sein Bote vor der Tür. Nach dem Frieden mit den Spaniern starb unser Prinz Frederik Hendrick, er konnte gerade noch miterleben, wie sein Land aus diesem langen Krieg wieder auferstand; sein Sekretär Constantin Huygens hat keine Macht mehr, er, der sie so lange hatte.

Er war nach Leiden gekommen, war in der Mühle deines Vaters gewesen. Er hatte sich alles angeschaut, sogar die Bilder umgedreht, die du gegen die

Wand gelehnt hattest. Er sagte, du würdest bald einen Auftrag vom Hofe bekommen. Damals war er fünfundzwanzig, du siebenundzwanzig.

Ich öffnete die Tür, er trat ein, er ist noch jung, mit ein paar Falten, breiter Stirn, geschwollenen Augen. Er lächelte, ich trat zurück, verschmolz mit dem Schatten. Mein Herz pochte unter meinem Busen, das ist Constantin Huygens, der Sekretär des Prinzen, auch wenn er es nicht mehr ist, auch wenn der Prinz tot ist.

Aus einem Kasten suchte Rembrandt das kleine Bild heraus, eine Vorarbeit für die große Kreuzabnahme. Ich sah die Verzweiflung, den Weltuntergang, ich spürte das Gewicht des verlassenen Christus, der den verängstigten Armen entgleitet, ich sah seinen Schenkel, nutzlos, zerbrechlich, und seinen allzu schweren Kopf, angezogen von der Erde. Der Erde, die nie sein Grab sein würde. Huygens gefiel es. Für den Prinzen hatte er drei Bilder der Leidensgeschichte bei dir bestellt, die ein flämischer Maler abgelehnt hatte. Es gefiel ihm, aber er hatte die Macht. Und du, der du nicht mit Geld umgehen kannst, du hast sieben Briefe geschrieben, sieben, damit der Prinz endlich die Bilder, deine Arbeit, bezahlte.

Ein Mann, bei lebendigem Leib von seinen Läusen aufgefressen.

Schön und fröhlich ist er, dein Löwenzorn. Du sprichst leise, ganz sanft, du küßt mich und du seufzt. Die Reichen denken immer, die Armen geben zuviel aus. Ein Armer muß arm bleiben. (Du murrst.) Und wenn er durch seine Arbeit ein bißchen reicher wird, darf man ihm vor allem nicht helfen. Soll er nur wissen, daß einem Begabung nur geliehen wird, und wenn man sie hat, dann nur, weil ein Reicher so gnädig war, dies zu wollen. Die Reichen sind immer eifersüchtig auf die Begabung des Künstlers, sie wissen, daß ein Künstler mit seiner Begabung Geld verdienen könnte, ein Reicher aber niemals die Begabung und den Reichtum des Künstlers haben wird. Sie wissen auch, daß ein Armer nicht mit Geld umgehen kann, daß er es gern ausgibt und sich kauft, was ein Reicher schon lange besitzt, oft schon von seinen Eltern. Während ein Reicher weiß, daß man reich ist, wenn man nichts ausgibt. Man muß dem Künstler immer den Unterschied zwischen einem Reichen und einem Armen, der reich wird, vor Augen führen, insbesondere ihn in Schwierigkeiten lassen (wie du ohne Murren sagst), damit er verlangt, was ihm zusteht, in dem Bedürfnis, ihn warten und betteln zu lassen. Selbst Huygens, der komponiert, Lateinisch schreibt, Französisch liest, einen englischen Theaterschrift-steller im Original liest, der zeichnet, der mit Ärzten und einem französischen Denker befreundet ist (sagst du mit deinem traurigen Lachen), selbst Huygens ließ dich warten und Briefe schreiben. Siebenmal.

Huygens hat deine Werkstatt besucht. Immer schon, seit eurer ersten Begegnung in Leiden, hat er dir zur italienischen Malerei geraten. Er hat deine Schatten kritisiert, du hast nichts gesagt; wenn ihm deine Malerei nicht zusagte, würden auch Worte nichts daran ändern. Du wolltest, daß ich bei dir bleibe, du hättest mich vorgestellt: mein Dienstmädchen, meine Frau. Ich dachte »noch nicht« und wie gut du bist. Es ist zu früh, die Leute sind nicht an mich gewöhnt, ich auch nicht, weder an mich noch an sie. Und Geertje Dircx' Worte hallen immer noch durch die Straßen: sein Dienstmädchen, seine Hure.

Sie ist gegangen. Jetzt habe ich keine Angst mehr, wenn ich daran denke. Sie weinte, sie schrie, streckte die Arme nach Titus aus, der zu mir lief. Die Wangen klebrig von heißen Tränen, weinte Geertje Dircx Rotz und Wasser, aus den Augen, aber auch aus Nase und Mund. Mit verkrampften Lippen glitt sie zu Boden, blieb reglos liegen.

An diesem Abend löschte Rembrandt das Feuer in seinem Zimmer, an diesem Abend entzündete es sich in ihr. Rasch füllten wir die Eimer an der Pumpe im Hof, Judith, Geertruid und ich. An den Wänden ihres Zimmers hingen ihre Portraits, die acht Bilder, für die sie Rembrandt Modell gestanden hatte. Acht in sieben Jahren; drei gehörten ihr, drei hatte er ihr geschenkt. Vielleicht wollte sie sich nicht aufgeben, das Leben und das Haus, das sie verließ, dieses Gesicht, das der Haß verunstaltete und dessen Bild im Spiegel sie jeden Tag ein bißchen mehr verabscheute. Vielleicht wollte sie ihren Gram im Feuer reinwaschen und auch ein wenig von Rembrandt töten, indem sie seine Werke vernichtete. Schon schwärzten die Flammen Geertje Dircx' gemalte Gesichter, schon waren mehrere Portraits verbrannt.

Deine Werke, Geertje Dircx und ihre Schreie. Du erstickst das Feuer, auch du schreist. Du schlägst, schüttelst die Wut, die Krankheit in ihr. An der Tür zu ihrem Zimmer halte ich den Atem an, ebenso wie Titus in seinem Bett, Judith und Geertruid in der Küche. Nach einer allzu lang andauernden Stille kehrten die Worte leise zurück.

Ich wußte um deine Dankbarkeit, wußte, daß du dich um sie kümmern wolltest. Aber sie sieht schon nichts mehr, hört schon nichts mehr. Mit großen Augen starrt sie ins Leere, daß man Angst bekommt. Rembrandt wiederholt, daß er ihr bis zu ihrem Lebensende 160 Gulden zahlen wird; und wenn sie krank ist, wird er sie noch mehr unterstützen, soweit es notwendig ist.

Geertje jammert: »Ich bin jetzt schon alt und krank...« Langsam hebt sich ihr linkes Augenlid, das andere Auge weint noch. Sie atmet röchelnd. Sie legt den Kopf auf die Seite, verzieht einen Mundwinkel zu einem Lächeln und zischt: »Und du glaubst, Rembrandt, daß ich dich in Frieden lassen werde, damit du mit deiner Hure glücklich und zufrieden ins Bett gehen kannst?... Ich, die ich kein Kind gehabt habe, ich habe deinen Sohn geliebt wie meinen eigenen. Glaubst du, daß ich nach all den Jahren, die ich dir und deinem Sohn gewidmet habe, meine letzten Jahre als Frau ... Glaubst du wirklich, daß ich aus deinem Leben verschwinden werde, nur weil deine Hure das so will?«

Dieses Wort tut dermaßen weh, ich kann nichts tun und schon gar nicht antworten; nur die Lippen zusammenpressen, um mein Inneres zum Schweigen zu bringen. Rembrandt trat zu ihr. Er sagte ihr, wie sehr er sie liebe, auch wenn er sie niemals geliebt hatte (Männer wissen nie, was Worte sagen). Daß sie seine Zuneigung habe, daß er es ihr beweisen würde. Sie wandte das Gesicht zu ihm, biß sich auf die Lippen, halb Fleisch halb Blüte.

Rembrandt sagte noch: »An jenem Abend, als es so spät war und ich so traurig von dem Genever, da habe ich an deinem Busen geweint. Du warst eine Mutter für Titus, und ich wußte nicht, wie ich dir danken sollte, dir sagen sollte, daß du gut bist, auch wenn du nie die Zeit hattest, schön zu sein. Und ich habe dir einen Ring mit einem Diamanten geschenkt, dem Stein, der am besten vor der Pest schützt, einen Ring, in dem ich noch Saskias hübsche Finger tanzen sah, die lebenden Finger der Mutter, die ihr Kind nicht aufwachsen sah.«

Geertje schloß den Mund, und das Röcheln in ihrem Innern verstummte. Fast lächelte sie wider Willen. »Vermache Titus bitte den Ring seiner Mutter in deinem Testament, wenn du nicht mehr dasein wirst. Du gibst ihm alles, das bißchen, das du hast. Du bist eine gute Frau, Geertje Dircx, ändere nichts am Testament und ich werde für dich sorgen.«

Geertje atmete jetzt geräuschlos. Ich verließ das Zimmer, verließ das Haus und lief durch die Nacht. Ich betrachtete die Sterne in den Tiefen des Kanals, dort wo die Ratten die Würmer und Miasmen fressen.

Ich fragte mich, ob ich so lange leben würde, bis ich vierzig, bis ich eine alte Frau sein würde. Ich sagte mir, daß mein Leben fern von dir sein würde wie die zitternde Flamme einer Kerze, allein in dem Lichtschein, der sie umgibt, und niemand da, der sieht, daß sie erstickt, sich selbst erstickt. So war mein Leben vor dir.

In dieser Nacht in meinem Traum formierten sich die Würmer in Reih und Glied wie eine Armee, bevor sie vor dem Angriff wimmelnd vor Ungeduld ihre winzigen Mäuler über den klitzekleinen Zähnen öffneten.

In aller Frühe schlug Geertje Dircx am nächsten Morgen die schwere Haustür zur Breestraat hinter sich zu.

Heute beginnt in der Stadt die Überprüfung der Feuerlöschgeräte. In jeder Straße klopfen die städtischen Angestellten dreimal an sämtliche Haustüren. Sie wollen sich mit eigenen Augen überzeugen. In dem kleinen Haus in Bradevoort mußten wir einen Eimer in ordnungsgemäßem Zustand haben. In dem großen Haus in der Breestraat zeige ich die beiden Leitern und die beiden Eimer vor. Die städtischen

Angestellten halten sie ins Licht, um die Böden zu betrachten. Wenn sie Löcher haben, fordern sie eine Geldstrafe. Sie ziehen und drücken an jeder einzelnen Sprosse der Leiter. Nächstes Jahr werden sie wiederkommen. Hoffentlich brauchen wir sie bis dahin nicht. (Doch wissen alle, daß in einem Jahr mehrere Brände zu löschen sein werden, vor allem wenn die Fackeln der Stadt die Luft und die Miasmen der Pest verbrennen.) Hoffentlich, sagen sie jedesmal, wenn sie ein Haus verlassen.

Jeden Morgen begleite ich Titus zur Schule der Oude Kerk. Der Lehrer ist ein Freund Ephraim Buenos. Er sagt, daß Titus ein fleißiges Kind sei, das gerne begreift, und daß sein Blick das Licht einfängt. Sonntags lernt er in der Werkstatt seines Vaters, neben Rembrandt, der zeichnet und malt. Die Schüler lieben Titus, er lacht viel mit ihnen, vor allem mit Nicolaes.

Ich öffne die Tür zur Breestraat. Der Mann, der zweimal hart geklopft hat, ist schwarz gekleidet mit einem kleinen viereckigen weißen Kragen. Vom Regen naß, fällt sein blondes glänzendes Haar glatt bis auf die Schultern. Ohne zu lächeln, schaut er mich an, aber nicht in die Augen. Er reicht mir den Brief mit dem Wachssiegel: »Rathaus, Kammer für Eheangelegenheiten.« Der schwarze Bote geht im Regen davon. Seine Worte hatte ich nicht verstanden, aber die Drohung klebte in meinem Mund, in dem die Zunge auf einmal trocken geworden war.

Der Brief und das rote Siegel. Ich drehe und wende ihn hin und her. Als ob die Neugier und die Kraft meiner Blicke mich verstehen lassen würden. Zum ersten Mal wünschte ich mir, die Buchstaben und Worte entziffern zu können. Rasch in die Werkstatt der Schüler, zu Rembrandt. Leise öffne ich die Tür, gehe nicht hinein. Es ist keine Schüchternheit, ich weiß jetzt, wie nett sie sind, vor allem Barent und Nicolaes. Nein, es ist eine Gewohnheit, um die Arbeit, die Worte oder das Gelächter nicht zu unterbrechen. An eine Säule gelehnt, steht der Lehrling Daniel fast nackt Modell, ein Tuch um die Hüften geschlungen, die Arme zu lang, zu mager. Meister und Schüler sitzen um ihn herum und zeichnen. Ihre Blicke umzingelten ihn, jede Zeichnung wird anders sein.

Rembrandts Unterricht, das ist sein Stift, aber vor allem seine Worte: »...wirklich hinschauen. Das Leben lieben, es ganz dumm akzeptieren; richtig verstehen, das heißt, die Wahrheit zu erkennen, die man vor Augen hat...« Er wandte den Kopf zu mir: »Komm, Hendrickje, meine Schöne, komm zu mir, damit ich dich sehe, damit ich dich und deine Schönheit richtig verstehe... Was versteckst du denn da hinter deinem Rücken? Doch, doch, ich sehe genau, daß du etwas versteckst...«

Rembrandt bricht das rote Wachs auf. Seine breite Stirn schlägt Wellen, dann zwei steile Falten. Die Lippen öffnen sich, die Augen zwinkern nicht mehr, sie glauben nicht, was sie lesen. Schließlich findet

Rembrandt das Grollen seiner Löwenvorfahren wieder, das sich mit seinem traurigen Lachen mischt. Daniel hat sich nicht bewegt, auch die anderen Schüler nicht. Sie halten den Atem an. Rembrandt schaut auf, ein Lächeln erscheint auf seinen Lippen, und langsam, ganz langsam zerreißt er das Papier.

»Man lädt mich vor. Ja, Geertje Dircx zitiert mich vor Gericht!... Natürlich werde ich nicht hingehen.« Tief in der Kehle lacht er noch. »Und wißt ihr, warum?... Ratet mal...« Niemand hatte Lust zu raten. In dem Schweigen spreizte Rembrandt die Finger und ließ die Papierfetzen zu Boden schweben. »Wegen Bruchs des Eheversprechens!... Ja, Bruch des Eheversprechens!« Wieder sein Lachen, schwankend zwischen Heiterkeit und Zorn.

An diesem Abend, von deinen Armen und Beinen umschlungen, eine festgenagelte Gefangene, die wütend in die grauen Haare auf deiner Brust murmelt, habe ich keine Schreie ausgestoßen.

In dieser Nacht haben sich die kleinen weißen Würmer aus meinem Traum über die großen Holzstücke hergemacht, indem sie Stückchen für Stückchen mit ihren kaum sichtbaren Zähnchen winzige Gänge gruben.

Ohne angemeldet zu sein, stattet Uylenburgh dir einen Besuch ab. Als du von Leiden nach Amsterdam gingst, hast du bei Hendrick Uylenburgh gewohnt und gearbeitet. Es war eine gute Entscheidung für euch beide, daran hattest du keinen Zweifel: Damit er in den Handel seiner Akademie eintre-

ten konnte, hast du ihm sogar tausend Gulden geliehen (die deine Mutter für dich aus ihrem Versteck
geholt hatte). Uylenburgh ist ein berühmter Kunst-
händler, er kennt die Leute in der Stadt, die Bilder
wollen und sie zu mögen vorgeben, wenn sie gerade
in Mode sind. Er war auch Saskias Vetter.

Ohne Bote klopft er an die Tür, er lacht und redet
laut, geht mit einer tiefen Verbeugung an mir vorbei,
dann ins Treppenhaus. Er öffnet die Tür zur Werkstatt der Schüler, begrüßt die Gesellschaft (wie er
sagt). Dann geht er mit großen Schritten zu deiner
Werkstatt, ohne auf mein »Wartet, wartet, ich melde
Euch an« zu hören. Oft geht er wieder, ohne ein Bild
mitzunehmen. Er sagt, er kenne die Käufer, und deine Bilder würden immer düsterer. Du gießt dir ein
Glas Genever ein, antwortest ihm, daß er nie etwas
anderes als Rembrandt van Rijns Malerei auf deiner
Staffelei sehen wird.

Uylenburgh ging davon, wurde mit jedem Schritt
auf der Breestraat kleiner. Du riefst: »...dann klopf
doch an die Tür von Govaert Flinck. Dieser gute
Schüler arbeitet jetzt, als hätte er alles vergessen,
was er bei mir gelernt hat. Er kann malen, was man
von ihm verlangt, er wird es können, für deine blinden Ignoranten, die selbst nichts sehen.«

Du hast mich an dich gepreßt, ganz leise hast du
noch gesagt, daß ein Mann, der wie Hendrick Uylenburgh seine Seele an die Mode des Tages verkauft,
trotz all seiner Ängste und Vorsicht eines Tages
scheitern kann.

Rembrandt will Geertje Dircx nur Gutes, er weiß, daß sie allein, krank und ohne Arbeit nicht lange in ihrem kleinen Zimmer im Jordaan wohnen wird. Er will ein sauberes Leben für sie. Er hat die Vorladung zerrissen, lächerlich, sagt er, und daß die verlorene Achtung nicht zurückkehrt. Er wird am 25. September nicht vor Gericht erscheinen, er wird nicht einmal antworten. Lieber wird er seine Abwesenheit mit Strafgulden erkaufen, als seine Zeit zu verlieren, wenn Geertje Dircx den Verstand verloren hat.

Sieben Jahre eines Lebens wischt man nicht so einfach weg. Wir im Haus wissen alle, daß Geertje zurückkommen wird. Ich glaube, sie weiß nicht, was sie Schlimmes anrichtet: sie verkürzt die nahende Zeit der Erinnerungen. Es ist, als ob der Tod der Säuglinge Rombertus und der beiden Cornelias, dann Saskias Tod, als ob all der Kummer, der sich unter dem Deckel des Lebens, das immer weitergeht (vor allem mit einem Winzling, der weint, wenn er Hunger hat), versteckt hatte, all dieses Leid hinter deiner Stirn wieder auferstanden sei, genauso bitter wie am Tag nach ihrem Tod. Diese Frau, die dir geholfen hatte zu überleben, wollte, daß das Schlimme wieder in dich eindrang, ihre Rache.

Deine Arbeit, Tag für Tag und so viel, seit du alt genug bist, ist wie ein Gebet. Jeden Tag gibst du Gott ein wenig von dem zurück, was er dir geschenkt hat. Jeden Tag bis jetzt. Geertje Dircx ist gegangen, aber ihr Schweigen ist kein Ende, es ist eine Drohung. Und ich sage mir, wenn es nicht schon die Krankheit ist, die dich am Malen hindert, so könnte das Nicht-Malen dich für sie empfänglich machen. Also habe ich angesichts deiner vor sich hin trocknenden Palette und Pinsel mit einer Dienerin, die von Melancholie befallen ist, und, sobald sie den Mund aufmacht, Krankheit und Armut ausspuckt, einen Entschluß gefaßt: Ich werde zu einem Notar gehen, ich werde sagen, was ich gehört habe, die 160 Gulden und der Rest; der Notar wird schreiben, ich werde mit einem Kreuz unterzeichnen. Für dein Wohl, damit niemand an deinen Undank glaubt.

Du sagst, daß ein Dienstmädchen nicht aussagen würde, nur die Hure, die mit Rembrandt zusammenlebt und die Geertje Dircx meint. Ich erwidere, daß meine unterzeichneten Worte dir vor der Kammer für Eheangelegenheiten helfen werden, wenn du noch einmal geladen wirst (und wie könnte das, was Geertje Dircx ins Rollen gebracht hat, aufgehalten werden?), und daß du keine guten Gründe hast, mich daran zu hindern. Ganz tief in meinem Innern sage ich mir auch, ganz leise, daß ich mit meinem Zeugnis allen sagen werde, daß das kleine Dienstmädchen mit dem Herrn schläft. Nicht als Hure, sondern daß es ihn liebt und daß es glücklich ist, sein Bestes will. Das kann ich dir nicht sagen, also werde ich Zeugnis ablegen.

Vor dem Spiegel mit dem Ebenholzrahmen in deiner Werkstatt steckte ich meine losen Haarsträhnen unter die Kapuze meines Mantels. Ich habe dich geküßt. Lange haben wir uns geküßt. Dann lief ich um die Wasserpfützen herum zur Kanzlei des Notars Jacob de Winter. Vor ihm in seinem Amtszimmer mit den lichtlosen Fensterscheiben sagte ich, daß ich weder schreiben noch lesen könne. Er teilte mir mit, wieviel die Zeit kosten würde, in der er zuhörte. Ich hatte Geld zurechtgelegt, ich habe ihn bezahlt, und er hat zugehört. Er fragte, ich antwortete, und seine Feder kratzte über das Papier. Ich erzählte von deinem Angebot, 160 Gulden im Jahr, und daß du sie mehr unterstützen würdest, wenn es erforderlich wäre oder sie krank würde, und daß Geertje Dircx nichts von dir annahm, von deiner Großzügigkeit. Ich verheimlichte den Bruch des Eheversprechens aus der Vorladung, ihre Lüge.

Der Notar schrieb, dann las er die Worte vor, die er gehört und niedergeschrieben hatte. Es war wie ein Vertrag, den du und Geertje hättet unterzeichnen können. Ich nahm die Feder, die mir der Mann in Schwarz reichte, und malte mein Kreuz unter seine Buchstaben, beide Striche ganz gerade, von oben nach unten und von links nach rechts.

Ohne Kapuze kehrte ich heim, das Gesicht dem grauen Himmel zugewandt. Der Regen prasselte auf mich nieder und rann über meine Wangen, wusch mich von Geertje Dircx' schmutzigem Wort rein, das ich vergessen werde. Hoch über den Hausdächern ließ der Mast eines Schiffes seinen Schatten über die Giebel wandern. Ein paar Kanäle weiter ratterten die Räder der goldenen Karosse und die Hufe des Pferdes des Mannes in Schwarz durch den rauschenden Regen über das nasse Pflaster. Viel zu schnell kamen sie näher, doch dann bogen sie ab, ihr Klappern entfernte sich.

Jan Six liebt die Künstler, er ist ein Kunstliebhaber, sagst du, und preßt die Lippen zusammen, um mich zum Lachen zu bringen. Er glaubt von sich selbst, er sei ein Künstler, er hat ein Theaterstück geschrieben, eine Medea; du sagst mir, ich soll über das schicksalhafte Unglück nachdenken. Aber diese Frau, die ihren Kindern die Kehle durchschneidet, als ihr Mann sie wegen einer anderen verläßt, selbst wenn ihr davor und danach das größte Feuer des Leids und der Hölle widerfährt, diese Frau...

Jan Six bat dich um den Freundschaftsdienst, für den Text seines Stückes zwei Radierungen anzufertigen. Geräuschvoll kratzte der Stichel die Farbe von dem Kupfer, bis das goldglänzende Metall zutage trat. Aus dem Dunkel erschien Medea, den funkelnden Dolch in der Hand. Obwohl Jan Six noch recht jung ist, nennt Uylenburgh ihn einen Sammler. Er hat dir schon Bilder abgekauft. Ein Sammler ist also ein Käufer, dem ein Künstler Geschenke macht, die er auch annimmt. Trotz seiner Beziehungen in der Stadt wurde die Medea nur dreimal aufgeführt, dreimal genügte, um das Talent des Jan Six bekanntzumachen. Du preßt die Lippen zusammen, um mich zum Lachen zu bringen.

Wenn die kleinen Würmer sich umdrehen, sehen sie hinter sich (wie vor sich) nur Schwarz. Denn die Gänge, die sie graben, sind nicht gerade, sie krümmen sich wie sie, folgen jeweils den Windungen ihres Körpers. Deswegen brauchen sie lange Jahre, um sich durch den dicken Holzbalken zu fressen.

Jan Six klopft an die Tür der Breestraat. Ich öffne, trete nicht mehr in den Schatten zurück, den Blick auf meine Schürze gesenkt. Selbst mitten im Sonnenlicht würde er mich nicht sehen, er sieht Bedienstete nicht, nicht einmal dann, wenn meine Hand nach seinem Umhang greift, den er ins Leere hält. Er fragt nicht, ob du da bist, er weiß, daß du deine Pinsel nicht vor der Nacht aus der Hand legst, es sei denn, es findet ein Kunstverkauf statt. Er geht zur Treppe, steigt in die Werkstatt hinauf. Ich stehe im Vestibül, seinen Umhang über dem Arm, und schaue ihm nach, wie er davongeht, jung, geschmeidig und schön.

Er glaubt, dein Empfang sei Ausdruck von Freundschaft, er weiß nicht, daß es Höflichkeit ist und deine Güte. Vor dir stellt er sich als Beschützer dar, nennt sich Mäzen; und du spielst das Spiel mit. Du siehst Jan Six vieles nach, viel zuviel, meine ich, aber das sage ich nicht laut. Du machst dir ein wenig Sorgen um ihn, glaube ich, er möchte so gern mit der Kunst seinen Lebensunterhalt verdienen und nach seinem Tod Spuren hinterlassen. Häufig sagst du, daß sich ein Käufer mit seinem Portrait kein Bild schenkt, sondern die Ewigkeit. Selbst wenn die Sonne sich nicht mehr um die Erde dreht, so vermag nichts diese Ewigkeit zu bedrohen, diese Ewigkeit der Kunst durch ein Bild; das mit einem guten

Knochenleim zum Imprägnieren der Leinwand ein paar Jahrhunderte, ja vielleicht sogar Jahrtausende überdauert.

Die zweite Ladung vor die Kammer für Eheangelegenheiten hast du zerrissen wie die erste, noch schneller vielleicht; und wieder die Strafe von drei Gulden bezahlt.

Jeden Tag richte ich mich ein bißchen mehr in meinem neuen Leben ein, das deines ist. Nach meinen Vorstellungen räume ich die Küche um, den Honig und die kandierten Früchte in die Schublade mit den Gewürzen und dem Ingwer, und auf das leere Sims kommen meine irdenen Töpfe mit den heilenden Likören, Pulvern und Salben. Die Hebamme von Bradevoort hat mich das gelehrt. In Steißlage holte sie mich aus den dunklen Eingeweiden meiner Mutter. Ohne diese Frau wäre ich vielleicht tot zur Welt gekommen. Und sicher wäre auch meine Mutter gestorben. Ohne sie hätte ich meine Mutter getötet, ohne es zu wissen.

Auf den Töpfchen steht nichts geschrieben, aber sie haben alle verschiedene Größen, ich kann sie nicht verwechseln. Außer der Pest kann ich alles heilen. Die Pest verjagt man mit Quecksilber und vor allem mit Gebeten.

Man kann sie auch mit frischer Luft bekämpfen, wenn noch Zeit ist; wenn man die Beulen eines Sterbenden gesehen hat, ist es zu spät. In der letzten Nacht vor meiner Abreise hat meine Mutter den größten der irdenen Töpfe gesegnet, in dem ich den

»Essig der vier Diebe« aufbewahre. In einen guten Essig eine Handvoll Raute, eine Handvoll Minze, eine Handvoll Wermut, eine Prise Rosmarin und eine Handvoll Großer Speik. Acht Tage lang durchziehen lassen, dann eine Unze Kampfer darin auflösen. Einen Schwamm hineintauchen und damit Mund, Nasenlöcher und alle Gliedmaßen einreiben. Als die Seuche sich niederließ, wollten sich alle mit diesem guten Essig schützen; unterdessen stahlen die vier, die das Mittel verkauften, in den anderen Zimmern alles, was nicht niet- und nagelfest war.

Der Größe nach stelle ich die Töpfe schön gerade in einer Reihe auf, Safran, chinesischer Wein, Aloetinktur, Enzianlikör, Myrrhe, Wacholderöl. Und das Wundmittel, das alle Verletzungen heilt und das jeder kennt (selbst in der Stadt), die über dem Kopf eines Gehenkten ausgewaschene Mooskugel, vermischt mit zwei Unzen Menschenblut, einer Messerspitze Schweineschmalz, Leinöl und Safran.

Ich stellte die große, dampfende Kupferschüssel, die nach Kalbsfüßen und Kutteln mit Erbsen duftete, auf den Tisch. In seiner ernsthaften Art sprach Titus mit seinem Vater. Wieder meinte er, ich müßte lesen lernen. Er wollte mir das Alphabet zeigen, aber die Buchstaben verschwimmen sogleich auf dem Papier, der Schlaf läßt meine Lider zufallen und gleitet in meine Augen. Titus ärgert sich, im Interesse der Wörter. Rembrandt lacht, weil er nicht daran glaubt, er behauptet, Worte würden nie soviel sagen können wie Bilder.

Plötzlich stieß Titus einen Schrei aus. Wir hatten nicht gehört, daß sie mit ihrem Schlüssel aufgeschlossen hatte, und da stand sie, Geertje Dircx, die großen Hände flach vor uns auf den Tisch gestützt, den Körper vorgebeugt. Bosheit und Rachedurst ließen ihr Gesicht alt und rot werden. Im zitternden Licht der Kerze zuckt die schmierige Nase und das Kinn, an anderen Stellen lösen sich schrundige Hautfetzen von ihrem Gesicht. Und schwer hängt das ganze Fett ihres Kopfes dort herunter, wo die Knochen es nicht mehr zurückhalten. Von unseren Stühlen aus gesehen, ist ihr Gesicht aufgedunsen, vor allem unter den Augen. Die Lider haben keine Konturen mehr, das rechte Auge ist halb geschlossen. Nur der Mund voller Worte ist noch am Leben. Die Lippen springen auf und ziehen sich zusammen.

»...Wie ich sehe, ißt man hier gut und ist glücklich...«

»Willst du dich setzen und...«

»Nein, Rembrandt van Rijn, in deinem Haus nie mehr.«

Geertje stößt eine Art Lachen aus, ein Stöhnen. Vielleicht auch ein Rülpsen. Sie beugt ihr fettes Gesicht etwas weiter vor, ihr Blick bohrt sich in Rembrandts Augen.

»...Saskias Ring«, sagt sie und formt dabei die Worte mit der Zunge. »Der Verlobungsring mit dem Diamanten, der Stein, der vor der Seuche schützt, dein Eheversprechen...«

»Lächerlich«, sagt Rembrandt. »Niemand wird dir glauben.«

»Der Ring deiner verstorbenen, betrauerten Frau, hättest du den einer Dienerin geschenkt, einfach so als Dank für ihre Arbeit?... Du bist es, dem man nicht glauben wird, Rembrandt van Rijn.«

»Wo ist der Ring?«

Geertje lächelt. Ein einziges Lächeln. »Dort, wo er ist, kann ihm nichts geschehen.«

Ihr Lachen zerbrach hinter ihren Zähnen. Rembrandt wartete. Ohne Fragen zu stellen. Titus saß auf meinen Knien, verbarg seinen Kopf in meiner Schürze, um nicht mehr Geertjes aufgedunsenes Gesicht sehen zu müssen, das er nicht wiedererkannte. Die Schüssel auf der Tischdecke dampfte nicht mehr. Nacheinander waren Judith und Geertruid aufgestanden, als wollten sie in die Küche gehen, und waren nicht wiedergekommen. Barent und Nicolaes schauten sich an; gleichzeitig stießen sie ihre Stühle zurück und verließen das Zimmer.

»Wovon glaubst du, daß ich überlebe, Rembrandt van Rijn? Nach all den Jahren, die ich darauf verwandt habe, dich an der Hand zu führen, bis die Sonne wieder scheint, dir dein Fleisch und Gemüse zu schneiden und dir fast noch in den Mund zu stecken, um den Tod aus deinem Kopf zu verjagen; deinen Sohn zu füttern, nachdem ich ihm alles vorgekaut habe, seinen Körper von dem zu säubern, was aus ihm herauskommt, und nächtelang auf die Nüsse mit den Spinnenköpfen auf seiner Brust zu blasen, um das Fieber zu vertreiben. Nach all den Jahren sitze ich auf der Straße, alt und krank, wie du mich hier siehst, und auf der Straße.« Und dann schaute sie mich mit einem Auge von der Seite an und sagte: »So also kümmert sich der Maler Rembrandt um seine Dienerinnen, wenn sie keine Huren sind.«

Ich werde noch an meinem Schweigen ersticken und ohnmächtig werden. Ich sagte nichts, ich werde nichts sagen. Ich wandte meinen Blick nicht von Rembrandt, damit sie wissen sollte, daß ich sie nicht hörte, weil ich sie nicht sah, und daß ich, durchsichtig geworden, vielleicht gar nicht mehr im Zimmer war. Aber ich wurde nicht unsichtbar, und Geertje Dircx vergaß mich nicht.

Ihr Körper und ihr Mund verzerrten sich. »Ja, zum Pfandleiher habe ich Saskias Ring getragen. Nicht mehr du, sondern sie ist es jetzt, die mich am Leben erhält.«

Du läßt den Zorn in dir nicht groß werden, das nicht. Du sagst, daß du ihn auslösen wirst, daß Titus ihn nach ihrem Tod zurückbekommen wird, den Ring seiner Mutter. Daß man dieser lächerlichen Sache ein Ende bereiten muß und daß du zur Kammer für Eheangelegenheiten gehen wirst. Du bittest Geertje, dir den Hausschlüssel zurückzugeben, da sie ihn nicht mehr braucht und nicht einfach hereinkommen kann, als wäre sie hier noch zu Hause. Als sie den Kopf schüttelte, standest du auf, gingst um den Tisch herum. Langsam, um nicht die Ruhe zu verlieren. Geertje Dircx ist breit und dick, häßlich und fett, aber je näher du kamst, um so größer und stärker wurdest du. Du strecktest den Arm nach der Tasche aus, über die sie schützend die Hände hielt. Sie stieß einen lauten Schrei aus.

Später in dieser Nacht hast du mich ernst angeschaut, mein Gesicht in deinen Händen. Du hast mich um Verzeihung gebeten, und weil es nichts zu bitten gab, habe ich dich schnell geküßt. Du sagtest, es sei ein Geheimnis, ein zweifaches Geheimnis, hast du gesagt. Aber daß du vor mir keine Geheimnisse hättest.

»Du weißt, daß Geertje Dircx gut ein Haus in Ordnung hält, aber daß sie nie ein Auge für die Kunst hatte und keine Frau für mich ist. Weil du sie kennst und mich kennst, weißt du, daß ich ihr nie die Ehe versprochen habe. Ich habe es nicht getan und hätte es nie getan aus einem anderen Grund, den du nicht kennst. Es ist nämlich so, daß ich nicht wieder heiraten kann.«

Ein Summen von Insekten neben meinen Ohren, oder vielleicht darin. Rembrandt redet nicht mehr von Geertje Dircx, er redet von mir, von meinem Leben. Ich liebe ihn, ich weiß es und darf es nicht sagen. Tage, an denen ich reglos nach der Decke lausche, die auch der Boden seiner Werkstatt ist. Wenn sie kaum knarrt, dann sitzt er auf seinem Stuhl, zieht ein Bein an und streckt das andere. Nach Zeiten der Stille, die Stunden auf der Sanduhr dauern können, steht er auf, schwer gehen seine Schritte zur Tür. Gleich wird sie sich öffnen, dann wird er mich rufen, er wird Hunger haben oder Durst oder Rückenschmerzen. Oder Lust, mich zu sehen. Oder aber er wird die Treppe herunterkommen. In ein paar Sekunden werde ich ihn sehen, mein Herz klopft wie wild in meiner Brust. Ja, ich liebe ihn, ich schließe die Augen, mir wird flau im Magen, meine Fingerspitzen beginnen zu kribbeln.

»In ihrem Testament verlangt Saskia von mir, für Titus 20 000 Gulden an die Waisenkammer zu zahlen, wenn ich wieder heiraten sollte, die Hälfte dessen, was wir damals besaßen. Schon seit ein paar Jahren habe ich nicht mehr soviel, nicht einmal mehr die Hälfte. Schuld sind die Schatten auf meinen Bildern, meine Einkäufe, das Geld, das Angst hat und sich versteckt. Das ist der Beweis, daß ich dieser armen Irren gar nicht die Ehe versprechen konnte, aber das kann ich nicht sagen, damit würde ich zugeben, daß ich Geldschwierigkeiten habe, dann könnte ich meine Bilder nicht mehr zum gleichen Preis verkaufen. Verstehst du?«

Ich sagte, ja, ich verstehe. Ich verstehe vor allem, daß Rembrandt nicht wieder heiraten kann. Ganz nah vor meinem Gesicht betrachte ich dieses Männergesicht, das schon vom Leben und vom Kummer zerfurcht und aufgedunsen ist. Ich sehe seine Augen, seine Güte. Ich weiß, das ist mein Leben.

Dann, bei der dritten Ladung, die eine Woche nach der zweiten kam, sagte Rembrandt, damit müsse nun Schluß sein. Er ging zum Dam, vom Dam zum Rathaus und dort über die alte wurmzerfressene

Treppe zur Kammer für Eheangelegenheiten. Zwar seufzte er ob des Unsinns, aber so viel Haß und Rache machen müde. Sie hindern ihn am Arbeiten und auch daran, mich zu lieben. Er würde unterschreiben. Wenn er wieder zurück sei, würde er mir berichten.

Mit zitterndem Kinn und bitterem Mund behauptete Geertje vor dem Notar Laurens Lamberti, Rembrandt habe ihr die Ehe versprochen, der Beweis sei ein Ring mit einem Diamanten, der die Braut vor der Seuche schütze. Und er habe mehrmals mit ihr geschlafen.

Niemals die Ehe, antwortete Rembrandt, und nichts verpflichte ihn, zuzugeben, daß er mit dieser Frau geschlafen habe, sondern da sie es ja sei, die dies behaupte, so solle sie dies auch beweisen. Er hätte auch sagen können, nein, niemals, ich habe nicht mit dieser Frau geschlafen. Aber damit hätte er sie eher getötet als die Krankheit; und ein bißchen auch sich selbst, wenn er sich im Spiegel angeschaut hätte.

Dann sagte er zu allem ja. Er wollte nicht über Geld streiten. Er wollte reinen Tisch und daß Geertje von ihrer Krankheit genas. Er würde ihr auf der Stelle 160 Gulden zahlen, sobald sie sich reinlich einrichtete und den Ring auslöste, der eines Tages an Titus zurückfallen sollte. Und nein, nicht 160, sondern 200 Gulden im Jahr bis an ihr Lebensende, aber nicht länger. Und wenn sie krank würde oder anderweitig bedürftig, so würde Rembrandt ihr das Nötige geben, solange er lebte.

Laurens Lamberti nannte das Angebot großzügig. Rembrandt sagte, das sei seine Dankbarkeit, sieben Jahre lang hatte sie ihm geholfen zu überleben und seinen Sohn aufgezogen. Sieben, jetzt war ein neues Leben. Der Notar tauchte die Feder in die Tinte, reichte sie dann Geertje.

Sie nimmt die Feder, einen Augenblick hält ihr Arm in der Bewegung inne. Die Hand läßt die Feder auf den Tisch fallen. Der Mund verzerrt sich und sagt, Geertje Dircx werde nicht unterschreiben. Rembrandt solle sein Versprechen halten und sie heiraten. Schweigen. Mit weißen Augen spricht sie lauter. Seufzen. Rembrandt senkt den Blick auf den Tisch, der Notar der Kammer für Eheangelegenheiten versucht, etwas zu sagen, aber mit gerötetem Gesicht wiederholt Geertje Dircx ihre Worte. Sie beginnt zu weinen, die Tränen laufen ihr in den Mund. Niemals werde sie unterschreiben, Rembrandt müsse sie heiraten, niemals 200 Gulden, sondern die Ehe.

Der Notar sah und hörte, daß die Eifersucht Geertje Dircx' Gehirn zerfraß. Vielleicht auch das Feuer des Teufels. Die Ehe, das gebrochene Versprechen, und niemals würde sie ihn in Frieden lassen, niemals, mit seiner Hure. Rembrandt schaute auf seine Hände, der Notar stand auf, Geertjes rotes Gesicht sah nichts mehr, hörte nichts mehr.

Die beiden Zuchthausbeamten fassen sie unter den Armen, sie schreit wie ein abgestochenes Schwein. Sie nehmen sie mit. Am Ende des langen

Flures kreischt sie noch, daß Rembrandt sie heiraten wird, niemals wird sie ihn in Frieden lassen, und der Ring, sie wird ihn zwingen, sie zu heiraten, und niemals, niemals wird er mit seiner Hure glücklich werden.

1650–1654

Bathseba sitzt auf einem Kissen, sie schaut zu Boden, den Brief König Davids in der rechten Hand. Er will sie, auf dem schnellsten Wege soll sie zu ihm kommen, das ist ein Befehl. Vielleicht sagt König David ihr auch, daß er sie begehrt, seit er ihre Schönheit beim Bade erblickt hat. Sie hat den schicksalhaften Brief gelesen, ihr Blick weilt schon in weiter Ferne. Links am Bildrand beugt sich die alte Dienerin über ihre Füße, um sie ihr vor dem Opfer zu waschen. Den Blick in die Zukunft verloren, sieht Bathseba nichts. Ich sehe nichts. Nichts steht auf dem weißen Blatt in meiner rechten Hand (und wenn dort etwas stünde, könnte ich es nicht lesen). Aus dem Band, das mein Haar im Nacken zusammenhält, hast du ein paar Strähnen gezupft, die mein Gesicht umspielen. Hinter der Leinwand höre ich deinen Pinsel, wie er sie liebkost und die Farbe aufträgt. Ich hebe den Kopf und lächle dir zu. Die Arme auf Luft gestützt, nehme ich die Pose wieder ein.

Ausgiebig reckt sich Rembrandt in dem warmen Bett. Länger als an anderen Tagen ruht er sich in dem stillen Haus aus. Titus und die Schüler schlafen noch. Jeden siebten Tag gehe ich um acht Uhr morgens allein an den kalten Kanälen entlang zur Oude Kerk. Bevor ich die Breestraat verlasse, massiere ich Rembrandt Schultern und Rücken, zähle die kleinen Knochen in der Mitte und drücke in Richtung der Muskeln darauf. Denn wenn er malt, hält er stundenlang den einen Arm (immer denselben) hoch, ein langer Maltag bedeutet Schmerzen. Ich sage mir, ich gebe ihm damit ein wenig von dem Guten zurück, das er mir Tag für Tag zuteil werden läßt.

Auf dem Küchentisch richte ich Schalen, Teller und Bierkrüge für das Frühstück. Rembrandt wird Milch und Bier, Brot, Käse und Heringe vorfinden. Wenn Titus rechtzeitig herunterkommt, wird sein Vater ihm auftun. Zusammen werden sie mit dem Licht in den bunten Scheiben spielen. Dann werden sie in die Werkstatt hinaufsteigen. Mit zusammengekniffenen Augen wird Rembrandt vor seiner Staffelei das angefangene Bild entdecken, als hätte er es noch nie gesehen. Er wird den ersten Pinsel des Tages wählen; zwischen zwei Fingern die Pinselhaare aufspringen lassen, sie glattstreichen, Glanz und Geschmeidigkeit prüfen. Er wird die durchsichtigen Öle gegen das Licht halten, dann auf die Farbbeutel drücken.

Der Pinsel wird über die Palette fahren und die Paste auf die Leinwand befördern. Von der Palette zur Leinwand. Bis zum Abend. Jeden Tag seines Lebens. Er geht nicht zur Kirche. Aber er redet mit dem Licht und antwortet Gott. Wenn er die Augen zusammenkneift. Jeden Tag.

Der Mann in Schwarz predigt von der Höhe der Kanzel herab. Die Männer und Frauen unter ihm wenden ihm den Rücken zu, ihr Gemurmel antwortet sich in Kreisen. Mit hocherhobenem Kopf, weit davon entfernt, sich zu schämen, flüstern Frauen in bunten Kleidern hinter ihren Ohrringen, die im Glanz des Lichts wippen. Mit rotem, von ihren Halskrausen ersticktem Gesicht fahren Männer in schwarzem Samt und Satin mit der flachen Hand über die Wölbung ihrer Bäuche, die ebenso dick sind wie ihre Börsen. Ich sehe das Fett außen und errate es innen und wende den Kopf ab, um mich nicht zu übergeben. Je reicher sie werden, um so dicker werden sie. An einer Säule legt eine Mutter ihren gierig schreienden Säugling so schnell wie möglich an die andere Brust. Etwas weiter weg, in einem abgelegeneren Winkel, vor einer Steinplatte, die der Totengräber hochgeklappt hat, in der bodenlosen Schwärze eines alten Grabes, das auf einen neuen, von den Würmern noch nicht zerfressenen Leichnam wartet, hinter der Schippe und einem fleischlosen Schädel, der auf eine benachbarte Bodenplatte gerollt ist, nagen zwei Hunde an den Knochen. Eine Ratte huscht vorbei. Die Hunde knurren. Werden ihr Gejapse und ihr warmer Atem die kleinen Würmer aufwecken, die satt im Staub der Menschen schlafen?

Der Mann in Schwarz beugt sich vor zu den Reichen und Armen, Gesunden und Kranken, die in der Kirche zusammengekommen sind, um ihn zu hören. Einen Augenblick schauen sie erschrocken zu dem

Prediger und dem Zorn seines zahnlosen Mundes hinauf.

»Wie kann es sein, daß das Volk Gottes sich derart schmückt und in Gold und Silber, in Samt und Seide den Gottesdienst besucht?... Schreit auf, ihr Leute von Mortier, denn das Volk der Kaufleute ist vernichtet, alle Geldwechsler vertrieben.«

Mit geschürzten Lefzen fangen die beiden Hunde an zu bellen. Es sieht aus, als ob sie sich beschimpfen. Sie schlagen ihre Fangzähne in einen toten Knochen, zerren an der langen Röhre, jeder an einem Ende, die Pfoten angespannt, fest in die Leere vor ihnen gestemmt; sie ziehen, schütteln wütend den Kopf, springen zur einen, dann zur anderen Seite, lassen sich nicht mehr aus ihren irren Augen. Ihre Lefzen zittern und dampfen immer mehr, mit gebleckten Zähnen knurren sie sich an, streiten um den Knochen. Bis die Versammlung, den Zorn Gottes vergessend, in lautes Lachen ausbricht.

Vier Karossen rollen durch Amsterdams Straßen. Sie wurden in Frankreich für die Prinzen gebaut. Der Mann in Schwarz, der mit seinem goldenen Pferd durch die kleinen Straßen galoppiert, ist Doktor Tulp. Der Leichenaufschneider, Rembrandt hat es mir gesagt. Mit seinem Namen, den er der Tulpe gestohlen hat, fährt er schneller und weniger verschmutzt über die Pflastersteine, um seine reichen Patienten zu besuchen.

Rembrandt hat die unvollendeten Bilder des vergangenen Jahres auf die Staffeleien gestellt. Sein

Messer kratzt die Farbkrusten von der Palette. Nach dem Prozeß, nachdem Geertje Dircx in das Hospital von Gouda eingeliefert worden war, kroch er langsam wieder aus dem Kummer hervor, den der Haß verursacht hatte. Langsam vergaß er. Man sagt, in Gouda werden die Verrückten gepflegt. Man sagt nicht, daß sie geheilt werden.

Ich verließ das Haus nur an den Markttagen, dienstags und donnerstags, und am siebten Tag, um zur Kirche zu gehen. Judith bringt Titus zur Schule und holt ihn um vier Uhr wieder ab. Um vor allem den Blicken der Passanten nicht zu begegnen, starre ich auf die Straße vor mir. Hinter meinem Rücken höre oder errate ich. Das Kopfnicken, das lächelnd gemurmelte Wort. Es prallt vom Pflaster ab, in den Falten meines Kleides ziehe ich es hinter mir her.

Rembrandt hat mich nicht geheiratet. Er wird mich nicht heiraten. Manchmal sprach er davon, aber nichts würde sich mehr daran ändern. Sehr früh habe ich das gewußt.

Eines Morgens, es regnete, ging ich langsam mit dem schweren Korb voller Rüben und Käse nach Hause. Langsam auf den regennassen Mann zu, der mich an der Tür erwartete. Er öffnete den Mund: »Wißt Ihr, was man bei uns über einen Witwer sagt, der in sein Dienstmädchen vergafft ist?«

Selbst wenn ich hätte antworten wollen, ich hätte es nicht gekonnt. Mir versagte die Luft oder die Stimme oder beides. Das Wort sirrte in meinen Ohren, genau das Geräusch, das Kutteln machen, wenn man sie in siedendem Öl ausschwemmt. Sie öffnen sich wie giftige Blumen und lassen den Gestank ausströmen. Ich hatte den Mann noch nie gesehen. Er hatte das Alter und die rote Gesichtsfarbe meines Vaters, wie er war er von Bierdunst umgeben. Er sprach mit friesischem Akzent.

»Man sagt, er hat in seinen Hut geschissen, bevor er ihn auf den Kopf setzt.« Er lehnte sich zurück, beim Lachen bleckte er alle seine Zähne.

Ein Schlag mit dem Türklopfer an die Tür des Hauses, das ich jetzt mein Haus nenne. Vor allem nicht den Schlüssel herausholen, selbst wenn ich ihn zusammen mit dem Hof- und dem Kellerschlüssel an einer Kette um die Taille trage. Ich hatte Angst. Endlich gelang es mir, ein paar Worte herauszubringen, ich fragte den Mann, warum. Er wollte Rembrandt sehen. Ich fragte, warum, und die Tür öffnete sich.

Der Mann heißt Peter Dircx, er ist Geertje Dircx' Bruder. Er redet von Vereinbarungen und den Kosten für das Hospital in Gouda. Daß man zahlen müsse, damit sie sie behalten. Ja, natürlich, um sie zu heilen. Daß Rembrandt ihm Geld geben soll, es ist einfacher, wenn der Bruder das Geld seiner Schwester verwaltet, einfacher bei ihrer Rückkehr, wenn sie geheilt ist. Sein Lächeln sagt, daß er nicht daran glaubt, vielleicht sogar, daß er es nicht hofft. Als er weg war, hast du mich fest an dich gepreßt. Nie mehr diese Fratzen und schmutzigen Worte, nie mehr den Namen Geertje Dircx oder ihrer Familie.

92

Der Sammler Lodewijck van Ludick ißt manchmal mit dir zu Abend. Er hat dich schon gekannt, als Saskia noch lebte, er ist dein Freund und ein Freund der Malerei. Er sagt, daß Kunstwerke durch Hände gehen, die nur vorübergehend auf Erden weilen, und daß diese Hände sie niemals wirklich besitzen; er sagt auch, daß Kunstwerke immer den Kunstliebhaber überleben, daß sie ihn besitzen. Weil er gerne sammelt (vorübergehend auf der Erde), will er Händler werden. Zu seiner Freude hast du erwidert, daß die Kunst, die lange überleben wird, niemals der Mode des Tages entspricht, daß die Kunst, die er liebt, nicht die ist, die so tut, als ob, und daß anständige Seelen wie die seine immer Gefahr laufen zu scheitern.

Nach dem Abendessen pflegt Rembrandt wie alle Holländer im zitternden Licht der Kerzen in der Heiligen Schrift zu lesen. Bewundernd schaue ich ihn an. Gott hat ihn auserwählt, um Sein Licht zu malen. Und *er* hat mich gewählt. Judith sagt, das ist mein Schicksal. Ich sage, wenn Gott mich dazu bestimmt hat, Rembrandt und seine Arbeit zu begleiten, so werde ich jeden Tag meines oder seines Lebens bei ihm sein (je nachdem, wer zuerst stirbt, Herr verschone uns), um für sein Wohl zu sorgen, Titus' Wohl und das Wohl unseres ungeborenen Kindes. Und in dem Terpentingeruch Modell stehen.

Wie zwei- oder dreimal im Jahr wurde an diesem siebten Tag der Tisch unter das Kirchengewölbe getragen und mit einem Tuch aus rotem Brokat bedeckt. Nacheinander nahmen wir an der Tafel des

Herrn Platz, nacheinander nahmen wir das Brot, das der Prediger gebrochen hatte. Nehmet und esset. Das ist Mein Leib. Das Opfer Jesu Christi ist einmalig für alle Zeit. Er hat es für unser Heil getan. Er ist das lebendige Brot, das vom Himmel herabgestiegen ist. Er gibt es für das Leben der Welt, es ist Sein Fleisch. Wer von diesem Brot ißt, wird das ewige Leben erlangen.

Ich esse dieses Brot nicht, ich lasse es langsam zergehen. Süß schmilzt es in meinem Mund. Mein Leib empfängt den Leib Christi, um davon genährt zu werden. Dann nehme ich den Zinnkelch aus den Händen meines Nachbarn zur Linken, lege den Kopf nach hinten, netze meine Lippen mit dem Wein meiner Kirche, reiche den Kelch meinem Nachbarn zur Rechten weiter. Das ist das Blut Christi, das vergossen wurde, zur Vergebung unsrer Sünden, für uns heute. Ich schlucke.

Ich öffnete die Tür und wußte sofort, wer er war. Du hattest mir von deinem Bruder Adriaen erzählt, aber nicht sein Gesicht beschrieben. Seine Eigenarten, schon immer, vor allem seit dem Tod eures Vaters, dann eurer Mutter. Das Leben eines Müllers in Leiden ist bestimmt von Jahreszeiten, kleinen Zahlen, schlechten Ernten und Kakerlaken. Nicht wie das eines bekannten jungen Malers in Amsterdam. Also hast du vor zehn Jahren, als er mit seiner Art und seinen Launen in Schwierigkeiten war, deine Schwester Elisabeth gebeten, dich nicht als Bruder in ihrem Testament zu bedenken.

Es war Adriaen. Ich erkannte ihn auf der Stelle. Der in weite Ferne verlorene Blick, die Furchen auf seiner Stirn, die traurig nach unten gerichteten Mundwinkel. Seine Stimme ließ die Worte wie bedauernd gehen. Du legtest deinen Pinsel beiseite, kamst die Treppe herunter. Mit ausgebreiteten Armen, fragtest nach Neuigkeiten. Eure Schwester Elisabeth schwindet jedes Jahr ein bißchen mehr dahin, immer lächelnd, niemals traurig. Du stelltest mich als Hendrickje vor, und ich umarmte Adriaen, wie man jemanden umarmt, wenn man zur Familie gehört. Du versprichst, ihm an diesem schwierigen Punkt zu helfen, du wirst ihm Geld geben. Nicht viel, denn auch deine Geschäfte gehen mäßig.

Plötzlich, mitten in einem Satz machst du einen Schritt auf deinen Bruder zu. Du ziehst ihn am Arm, damit er vortritt und sich zu dir herumdreht. Das orangefarbene Licht einer Fensterscheibe fällt auf sein Gesicht, deine Augen leuchten auf. Du hast mich vergessen. Schon ziehst du Adriaen hinter dir her über die Treppe zu deiner Werkstatt, mit schnelleren Schritten, als deine Füße es gewohnt sind. Ich kenne diesen Blick, ich sehe ihn manchmal, und die Zeit steht still, wie an dem Tag, als du dein allererstes Bild maltest. Deine Augen glühen, eine Vision. Schon siehst du das Bild vor dir, schon erkennt es der Pinsel, der auf der Leinwand hin und her springt.

Zwei Stunden später stieg ich mit Brot, Heringen und lauwarmem Bier in die Werkstatt hinauf. Ganz leise öffne ich die Tür. Adriaens Blick wandert auf dem Boden zwischen den Farbflecken hin und her, immer denselben Weg. Die Lippen seines verschlossenen Gesichtes sind vor Durst ausgetrocknet. Auf dem Kopf trägt er den zerbeulten Helm aus zisieliertem Kupfer, ein goldener Spiegel, der das Licht anzieht, um es mit tausend Feuern zu brennen, bevor er es in die Durchsichtigkeit zurückschickt. Adriaen fragt, wann er die Pose aufgeben darf.

Der Wal ist ein großer Fisch, der Jonas verschluckte. Auf Befehl des Herrn spuckte er ihn dann an Land wieder aus. Das Meer hat einen Wal ausgespuckt, am Strand vor dem Amsterdamer Hafen. Mit großen Schritten laufen die Kinder der Stadt mit ihren Stelzen von Haus zu Haus und klopfen an die Türen. Sie schlagen Trommeln, rennen, schreien und singen. Ein Wal, der sich den Menschen darbietet, ist ein Bote Gottes. Das weiß ich. Ich knie nieder, ich weiß es, barmherziger Gott, hab Erbarmen.

Du sagtest: »Komm, laß uns zum Hafen gehen. Ich habe meine Pinsel und Borsten ausgewaschen, nicht alle Tage strandet ein Wal im Hafen von Amsterdam.«

Es geschieht auch nicht alle Tage, daß du in das rosa Licht des Hafens hinausgehst. Sanft ziehst du an meiner Hand, die es nicht wagt, ziehst meinen Arm durch deinen. Wir gehen. Hocherhobenen Hauptes sagst du allen: »Das ist meine Frau.« Und ich, die ich den Passanten noch nicht in die Augen schauen kann, ich sehe nur dich. Ich lächle dich an, ich bin deine Frau.

Schon von weitem steigt einem der Geruch des Ungeheuers in die Nase. Die Menge drängt sich. Aus dem Schatten der Torwege erklingen die Klappern der Aussätzigen. Männer in Schwarz und Frauen mit Ohrringen laufen über das grobe Pflaster der Hafenstraßen; strauchelnde Füße, verstauchte Knöchel. Wenn ich das sehe, muß ich jedesmal lachen.

Hinter den schaukelnden Schiffen, hinter ihren Masten, die den orangefarbenen Himmel durchstoßen, hinter den Kieselsteinen am Strand, hinter der schwarz-bunten Menge (Arme und Reiche, die alle aus der Stadt gekommen sind, um ihn zu sehen), da ist er, da liegt er, der Wal. Größer, als man ihn sich vorstellen konnte. Größer, als der Geist es ertragen kann. Geschöpf des Teufels. Wie andere der Umstehenden falle ich auf die Knie. Berge das Gesicht in meinen Händen. Vergib uns unsere Sünden, Herr, gewähre uns deine Gnade. Führe uns nicht in Versuchung, sondern erlöse uns von dem Bösen. Wie die Stadt Ninive wird Amsterdam bereuen. Ich schaue durch die Finger, um ein wenig von dem Ungeheuer zu erahnen, Walstücke hinter einem Fächer dicker rosa Säulen. In das Maul des Prophetenfressers, in seinen mächtigen Kiefer hat der Teufel große spitze Zähne gepflanzt.

Jonas wollte dem Befehl des Herrn entfliehen, aber dann, in dem schwarzen Bauch des Fischs, betete er, rief aus tiefster Seele zu Ihm, und der Herr rettete ihn; Jonas' Reise brachte ihn von der Sünde zur Erlösung seiner Seele, von der Finsternis zum

Licht, vom Wasser zum Land. Ein gestrandeter Wal ist ein Zeichen Gottes. Lang und tief steigt ein gurgelnder Seufzer aus seinen Eingeweiden empor, ein Rinnsal schaumigen Schlamms ergießt sich aus dem weit aufgerissenen Maul.

Rembrandt geht näher an das Ungeheuer heran. Ich erhebe mich und folge ihm. Männer und Frauen, Reiche und Arme, selbst die Aussätzigen lachen laut. Kleine Männer sind auf den großen, glitschigen Körper geklettert und schlittern darauf herum. Mit Händen und Füßen tasten sie das Fett des Tieres ab, schon halten sie sich die Nase zu, schon schlagen sie sich auf die Schenkel. Sie sind genauso fett wie das, was ihre Börse fetter werden läßt. Um ihre Knochen herum fabrizieren sie die Nahrung, derer sich die kleinen Würmer unter der Erde eines Tages bemächtigen werden. Fettwülste. Sie lachen über ihr ganzes rotes Gesicht, wiegen sich in Sicherheit: so viel Besitz ist das Zeichen, daß Gott sie auserwählt hat.

Ohne Boote und Fischer ausrüsten zu müssen, ohne Geld oder Menschenleben zu gefährden, ohne die Gefahren einer Jagd auf hoher See einzugehen, sind die Walfischtranhändler heute wieder reicher geworden. Eines Tages werden sie platzen wie Luftballons. Gott meint es gut mit ihnen. Wenn Er sich nicht ihrer bedient, ihrer Sünden und ihrer Eingeweide, um Seine Rache anschwellen zu lassen, wie die Sintflut, die eines Tages (in unbekannter Zeit, früher oder später) die Vereinigten Provinzen und ihre Bewohner mit sich reißen wird.

Tag und Nacht werden die Fettschmelzer kochen. Die ganze Stadt wird nach dem Geruch des Teufels stinken. Wir werden beten und wissen, daß die Reichen nicht glauben, daß es für sie schwierig sein wird, in das Reich Gottes zu gelangen; wir werden wissen, daß das Zeichen Gottes dabei ist zu schmelzen. Und vielleicht auch Sein Zorn und unsere Sünden.

Schreie und Lachen rund um das Ungeheuer. Mit einem Rohrstock messen zwei Männer mit schwarzen Hüten das Glied des Wals, das so lang ist, so unglaublich lang, daß ich meinen Augen kaum trauen kann. Von Mund zu Mund wird die Zahl größer, schwillt an bis zu uns. Vierzehn Fuß! ... Vierzehn Fuß, sagt vor mir ein Mann in Schwarz. Er spricht mit zusammengepreßten Zähnen. Langsam wendet er sein messerscharfes Profil seinem Nachbarn zu. Er hat uns nicht gesehen. Augenblicklich erkenne ich den Mann mit der goldenen Kutsche. Rembrandt beugt sich zu meinem Ohr nieder: »Das ist der Doktor Tulp.«

Jan Six besucht dich. Er sieht mich immer noch nicht, wenn ich, das Gesicht im Licht, die Arme nach seinem Wams ausstrecke. Wußte er, daß ich ihn hören würde? Wollte er es? Die Tür zur Werkstatt stand weit offen, Jan Six bereits auf der ersten Stufe.

»... auch ich bin tief betrübt, glaubt mir. Aber die kunstliebende Gesellschaft wird Euch den Rücken kehren, wenn Ihr Euch so darin gefallt, mit Leuten niedrigen Standes zu verkehren. Denn sie erfährt immer, was sie nicht erfahren sollte, die gute Gesellschaft. (Er lacht.) Seht nur, wie glücklich Descartes mit seiner Geliebten war und ihrer kleinen Francine, und doch hat er sie nie geheiratet. (Er lacht.) Seid sicher, Rembrandt, dieser Bruch des Eheversprechens, über den die Stadt monatelang geredet hat, schadet Euch und dem Geschäft Eurer Kunst. Aber nach und nach (und hier wird seine Stimme ganz sanft) wird das in Vergessenheit geraten. Die Zeit wird den Fehler wiedergutmachen.«

Jan Six geht die Treppe hinunter. Ein Fehler, das bin auch ich, und ich will vor Scham vergehen. Mit sicherer Hand greift er, ohne mich zu sehen, nach dem Wams, das ich ihm nicht reiche, schwingt es um seine Schultern.

Judith sagt, das rohe Walrat schütze die Haut vor Wind und Wetter und vor Falten. Jeden Morgen, wenn ich mich angezogen habe, kämme ich mir das Haar vor dem Spiegel in unserem Zimmer. Als ob die Zeit jedes Jahr schneller vorbeiginge, glänzen meine Augen auf der anderen Seite des Spiegels wie Glut tief in ihren Höhlen. Das macht die Zeit und die Müdigkeit. Ich nähere meine Lippen zu einem Kuß, sogleich springen sie auf der eisigen Oberfläche auf. Die Rundungen meines Gesichts sind dahingeschmolzen, die Nase ist gespannt, spitzer. Trotz Judiths Walrat: Die Falten auf meiner Haut sind keine Grimassen und lassen sich nicht mehr mit einem Lächeln wegwischen. Kinn und Wangen haben ihre frühere Zartheit eingebüßt, sind rosa gefleckt. Ja, die Zeit vergeht schneller als damals, als sie mich noch vergaß.

Nach Jan Six' Besuch wartete ich den Einbruch der Dunkelheit ab, ehe ich in deine Werkstatt hinaufstieg. Ich sagte zu dir: »Behalt mich. Ich fühle mich so wohl, so nah bei dir, du lehrst mich das Leben und alles, worauf es ankommt. Ich will dir helfen, wenn meine Hilfe es vermag. Aber wenn ich für dich zu einer Belastung werde, wenn dein Leben durch meine Schuld schwieriger wird, dann...«

Du trittst zu mir, sanft legst du mir einen Finger auf die Lippen. Die andere Hand streichelt meine Wange, fährt den Hals hinab, umfaßt meine Brust, streicht flach über meinen Bauch. Ungeachtet deines Fingers, ungeachtet deiner Hand, ohne zu lachen, ja ohne eine Miene zu verziehen, fahre ich fort.

»Wir werden nie ein Aufgebot bestellen. Du wirst nie vor dem Altar das Jawort sprechen, du wirst mir nie einen Ring an den Finger stecken. Wir werden nie Hochzeit feiern und Familie, Schüler und Freunde dazu einladen. Wir werden keinen Punsch trinken und weder Pfauenpastete noch Kapaun mit Aprikosenfüllung essen.«

Sanft schüttelst du den Kopf und lächelst. Deine Hand kreist um meinen Nabel. Dann gleitet sie tiefer, sucht ihren Weg durch die Wäsche, bis sie sich in den Haaren verliert, wo sie sich gefangen abmüht.

»Saskia ließ ihr Testament zu früh aufsetzen, sie

war zu jung, wußte nicht, daß das Leben sich ändert und daß du die vierzigtausend Gulden, die ihr damals zusammen besaßt, zehn Jahre später nicht mehr haben würdest. Nicht einmal die Hälfte, die zwanzigtausend für die Waisenkammer für Titus, falls du je wieder heiraten solltest. Saskia wollte immer dein Bestes, aber zum Zeitpunkt ihres Todes glaubte sie, klug zu handeln. Zum ersten und letzten Mal in ihrem Leben.« Deine Hand hat gefunden, was sie suchte, schmiegt sich an die heiße Höhle. Ich küsse dich, kleine, hingehauchte Küsse, die wie Seifenblasen platzen.

»Du sprichst mir von Heirat, du sagst, du leidest darunter, das Versprechen nicht halten zu können, das du mir nie gegeben hast und das ich mir niemals hätte von dir geben lassen.« Deine Hand nimmt sich Zeit, ihr gefällt, wo sie ist. »Selbst wenn du heute die zwanzigtausend Gulden hättest, Rembrandt, wollte ich nicht, daß du dich wegen mir von ihnen trennst (Seifenblasenküsse), ich würde mich schämen, wenn du es wegen mir tätest.« Dein Zeigefinger lockt die Lust hervor, die ihn sogleich mit meiner Nässe überflutet. Ich spreize die Beine, winkle sie an, schnell' die Arme um deinen Hals, um nicht wegzurutschen. Immer tiefer dringt dein flinker Finger. Stöhnend schließe ich die Augen und klammere mich an deinen Hals; als würdest du mich mit einem einzigen Finger tragen, berühren meine Zehenspitzen kaum noch den Boden. Meine Lippen verschmelzen mit den deinen.

»Ich würde das Leben mit dir gegen kein anderes tauschen. Mein Glück ist bei dir, Rembrandt van Rijn.« Du küßt mich, verschlingst mich und meine Zunge und meinen Speichel, du, so nah, mir allein. Dort im Stehen.

Am siebten, dem letzten Tag einer Mondphase, überquerte ein Komet den Himmel Hollands. Wieder ein Zeichen. Selbst die zahnlosen Alten, die nicht mehr ausgehen, kamen aus ihren Häusern, um sich zu erinnern. Zuviel haben sie in ihrem langen Leben schon erlebt. Am Himmel erkennen sie es wieder. Nun beten sie gemeinsam. Die Rache Gottes besteht immer aus Seuche und Überschwemmung.

Im Spiegel deiner Werkstatt, dem großen Spiegel mit dem Ebenholzrahmen, der dich altern sieht, folgt dein Finger den Zeichen, welche die Zeit in dein Gesicht gegraben hat. Du trägst ein schwarzes Samtbarett. Schonungslos stellst du dich den Spuren vergangenen Kummers. Mit neuem Mut blickt dein Gesicht geradeaus in die Zukunft, in dein neues Leben. Dein Pinsel taucht in das Leinöl (noch lange, mein Geliebter, wird dein Portrait nach dem Knoblauch riechen, mit dem es gekocht wurde), zögert über der Palette, wie eine Kelle schiebt er die himmelblaue Paste zusammen und rührt sie wütend zu einer düsteren Mischung, die dann auf dem dunklen Hintergrund des Bildes hell erscheinen wird.

Du bist nicht mehr der ans Ufer gerettete und ins Leben zurückgeholte Ertrunkene. Deine Arme um mich geschlungen, kannst du wieder ohne Genever

einschlafen. In der großen Werkstatt haben Gesprä-
che und Gelächter die eisigen Gerüche und das
Schweigen hinweggefegt. Der Rauch schmelzender
Kaninchenhaut und -knochen zieht wieder durch
das Haus. Auf der Treppe hört man die Schritte der
Modelle (und ihr ersticktes Lachen) vor den immer
willkommenen Späßen der Schüler Bernhard und
Willem. Vor allem wenn sie versuchen, das Gewicht
des Fleisches besser zu erfassen.

In der Nacht vom fünften auf den sechsten März
ließ das Wasser vom Himmel die Flüsse und Kanäle
anschwellen. Der Antoniusdeich war gerade noch
rechtzeitig abgedichtet worden, bevor die Erde weg-
geschwemmt wurde. Die ganze Nacht über arbeite-
ten Männer und Frauen in Wind und Regen. Die ganze Nacht über schleppten die Frauen, die keinen
Schubkarren hatten, in ihren Schürzen Ton herbei.
Gott wird uns bestrafen, von unseren Sünden wird er
uns reinwaschen.

Wir werden zusammen mit dem Kahn zu Jan Six
aufs Land fahren. Ich wäre lieber nicht gefahren.
Schon gar nicht an einem Sonntag, schon gar nicht
zur Stunde des Gottesdienstes, wenn die Stadttore
schließen. Titus würde über die Wiesen springen,
ich, das Dienstmädchen, würde mit ihm spielen. Das
ist nicht das, was du wolltest, aber für diesen Mann
werde ich nie deine Frau sein. Bei Jan Six werde ich
das Dienstmädchen sein, das man nicht sieht. Ich
ziehe die Lüge vor, die mich aus seinem Blick löscht,
der wie eine Klinge durch mich hindurchfährt.

Zwanzig Jahre lang habe ich auf dem Land gelebt, ich weiß, daß man hier der Krankheit der Melancholie anheimfallen kann. Ein grüner Nebel, der durch all die kleinen Löcher in der Haut in den Körper eindringt und in den Kopf steigt, um dort zu rosten. Das ist der Grund, warum man auf dem Land noch mehr wäscht als in der Stadt. Man reibt, man kratzt, man scheuert den Rost, der überall hervorblitzt. Wenn er sich gut festgesetzt, gut niedergelassen hat, bildet er Grüppchen, die sich winden wie eine Familie brauner Würmchen.

Wir sind auf den Kahn gestiegen. Am Ufer stemmte das Pferd mit Mühe die Hufe in den Schlamm. Amsterdam entfernte sich, langsam verstummte hinter uns das Glockenspiel der Westerkerk. Kerzengerade durchschnitt der Kanal das grüne Meer, das uns bis zum Horizont umgab. In deiner Schachtel drei Kupferplatten, Stichel und Graviernadel, Farbe und Pinsel. In diesen Jahren zwischen den beiden Kriegen war das Land für deine Augen eine Erholung, sagtest du; die Stille der Horizonte, soweit das Auge blickte, die sich kreuzenden Kanäle bis ans Ende des flachen Landes, die riesigen Himmel und die schnell ziehenden Wolken, ihre Schatten, die uns einhüllen und uns dann der grünen Sonne überlassen.

Deine Bibel nimmst du nie mit, wenn du die Stadt verläßt. Gott ist überall, sagst du. In den Kanälen, auf denen die langhalsigen Schwäne hocherhobenen Hauptes dahinziehen, in einer Brücke, einem Segelboot, einem Fischer, in all diesem heiteren Leben, sagst du, das dein Stichel im Kupfer festhält. Damit auch wir sehen, wie Gott es gemacht hat. Du kennst Wahrheiten, die andere nie kennen werden, ich fühle sie, ganz nah. Ich bin in deinem Leben, langsam dringt es in mich ein.

Jan Six legt den Arm um deine Schulter. Ich weiß nicht, warum, seine Geste macht mich verlegen, und ich wende mein Gesicht ab. Dennoch darf ich nicht mehr auf mein Gefühl hören, das sagst du mir immer wieder, und du hast recht. Daß ich fühle, bedeutet nicht, daß ich recht habe. Er glaubt an die Freundschaft, sagt er. Er, der die Frauen nicht liebt und die Liebe nicht kennt. Schon vor ein paar Jahren kamst du in dieses Haus. Du schufst ein Portrait dessen, der dir so viel Freundschaft schenkte. Mit dem Rücken zum Fenster stand er Modell in seinem Salon. Japsend sprang der Hund an ihm hoch. Doch die vorbereitende Zeichnung für die Radierung gefiel Jan Six nicht. Zu sehr unterschied sie sich von seinem Spiegelbild, dem er nie zulächelt, zu sehr auch von dem Künstler, dem er Beliebtheit verschaffen will, und von den Werken, die ihn in der Unsterblichkeit überleben werden. (Du verziehst den Mund, um mich zum Lachen zu bringen.) Zuviel Land, die Bäume und die Voliere, zu natürlich der Hund und die Stiefel. Er zog sich um, der Hund verschwand, wurde aus dem Salon gejagt. Jan Six neigte sein Gesicht über ein Buch, schloß die Augen und legte die Stirn in Falten. So gefiel er sich, gefiel ihm die

Radierung, er war der Gelehrte, Freund der Künste und der Künstler, er selbst der begabte Verfasser einer Medea.

Japsend sprang der Hund an seinem Herrn hoch. Plaudernd ging Jan Six mit Rembrandt durch den Irrgarten seines Parks, er schaute geradeaus vor sich hin und bog an jeder Wegkreuzung ab, ohne zu überlegen. Vielleicht wollte er mich mit seinen großen Schritten ja verlieren, aber ich folgte ihnen in weitem Abstand mit Titus an der Hand; ich hielt ihn zurück, er zerrte an meinem Arm, wollte den Hund streicheln. Deswegen blieb ich so weit zurück, denn Hunde und Katzen übertragen die Pest in ihrem Fell. Doch Titus weinte so laut, daß ich seine Hand losließ.

Ohne Kriegserklärung haben die Engländer die holländische Flotte angegriffen. Der Frieden hielt nicht einmal drei Jahre. Nach den Spaniern nun die Engländer. Dieser Krieg wird auf dem Wasser stattfinden, ihr Seehandel gegen unseren. Die Alten, deren Türen der Komet geöffnet hat, treffen sich auf der Straße. Sie nuscheln mit ihren zahnlosen Lippen, daß der Krieg sich gegen den Handel im Hafen von Amsterdam wenden wird, wenn er zu lange dauert.

Von den wimmelnden weißen Würmchen folgt ein jedes seinem Weg, jedes seinem Gang. Langsam knabbern sie am Holz, verdauen es und lassen winzige Netze grauer Asche hinter sich zurück. Immer weiter gehen sie, auf einem zitternden Weg. Umkehren können sie nicht, sie wüßten nicht, wie. Ganz langsam graben sie sich voran, dann legen sie sich in einem Knäuel schlafen, satt von der Arbeit und dem Sägemehl, und harren geduldig des Kommenden. Die Weibchen legen Eier, lassen sie zurück, kriechen weiter. Später wird hinter ihnen eine neue Armee erwachen, und jeder Babywurm wird, von seiner durchsichtigen Hülle befreit, wiederum einen neuen Gang neben dem graben, in dem er geboren wurde. Es wird mehr als zehn Jahre dauern, bis jeder Wurm das andere Ende seines Gangs erreicht.

Du sagst und wiederholst immer wieder, daß ich für die anderen bereit bin (außer für Jan Six). Daß ich schon am Strand an deinem Arm weder den Wal noch die anderen zu fürchten hatte. Daß ich auch ohne Hochzeit deine Frau bin und dich zu dieser Versteigerung begleiten werde. An deinem Arm gehe ich zwischen den Bänken nach vorn, doch ich halte die Augen gesenkt. Ich errate die Blicke und abfälligen Worte. Endlich sitzen wir, deine Hand gefangen zwischen meinen spielenden Fingern, ich hebe den Kopf. Alle sind sie da, Jan Six und Dr. Tulp, alle in Schwarz, in ihrem geprägten Samt, Uylenburgh und Huygens. Sie verurteilen mich nicht, sie kennen mich nicht, sie haben mich nicht gesehen, weder sie noch die Frauen in den schweren bunten Satinkleidern. Ihre ganze Aufmerksamkeit gilt der Estrade vorn im Saal, dem Auktionator und den Bildern, die der Gehilfe anbietet.

Eine große Landschaft, ein Gewitter aus blauen Schatten von Hercules Seghers. Niedrige Zahlen in kleinen Geboten, der Preis steigt nur langsam. Blitzschnell huschen die Augen des Auktionators von einem zum anderen, von einem Gebot zum anderen. Neben mir klopft dein Fuß auf den Boden; wie im Fieber zitterst du am ganzen Körper. Du schüttelst den Kopf. Deine Hand, die ich hielt, entwischt. Immer wieder formen deine Lippen die Worte, wie ein Stöhnen, immer lauter. Schande. Schande, sagst du immer wieder.

»150, 160, 165 Gulden«, der Blick des Auktionators schweift durch die Reihen und streift die weißen Halskrausen.

»250 Gulden.« Das ist Rembrandt. Deine Stimme hat die Zahl hinausgeschleudert, macht, daß sich alle Köpfe auf ihren Untertellern herumdrehen. Rote Gesichter mit runden Augen, auch gerunzelte Stirnen, aber kein Lächeln, nein, du hast keine Freunde hier.

Rembrandts Hand greift wieder nach meiner, läßt sie verschwörerisch an der Fröhlichkeit des Augenblicks teilhaben. Du stellst dich den ausgehöhlten Wangen, den hart gewordenen Lippen, den Vorwürfen und Urteilen. Mit gespreizten Beinen wirfst du dich in die Brust, drehst dich nach rechts und links, um allen zuzulächeln. Du schluckst einen großen Mundvoll Luft hinunter: »Zum Wohl meines Berufsstandes...!«

Das ist zuviel für die Notabeln, vor Empörung drohen ihre Köpfe sich vom Hals zu lösen. Ich schaue dich an, du bist fröhlich, du bist schön. Du denkst an Hercules Seghers, den der Tod deiner Freundschaft entrissen hat; an seine Forschungen, um Farben auf Stoffe zu drucken; für welchen Preis er Stück für Stück seiner zerlegten Gravurplatten verkaufte. Um nicht zu verhungern. Und wie ihn der Genever an einem Abend allzu großen Elends kopfüber die Treppe hinunterwarf. Ich sage mir, er ist stolz auf dich. Ich auch.

Du hast sie beleidigt, ihre Gesetze und Gewohnheiten, das Geld, das man achten muß und das nicht von ungefähr kommt. Sie, die zu dem richtigsten Preis (und noch besser darunter) kaufen, ihr Geld mit Zinsen verleihen, aber immer mit Vernunft. An diesem Tag haben dich die ernsten, von ihren Halskrausen erwürgten Gesichter verurteilt. Wie erwartet, spiele ich das Spiel mit, senke die Augen.

Später, zu Hause, werden wir mit Titus darüber lachen. Ich werde jeden Zoll deines Gesichts küssen; ich werde dir sagen, wie sehr ich dich an diesem Tag geliebt habe, wie glücklich und stolz ich auf Rembrandt van Rijn war, meinen Mann.

Die Sonne hat die Erde erwärmt. Auf dem Kirschbaum im kleinen Hof haben die grünen Früchte die Blütenblätter verdrängt. Judith hängt Teufel aus Stoff in die Zweige, um die Vögel zu verscheuchen. Die Kirschen werden dick werden, glänzend wie Pestbeulen, die Haut zum Platzen gespannt, prall voll von tiefschwarzem Saft. Ich habe ihr nie gesagt, daß die Kirschen die Pest übertragen, sie mag sie zu sehr, sie würde mir nicht glauben. Noch nie hat der Teufel, schon gar nicht einer aus Stoff, die Pest vertrieben. Ich wende den Kopf ab.

Mehr als ein Seufzer, ein Jammern entfährt mir. Ich verziehe das Gesicht und winkle das linke Bein an. Da kommt dein Gesicht hinter der Leinwand hervor. Ich gähne. Es ist die Nachmittagsstunde, wo der Schlaf mich übermannt, wo ich ihm nicht mehr entkomme, seit unser Kind sich in meinem Bauch von meinem Leben nährt. Du legst Palette und Pinsel beiseite, überläßt die Bathseba auf der Leinwand sich selbst, kommst zu mir. Ich ziehe auch das rechte Bein an, schlinge die Arme um die Knie, kauere mich um dieses zweite Herz, das in mir schlägt. Du hebst das rote Tuch vom Boden auf, das mich halb bedeckt, langsam kriechst du unter den Samt. Langsam kommst du näher.

Der Krieg gegen die Engländer wird lange dauern. Uylenburgh besucht dich ab und zu, selten. Wenn er mit einem Bild wieder geht, dann ohne es zu kaufen, ja selbst ohne einen Vorschuß zu zahlen. Als ob es heutzutage für einen Kaufmann ein Risiko wäre, einen Rembrandt zu kaufen. Van Ludick ist großzügiger, aber er macht nicht so viele Geschäfte. Zum Glück für das Alltagsleben kommt der Sammler und Stichehändler Clement de Jonghe häufig in die Breestraat. Zusammen mit dir wählt er Christi Darstellungen aus, blättert in Mappen nach Zeichnungen und Probeabzügen, hat immer ein paar Gulden und eine Feder für euer beider Unterschrift in der Tasche.

Rembrandt hat mir einen geschnitzten Schrank mit einem hübschen Tulpenfries geschenkt, besser als ein Hochzeitsgeschenk. Zusammen mit zwölf Schwertgriffen und zehn silbernen Dolchheften hat er ihn auf dem Dam gewonnen. Es war eine Lotterie zugunsten der Stadt Veere und ihrer Armen (alles Witwen und Waisen) nach der Überschwemmung und der Pest. Der Schrank war nicht leer. Ordentlich gefaltet, lagen auf den Böden vierzehn Paar Laken, dreißig Handtücher, ein Dutzend Taschentücher und zehn Schals. Ich bin die Frau Rembrandt van Rijns, Hausherrin in seinem Haus, ich befestige den Schrankschlüssel an der Kette um meine Taille. Es ist, als ob mein Mann mir eine Mitgift geschenkt hätte. Hoch erhebe ich das Gesicht im Spiegel, dann strecke ich mir die Zunge heraus, damit ich es nicht noch für möglich halte. Meine Finger streicheln das dunkle geschnitzte Holz, mehrmals höre ich die linke Tür knarren, rieche an dem helleren Holz der Fachböden. Zwischen die Wäsche im Schrank werde ich wohlriechenden Waldmeister legen. Mit einem eigenen Schrank werde ich bestimmt erwachsen, ich werde eine Frau, vielleicht werde ich alt.

Im Schlaf hörten wir alle das Feuer, noch ehe wir es sahen. In einer wahren Hagelflut waren zuerst die Ziegelsteine herabgefallen. Die Turmwächter schlugen wie rasend Alarm. Losgerissenes Metall und Holz bäumte sich in den Flammen auf, die danach leckten, bevor sie es verbogen. Sie züngelten um die Balken, die ächzend barsten. Aus dem Fenster gelehnt sahen wir zu, wie das alte Rathaus in Flammen aufging. Das Feuer reckte sich zum Mond empor, zeichnete ein zweites, größeres Haus an den Sternenhimmel.

In einer nie zuvor gekannten Lichterpracht schwebt das alte Rathaus (bereits von dem neuen, im Bau befindlichen zum Tode verurteilt) gen Himmel. In seinem letzten Atemzug. Durch das offene Fenster zeichnen die Flammen Hitzerosetten auf mein Gesicht. Rembrandt sagt, morgen früh werde er die Überreste dieses glühenden Todeskampfes zeichnen. Kurz bevor das verkohlte Skelett in seinem letzten Rauch erlischt, zur Erinnerung.

Ganz dicht neben mir spüre ich das traurige Lachen Rembrandts. Vom Wind getrieben, überqueren die Flammen den Dam, wie eine Feuerwand bedrohen sie das im Bau befindliche neue Rathaus. Das, was die Notabeln das achte Weltwunder nennen, wird die städtischen Ämter, das Gericht, den Tresor der Bank von Amsterdam und, in den Kellergewölben, die Gefängnisse beherbergen (die unter den Stadttoren reichen nicht mehr aus). Es wurde auf über dreizehntausend Pfählen erbaut, es ist unser Tempel Salomons. Wenn die Würmer das Pfahlholz angreifen, dann würden die Blöcke aus Bentheimer Stein, die schönen schwarzweißen Quader krachen, der ebene Boden würde sich heben wie ein wogendes Meer, die Wände in einer schwarz-weißen Wolke zusammenstürzen. Vielleicht beginnt Gott an diesem Abend bei seinem Haus mit seiner Rache. Durch Flammen und Rauch eilen Männer mit viel zu schweren Eimern.

Das neue Rathaus lernte die Hitze des Brandes ganz aus der Nähe kennen, aber nicht seine Flammen. Drei Wochen später wußte die ganze Stadt (von Tür zu Tür und Mund zu Mund), daß in den Kellern des verkohlten Skeletts Truhen mit Silbermünzen geschmolzen waren, was schade ist. Aber auch, daß ein Großteil der Archive verbrannt war. Ein Schaden, der einigen zum Vorteil gereichen würde? Mußte die alte Welt untergehen, damit die neue leben konnte? Judith flüstert; ohne stören zu wollen, fragt sie, ob die Hand eines Menschen die Flammen des Teufels anzündete.

Am Strand kaufte Judith einem Seemann eine Hand-voll chinesischer Teeblätter ab. Ein Stückchen weiter beobachtete sie, wie Huren ihren Körper für ein paar Blätter verkauften. Vielleicht verkauften sie diese in der Stadt weiter? Man muß ein paar Unzen dieser kostbaren Pflanze lange in kochendem Wasser ziehen lassen. Dann kommt Honig dazu, mindestens vier Löffelchen pro Person. Ephraim Bueno meint, zwei, drei Tassen Tee am Tag könnten nicht schaden. Aber Dr. Tulp würde davor warnen, Frauen, die an nervösen Störungen und Verstopfung leiden, allzuviel davon zu empfehlen. Ich habe ihn gekostet und wieder ausge-spuckt. Zu bitter. Und ich bin nicht verstopft.

Das Kind von Bathseba und David ist krank, so hat Gott es gewollt. Um besser beten zu können, fastet David und schläft nicht in seinem Bett; er legt sich auf den Steinboden. Das feuchte Papier riecht nach Tinte und Leinöl. Der Mann betet, im Nachthemd, auf Knien, die Ellbogen auf sein holländisches Bett mit den warmen Vorhängen gestützt. Er ist König David, am siebten Tag wird sein Kind tot sein. Sieben, eine Mondphase. Uns so nah, so holländisch. David wird nicht siebenmal niesen wie Elisa, das Kind wird nicht wiederauferstehen.

Und ich, die ich als Bathseba, der Frau Urias, posiere, ich, die ich keinen Ehebruch begangen habe, die nicht von einem anderen König als dem meinen begehrt noch hingegeben wurde, ich weiß trotzdem, daß alles seinen Preis hat. Ich nehme die Pose wieder ein, enthülle meinen über dem Kind geschwollenen Bauch, das bald dieselbe Luft atmen wird wie wir. Du denkst an die drei jungen, so früh erloschenen Leben, und einen Augenblick lang löscht die Angst deinen Blick hinter dem Pinsel aus. Der Brief König Davids sagt, ich soll zu ihm kommen, ein paar Worte, ein Befehl auf einem Stück Papier. Glücklich spüre ich, wie mein Kind sich in mir bewegt, ich schließe die Augen, fühle, daß mein Gesicht lächelt. Ich öffne die Augen, erinnere mich: das Schicksal Bathsebas ist bereits vorgezeichnet.

In meinem Traum roch es nach verbranntem Schweinefleisch. Das neue Rathaus stand in Flammen. Hinter den Gitterstäben im Keller wanden sich die Gefangenen wie karamelisierter Schaumzucker um einen großen Schrei. Ihre Körper steckten auf Spießen. Rauchringe kamen aus ihren rissigen, verkohlten Mündern.

Der Brief hatte einen langen Weg zurückgelegt, aus dem tiefen Süden Italiens bis nach Amsterdam. Bis in die Breestraat. Der Brief trägt die Unterschrift Don Antonio Ruffos. Er ist in italienischer Sprache geschrieben. Der Kaufmann Isaac Just, der Kunden in anderen Ländern hat und die Sprachen kennt, hat ihn übersetzt.

Don Antonio Ruffo hätte gerne Bilder für seine neue Bibliothek, Portraits von Männern, die Denker waren und andere das Denken lehrten. Philosophen und Poeten. Don Ruffo ist ein Sammler, ein Kunstliebhaber, sagt Isaac Just. Rembrandt antwortet, ein Mann von Geschmack und Kultur, ein Mann von hohem Stand. Daß ein Mann von hohem Stand so weite Länder und eine so lange Zeit durchquert (so viele Jahre seit dem Ruhm), um ihm zu begegnen, ihm und seiner Malerei, tut seiner Zuversicht gut. Ja, es beruhigt ihn, glaube ich, mitten im Krieg, umgeben von furchtsamem Geld und Notabeln ohne Gedächtnis, die nicht mehr selbst denken und entscheiden. Ein schönes Bild soll ihm gelingen. Er nimmt sich Zeit, überlegt.

Rembrandt hat mich darum gebeten, und so binde ich meine Schürze ab, bevor ich die Tür öffne (außer wenn ich durch das kleine Loch im Holz die lange Gestalt des Jan Six erkenne). So wissen deine Besucher, daß ich nicht das Dienstmädchen bin und daß ein Kind unterwegs ist, schon bald, bald sind es neun Monate, ganz frisch. Dr. Ephraim klopft mir freundlich auf die Wange, fragt, ob der Winter mich nicht zu sehr erschöpft, und mein dicker Bauch.

Rembrandt hat die Geschichten der Männer in der Heiligen Schrift gelesen. Worten und anderen Büchern mißtraut er. Aber für das Bild für die Bibliothek des Sizilianers öffnet er seinen Freunden Ephraim Bueno und Lodewijck van Ludick die Tür; gemeinsam erinnern sie sich und denken nach. Titus und ich hören zu, lernen die Namen derjenigen, die gedacht und gearbeitet haben und genug geliebt, um andere teilhaben zu lassen: Homer, Sokrates, Platon, Aristoteles, Leonardo da Vinci. Unglücklich, unverstanden oder verraten, Namen, die wie die Musik der warmen Meere klingen, in denen die Sirenen schwimmen.

Die Engländer gewinnen die Schlachten. Kein holländischer Kapitän kommt mehr von ungefähr mit seinem Schiff und seiner Mannschaft in die Trichtermündung des IJ. In der Stadt erzählt niemand mehr von den lauten, bunten, nach Gewürzen duftenden Heimkehrern aus Ostindien oder der Halbinsel Manhattan. Der Amsterdamer Hafen ist leer, sein Handel tot, er schläft, sagen die Notabeln.

Die Amsterdamer Börse ist nicht mehr Treffpunkt der Kaufleute der Stadt. Das Geld kommt nicht mehr aus der Bank, dem Versteck in den Häuserwänden

oder unter der losen Holzplanke oder dem Ziegel-
stein hervor. Als hätte das Leben angehalten, um zu
warten. »Worauf?« Du schüttelst den Kopf mit dem
langen Haar wie eine Löwenmähne: »Daß es nie
mehr Krieg gibt, daß sich die Flügel der Wind-
mühlen nicht mehr drehen, daß keine einzige Tul-
penzwiebel mehr in der Erde unserer Vereinigten
Provinzen wächst oder der Nachbar mit gutem Beispiel vorangeht?« Es ist die Angst der Notabeln. Du
wiederholst es, du lachst, bist unruhig. Wegen der
Schulden, auch wegen der Kunst, wegen Titus, wegen uns und dem Baby, das mit seinen kleinen Füßchen schon verlangt, geboren zu werden.

Ephraim Bueno sagt, daß er im Zimmer eines
von der Seuche Heimgesuchten immer eine Pfeife
raucht. Die Fackeln in den Straßen verbrennen die
Miasmen in der Luft, und der Tabakrauch erstickt
die Pest in einem Haus, bevor sie sich darin nieder-
läßt.

Rembrandt verläßt seine Werkstatt fast nicht
mehr. Versteigerungen sind selten, und es fehlt an
Geld, das man zum Wohl des Berufsstandes bieten
könnte. Er sagt, Krieg und Macht seien die Eitelkei-
ten der Menschen. Er warte auf den Frieden, zwischen zwei Kriegen gäbe es immer Frieden.

Clement de Jonghe kommt häufig zum Abendessen. Bei weitem nicht so teuer wie Gemälde, wechseln Radierungen ohne Schwierigkeiten den Besit-
zer. Häufig dankst du ihm, für seine Freundschaft
und die Vorschüsse, die er manchmal (zinslos) auf

Bestellungen oder noch nicht vollendete Platten zahlt. Für die Ewigkeit hast du auch sein Portrait auf einem Stich festgehalten. Radierung, Aquatinta, Schabkunst. Ich höre zu, ich liebe es zu lernen.

Ich öffnete die Tür, der Mann trat ein. Rasch lief ich in die Werkstatt hinauf. Ohne zu wissen, warum, klopfte mir das Herz heftig in der Brust. Ich sah dein Gesicht, in dem sich plötzlich hohle Augenringe abzeichneten.

»Christoffel Thijsz«, wiederholtest du.

Ich führte Christoffel Thijsz in die Werkstatt. Er verbeugte sich, reichte dir die Hand. »Meister Rembrandt, vergebt mir, wenn ich störe. Bis jetzt war es mir nicht sehr eilig.«

Ganz nah bei dir, geschützt und dich gleichzeitig stützend, betrachte ich den Mann näher, um zu verstehen, was ich höre. Aus der dicken Haut seiner Nase sprießen kurze Haare, sein graues Bärtchen, gut geschnitten, gut gebürstet; und trockene Lippen über gelben Zähnen öffnen und schließen sich über den Worten, die ihnen entkommen.

Du sollst die Schulden für das Haus bezahlen. Seit Jahren hast du nicht mehr wie vereinbart bezahlt. Und die 8 000 Gulden, die außer den Zinsen noch ausstehen, die braucht Christoffel Thijsz in diesen schlechten Zeiten (ohne stören zu wollen) jetzt ganz dringend. Auf alles erwiderst du, ja, du verstehst, ja, du hast verstanden. Christoffel Thijsz dankt dir, er geht zuversichtlich, da du ihn ja verstanden hast. Zuversichtlich geht er von dannen.

Das Licht in deinen Augen ist erloschen. Ich schlinge die Arme um deinen Hals, lege den Kopf an deine Brust. Da drinnen bist du zu Eis erstarrt, dein Herz schlägt ganz langsam.

Durch die dunklen Straßen hallt das Wort Angst. Der Pestarzt geht durch die Angst der Stadt, in der Hand den weißen Stab der Seuche. Wer in einem gesunden Haus wohnt, läuft vor ihm davon, wer einen Kranken zu Hause hat, ruft nach ihm. Zweiundzwanzig Tote in vier Tagen im Jordaan, keiner auf unserer Seite der Breestraat.

Ich lerne gern und höre zu. Der Trojanische Krieg, die Republik, Alexander der Große. Leonardo da Vinci, der nur dreizehn Bilder gemalt hat, wollte vor allem etwas über das Innere des Körpers, den Himmel, das Wasser und die Maschinen lernen. Mehr als hundert Leichen hat er aufgeschnitten. Ephraim Bueno meint, er sei bestimmt unglücklich gestorben, weil er soviel gearbeitet und nachgedacht und den Lebenden nach seinem Tod nur das große Durcheinander seiner Schriften hinterlassen hat.

Rembrandt hat sich entschieden, wen er für Don Antonio Ruffo malen wird. Auch Aristoteles hatte eine große Bibliothek; er war der Schüler Platons, er war auch der Lehrer von Alexander dem Großen, der nicht mehr auf ihn hörte, als er heranwuchs.

Judith hat eine Sternschnuppe am dunklen Himmel gesehen. Zeichen für ein großes Sterben oder die Ankunft eines Propheten, wie die zahnlosen

Münder der Alten immer wieder verkünden. Die langen Schreie der Nacht verstummen am Morgen. Die Lebenden lassen die Sterbenden allein. Denn die Lebenden wissen, daß sie sterben werden, doch die Sterbenden wissen nichts.

Eines Morgens klopft eine behandschuhte Hand an die Tür der Breestraat. Sie überbringt einen Brief mit einem roten Siegel. Mehr als zehn Jahre lang hat Christoffel Thijsz geduldig gewartet. Aber jetzt braucht er unverzüglich Geld. Das Gesetz fordert für ihn die 8 000 Gulden samt Schuldzinsen ein. Wenn du dieser Forderung nicht nachkommst, und zwar schnell, wird dein Haus versteigert. Dein Haus, dein Leben. Das Glück mit Saskia, die weniger einfachen Jahre, die Werkstatt und die ständige Arbeit. Und die Bilder an den Wänden, und deine Sammlungen, dein Leben. Du hast das Geld nicht, du hast nur Schulden. Wie du kann ich es nicht glauben, ich drücke dich an mich, versuche, dein zu Eis erstarrtes Inneres zu wärmen.

Heute morgen wurden im Fleischhof Ochsen geschlachtet. Nacheinander treten sie in die große Halle, den Kopf angesichts des Todes gesenkt. Es riecht nach Tod, es riecht nach Angst. Die Wolke, die aus ihren Nüstern stiebt, gleicht einem Schluchzen. Am Nachmittag haben Rembrandt, Titus, Judith und ich uns unseren Ochsen ausgesucht. Wie immer im November. Nach dem Verlauf der Muskeln tasten wir das Fleisch mit den Fingern ab, drücken darauf, um die Farbe des austretenden, noch warmen Fleischsaftes zu sehen, unsere Nasen schnüffeln nach Gerüchen, die weder zu stark noch zu fade sind. Rembrandt hält sich in einiger Entfernung. Mit zusammengekniffenen Augen geht er von Rumpf zu Rumpf, betrachtet sie von nahem, dann von weitem, hält beide Hände wie einen Rahmen hoch, als wären es Bilder. Es ist immer Judith, die den Vorzug bekommt. Mit einem breiten, spitzen Messer wird sie das Tier in Stücke zerlegen. Zwei Tage lang werden wir frisches Fleisch essen, das wir in der Glut des Kamins gebraten haben. Die beiden einzigen Tage im Jahr. Danach würden die kleinen weißen Würmer aus den bereits im Fleisch nistenden Eiern kriechen, es auffressen und mit ihrem Gestank verderben.

Alle anderen Stücke werden dann mit trockenem Salz eingerieben und zugedeckt und in zwei große irdene Krüge eingelegt. Zwei Monate in dem eiskalten Hof. Danach wird das Fleisch aus dem einen Krug vom Salz gereinigt. Wie jedes Jahr wird Judith dann das Räuchern im Kamin beaufsichtigen. Aber heute, im Schlachthof, brennen mir all diese aufgehängten Rinderleichen, die ihre Beine in alle vier Himmelsrichtungen strecken, in der Nase. Der Geruch von Leben und Tod. Das Äußere macht plötzlich das Innere krank. Ab morgen werde ich nur noch Pflanzen essen, die in der Erde wachsen, nie mehr werde ich meinen Körper zu einem Leichenbehältnis machen. Das sage ich mir jedesmal im November. Und dann vergesse ich es wieder.

Lange bist du durch die Stadt gelaufen. Das Gericht darf dein Haus nicht bekommen, du mußt dir etwas leihen, und zwar schnell. Du wußtest, wohin du gingst, aber deine Füße nicht. Sie machten einen großen Umweg über die Leidsegracht. Dort bist du auf die Luftreiniger getroffen, die die Häuser vor der Seuche schützen, indem sie Wände, Türen und Fenster mit einer Mischung abreiben, die gut nach Kräutern, Schwefel, Muskat, Kampfer und ihrem Geheimnis riecht.

Dann machten deine Füße kehrt. In einer Hafen-kneipe hast du auf einen Zug einen großen Krug Bier in dich hineingeschüttet. Mit schwerem Kopf und dem Bauch voller Blasen bist du dann dem Klove-niersburgwal bis zu Jan Six' schönem Haus gefolgt. Du packtest den goldenen Türklopfer, klopftest zwei-mal, ohne zu überlegen (war es zu hart, zu schüch-tern?). Sein Diener öffnet die Tür in seinem prächti-gen Frack mit der langen Reihe goldener Knöpfe. Er schaut auf dich herunter, auf deine purpurfarbene Weste. Bei Jan Six wird nur der demütig angeschaut, der Halskrause und schwarzen Samt trägt.

Ein Storch ist auf dem Dach der Breestraat gelan-det, auf der letzten Stufe des Giebels. Vielleicht hat er lange gezögert, bis er sich dieses Haus ausge-sucht hat und hierhergeflogen ist. Hier will er ein Nest bauen, eine Familie gründen. Vielleicht hat er gerade diesen Augenblick gewählt, um hier zu lan-den, schwankend mit den Flügeln zu schlagen, schließlich sein Gleichgewicht zu finden.

Mit offenen Armen, ein Lächeln der Freundschaft auf den Lippen, zieht Jan Six dich in die großen Räume seines weiten Hauses. Bewundernd läßt du dir seine Sammlung chinesischen Porzellans zeigen. Plötzlich fragt er mit besorgt gerunzelten Brauen, ob du seit dem Prozeß ein Bild verkauft hast. Dann schweigt er. Du hast deine Werkstatt am hellichten Tage verlassen, dein Besuch erfolgte nicht zufällig, weil du gerade in der Gegend warst. Er weiß, daß Geld Mangelware ist, er gehört zu denen, die warten, bis sie es aus seinem Versteck holen. Er kennt deine Schwierigkeiten. Aber er hört dir zu, ohne dich zu unterbrechen, aufmerksam, wie du dich erinnerst.

»Das ist kein kleiner Betrag«, sagte er. Dann, nach einem langen Schweigen, wie um zu überlegen: »Ich kann Euch nichts versprechen, mein Freund. Ich selbst habe im Augenblick nicht die Möglichkeit, aber ich denke an bestimmte Leute, die vielleicht...«

Du bedanktest dich wärmstens, auch wenn du gegenüber dem Notabeln Jan Six keine Aufrichtigkeit mehr aus deinen Worten hörst. Ich sage mir, daß es ihm, nachdem er die Kunst, die nichts von ihm wissen wollte, zugunsten der Familiengeschäfte und der Stadt aufgegeben hat, Sicherheit, ja vielleicht sogar Vergnügen verschafft, den Künstler, den er noch immer bewundert, in Schwierigkeiten zu wissen.

Ohne sich einmal zwischen seinem Hin- und Herfliegen auszuruhen, trug der Storch in seinem Schnabel Reisig, trockene Blätter, vertrocknetes Moos und Torffasern herbei, die die Schornsteine auf die Dächer spien. Der Storch baute sein Nest.

Ein heftiger Wind fegte die Blätter vom Baum und riß sie wirbelnd mit sich fort. Seit dem Mittag schaute Rembrandt hinter den Scheiben dem Wind zu und murmelte immer wieder zwischen den Zähnen, daß er heute abend nicht ausgehen würde. Er würde nicht zu diesem Ehrendiner gehen. Er wollte seine Kunst rein erhalten. Ich schwieg. Es ermüdete ihn, all diesen Leuten begegnen und sie begrüßen zu müssen. Er gehörte nicht zu diesen Künstlern, die mehr Zeit gebückt in den Salons verbringen als mit Rückenschmerzen vor ihrer Staffelei. Ich schwieg. In meinem Schweigen löschte der Abend das Licht in den Scheiben. Titus aß mit Judith in der Küche zu Abend. Ich suchte Rembrandt, er war in seiner Werkstatt, ohne Licht stand er vor seiner Staffelei.

Aristoteles hat studiert, war auch ein Bewunderer des Dichters Homer. Dann gab er seine Kenntnisse seinen Schülern weiter. Er betrachtet eine Büste, die Rembrandt vor Jahren auf einer Versteigerung erstanden hatte. Mit seinem Bart und seiner Haartracht ähnelt er Homer. Rembrandt hat beschlossen, das ist eine Büste Homers. Schon hat die Traurigkeit Aristoteles' Augen ausgebrannt, der sie betrachtet. Mit großen Borstenstrichen, ohne Paste, ein verbrauchter Blick, der gesehen und geglaubt hat, Menschen und Kaiser beurteilt hat, der noch hofft.

Homers Stimme durchquert Tod und Zeit bis hin zu Aristoteles. Der ihn hört und ihm antwortet.

Hinter Rembrandts Rücken trete ich näher. »Unmöglich, ein Abend zu Ehren des Heiligen Lukas, des Schutzpatrons der Maler, ohne Rembrandt van Rijn, den größten Maler Amsterdams.« Er legt die Hände auf meine.

Er sagt ganz leise: »Danke für dein Vertrauen, aber so werde ich nicht mehr genannt. Wenn man mich nicht schon vergessen hat.«

»Die Besten wissen es.« Eine Hand gespreizt auf meinen Vollmondbauch gelegt, füge ich hinzu (ich weiß, er wird nicht widerstehen): »Und unser Kind wird es auch wissen. Geh, du bist schon sehr in Verzug.«

Der Storch zögerte, noch einmal wegzufliegen. Mit geneigtem Kopf betrachtete er das Nest, studierte es. Wie ein Krebs, mit einem Fuß den anderen kreuzend, ging er einmal um es herum. Gute Arbeit, dachte er. Verlor das Gleichgewicht, schlug kurz mit den Flügeln, setzte sich. Noch einige Male stand er wieder auf, drehte sich um die eigene Achse, bis er endlich die ideale Mulde gefunden hatte.

Zwei Stunden später kam Rembrandt zurück, müde von dem Abend, dem kommenden Winter, dem Leben. Ohne in die Taverne zu gehen, kam er geradewegs in die Breestraat. Schnell die Wärme seines Hauses, die Werkstatt, die Atemzüge des schlafenden Titus und ich. Unsere künftige Einsamkeit und das Glas Genever, das ich ihm vor den Flammen im Kamin reiche.

In der Kälte bist du bis nach St. Joris Doelen gelaufen, zum großen Versammlungssaal der Bogenschützen. Du hast die schwere Tür aufgestoßen. Um den riesigen Tisch herum, erhellt von dem zitternden Gelb Hunderter von Kerzen, die würdige Versammlung. Sie suchen sich und sie grüßen sich, belauern sich zwischen den spitzen Flammen. Ohne ihr fernes Opfer aus den Augen zu verlieren, beugen sie sich über die Schulter ihres Tischnachbarn und lassen verletzende, ja manchmal giftige Worte in sein Ohr fließen. Auf dem Ehrenplatz zählt der Großregent der Stadt, Joan Huydecoper, mit einem fetten Lächeln die Männer, die seiner Einladung Folge geleistet haben. Er weiß, daß die Künstler den Ruhm begleiten, ihm Glanz und Ewigkeit verleihen. Marten Kretzer, Bartholomeus van der Helst, er versucht die Namen zu behalten, Nicolaes de Helt Stockade, aber sehr schnell wird er dessen müde. Govaert Flinck, alle sind sie da, Emmanuel de Witte, Philips Koninck, Jurriaen Ovens, alle wollen auf der nächsten Auftragsliste der Stadt stehen. Alle denken an die Ausschmückung des neuen Rathauses. Ein einziger wird der Auserwählte sein: Das größte Talent wird die Ehre haben, dem Großregenten den meisten Ruhm zu verleihen.

Rembrandt van Rijn sitzt nicht am Tisch. Niemand hat ein Wort gesagt. Ist seine Abwesenheit nicht bemerkt worden? Seine Anwesenheit auch nicht, dort im Schatten an der Tür. Als würdest du nach deiner Beerdigung an diesem Essen teilnehmen.

Schweig still, mein Geliebter, sag nicht solche Sachen. Das Lachen bleibt dir in der Kehle stecken. Du schüttelst den Kopf: Bestimmt werden nicht so viele kommen wie an jenem Abend am Fest des Heiligen Lukas, um dir Lebwohl zu sagen, bevor die Platte auf deinen Sarg geschoben wird. Ich gieße Genever in dein leeres Glas.

Etwas weiter weg, in der Mitte der langen Tafel, applaudiert Govaert Flinck dem Ehrengast Joost van den Vondel, der ihm gegenüber sitzt. Du beschreibst mir den Dichter, den Ruhm Hollands, den großen Vondel. Kerzengerade auf seinem Stuhl, hoch wie ein Thron, lauscht er unter seinem Lorbeerkranz den Worten, die aus seinem Mund kommen.

Rembrandt rührt sich nicht, er hat noch nicht entschieden, ob er dieses Mahl mit den Versammelten teilen wird, das viel reicher ist als die Tafel des Herrn. Er erinnert sich an Vondels Verse, die sein Portrait des Predigers Cornelius Anslo verspotteten, die das Gemälde verdammten, das seiner Meinung nach wenig dazu angetan sei, die Kraft der Worte des Predigers zu beschreiben. Vier Verse, die einzige Begegnung Rembrandts mit Vondel.

Alle hier werden sich an die anderen erinnern, wie sie Erwählte dieses großen Abends; mit erhobenem Ellbogen wägen alle den Gerbstoff des Blutes in ihren großen durchsichtigen Gläsern ab. Tut dies zu Meinem Gedächtnis. Laut wird gelacht und getrunken.

Genau in diesem Augenblick legte der Storch seine Eier in das fertige Nest.

Rembrandt stand im Schatten hinter der Tür und hörte zu. Das Wort hat Govaert Flinck. Er ist aufgestanden, wendet jedem sein seliges Lächeln zu. Er erinnert daran, daß in Gegenwart Vondels, dem Phoenix unseres Landes, eine neue Bruderschaft der Maler zusammengekommen ist, um sich an diesem Abend zu wählen. Joost van Vondel selbst gab für die Dichtkunst das Beispiel einer Akademie. Die alten und neuen Gedichte werden von denen beurteilt, die wissen; so wird man künftig bei der Suche nach Schönheit Fehler vermeiden, die es trotz edler Bestrebungen immer gibt. Govaert Flinck spricht mit lauter Stimme, für die Malerei seines Landes erhofft er sich auch so eine Akademie. Endlich wird es die Schönheit der Kunst geben, anerkannt von den Wissenden. Sie allein werden darüber entscheiden. Beifall.

Wieder Vondel. Aufmerksame Stille. Er erinnert daran, daß Gemälde und Skulpturen nicht ohne Maße und Zahlen entstehen. Die Geometrie, ohne die sie nicht auskommen können, rückt sie noch näher an das Göttliche, denn hat Gott nicht alles durch Maße, Zahlen und Gewichte geordnet?

Rembrandt ist gegangen. Wie er gekommen war. Niemand hat ihn hereinkommen oder hinausgehen sehen. Sein Platz ist woanders. Sicher und für immer. Diese Kunstmacher, diese Männer der Zahlen und Gewichte, die sich gegenseitig befriedigen, die Geschäfte machen, indem sie die Kunst nachäffen, haben Rembrandt van Rijn und sein Werk vergessen. Nicht einmal seine Abwesenheit haben sie bemerkt. Du wirst deine Werkstatt nicht mehr verlassen. Deine Einsamkeit im Licht. Titus und ich und bald unser Kind. Ein paar Freunde, ein paar Schüler. Immer ferner, immer einsamer, wirst du die Seelen und die Schatten mit den Borsten deines Pinsels auf die Leinwand werfen.

Auf unserem Bett liegend, die Augen im Dunkeln geöffnet, durchquere ich Decken und Stockwerke, um den Storch in der schwarzen Nacht brüten zu sehen. Auf der höchsten Stelle unseres Dachs, kerzengerade wie ein Pfeil, der in den Himmel fliegen will. Ein Storch auf dem Dach ist ein Zeichen, ein gutes Zeichen.

Die Hirten suchen Maria und ihr Kind im Stall auf. Mit ausgebreiteten Armen und offenen Händen werden sie von Joseph empfangen. Der Lappen wischt die Tinte zwischen den Furchen weg. Das Gesetz verbietet es jungen Müttern, vor Ablauf der vierzig Tage Reinigung, die auf die Geburt folgen, in die Kirche zu gehen. Also findet die Beschneidung im Stall statt. Joseph hält das Kind auf den Knien, Maria hat die Hände zum Gebet gefaltet. Die Presse quietscht. Clement de Jonghe kommt und geht. Er kommt mit dem Geld, er geht mit den Abzügen.

Jan Six hat den Kaufmann Hertsbeek und, zwei Tage später, den Rat Cornelis Witsen in die Breestraat gebracht. Zwar stelle ich Fragen, aber Rem-

brandt will mir das Unangenehme des Lebens ersparen, das er die Einzelheiten nennt. Mein armer
Geliebter, ich bin es, die dich entlasten sollte. Von
allem, was dich von der Arbeit abhält. Das ist das
allerwichtigste.

Es ist seine Entscheidung, ich werde nur erfahren, was er mir nicht verheimlicht. Die Verträge mit
den Geldverleihern wurden vor dem Notar unterzeichnet. Der Kaufmann verlangte Zinsen, der Rat
wählte das Vorzugsrecht bei der Rückzahlung, ohne
Zinsen. Um sicher zu sein, daß er als erster sein
Geld zurückbekommen wird, legt er sogar die 180
Gulden Schreibgebühr vor, die du ihm zurückzahlen wirst. Und geht davon aus, daß du dich mit
Gemälden und Radierungen bedanken wirst. Vor
den beiden Männern, die dir jeweils 4000 Gulden
leihen, vor dir, den er immer noch seinen Freund
nennt, rafft sich der Mäzen Jan Six zu 1000 Gulden
auf. Mit Zinsen und vorausgesetzt, du bringst einen
Bürgen bei. Du hattest recht, zu unterschreiben, du
hast zu viele Schulden und zuwenig Geld; aber dieser Freund ist ganz schön mißtrauisch. Nicht wie
dein Bürge: Lodewijck van Ludick hat unterschrieben, ohne Fragen zu stellen. Aus Freundschaft und
Liebe zu deiner Arbeit. Du wirst Christoffel Thijsz
deine Schulden zurückzahlen und das Haus behalten. Später, wenn keine unmittelbare Gefahr mehr
besteht und wir so tun werden, als hätten wir vergessen, dann werde ich dir sagen, was die Verleiher
und Christoffel Thijsz nicht wissen: Ein Haus mit

einem Storch auf dem Dach ist den doppelten Preis wert.

In goldfarbene Seide gekleidet, ist Aristoteles ein Fürst unter den Männern. Um ihn herum brennt ein Licht, das aus dem Nichts zu kommen scheint. Es ist in ihm, es ist sein Gesicht, das das Gemälde erhellt. Es ist seine Liebe, sein Mitgefühl mit der Menschheit, selbst für ihre Fehler. Ich massiere deine Schultern, ich betrachte das Bild auf der Staffelei, ich weiß, es ist das Licht aus deinem Innern, das soviel Leben erweckt.

Letzte Woche hat die Pest sechsundfünfzig Menschen in Amsterdam getötet, davon neununddreißig im Jordaan. Es ist die Feuchtigkeit aus den Kanälen, die Miasmen liegen in der Luft, in Höhe des Mundes. Ich sage Judith, sie solle bei Regen oder Nebel nicht mehr aus dem Haus gehen, sie solle auf die Sonne warten, ehe sie wieder in die Breestraat kommt. Sie hat ein Loch in eine Nuß gebohrt; mit einer Nadel und viel Geduld hat sie den Kern herausgeholt. Dann hat sie das Quecksilber durch das kleine Loch gegossen, das Ephraim Bueno bei dem Apotheker Abraham Francen gekauft hat. Dann hat sie das Loch mit Knochenleim verschlossen. Damit das Quecksilber die Pest verjagt, trägt sie die Nuß Tag und Nacht um den Hals. Jeden Morgen waschen sie und ihr Mann sich Mund, Nasenlöcher und Gliedmaßen mit rosenwassergetränktem Oxykrat. Ein in Essig getränkter Schwamm, der verhindern soll, daß sie die

Miasmen einatmen; jetzt ist sie für den Gang durch die Stadt gerüstet.

Rembrandt hat Jan Six eine Zeichnung geschenkt. Vor einer aufmerksamen Zuhörerschaft spricht Homer seine Verse, erzählt von der Schönen Helena und dem Trojanischen Krieg. Doch Jan Six lehnt ab, zögert, er versteht, daß Rembrandt ihm für seine Hilfe, die beiden Geldgeber und die 1 000 Gulden danken will. Nein, wenn er dieses Bild annimmt, so ist das wie ein Beweis ihrer guten Beziehungen, vor allem wie ein Verlobungsgeschenk. Ja, in den ersten Frühlingstagen wird er Margaretha Tulp heiraten, ja, er versteht sich gut mit ihr; genauso gut wie mit seinem künftigen Schwiegervater, dem wohlhabenden mächtigen Dr. Tulp, dem neuesten Regenten der Stadt.

Geertruid war nie boshaft. Aber sie lachte, lachte tagelang aus vollem Herzen. Über Jan Six, der gewiß die Gesellschaft von Männern und Büchern der von Frauen vorzieht. Rembrandt meint, Jan Six sei ein erstklassiger Ehemann für diese sitzengelassene Braut: wenig den Frauen zugetan (seien sie nun zum Anschauen oder zum Verstecken), also treu, empfänglicher für Ehren als für laute Gelage und gute Weine, dessen Ehrgeiz heute wohl der eines Dichters, in ein paar Jahren jedoch mit Sicherheit der eines Regenten der Stadt sein mochte. Was Dr. Tulp betrifft, so verheiratet er endlich seine Tochter, verheiratet sie mit einem Schwiegersohn, der Bücklinge und schöne Worte macht und ein persönliches

Vermögen sein eigen nennt (auch wenn das Tulps zehnmal größer ist).

Geertruid lachte auch über Dr. Tulp, der in seiner goldenen Kutsche zu seinen silberschweren Patienten fährt, aber nun, da er Regent ist, allzu üppige Bankette und teure Hochzeitsgeschenke verbieten will. Sie lachte auch über seine Tochter, die nur von denen angeschaut werden darf, die sehen, daß Besitz schöner macht; Margaretha Tulp mit ihrem Doppelkinn, ihren wie Kugeln aus dem Kopf hervorquellenden Augen und ihren... Mit einem Handtuch schlug ich mehrmals nach der Garstigen mit ihrer geschwätzigen Zunge. Da entflieht Geertruid lachend.

Das Geschmeiß wird in den schwarzen Kirschen geboren, bleibt an der Haut hängen, wimmelt in den Körpern, die vor Schmerz, Hunger und Schreien sterben, in den Häusern, auf der Straße, auf den Kanälen, überall atmet man es ein. Und während dieser ganzen Zeit des Lebens und Sterbens bohren sich Tausende von kleinen Würmern ihren Weg durch die Finsternis des Holzes.

Die Firnis birst, das in den Schal seiner Mutter eingemummelte Kind, Maria und Joseph fliehen nach Ägypten. Sie durchqueren eine Furt. Joseph hält die Zügel des Esels, mit der anderen Hand tastet er mit seinem Stock im Wasser. Die Kupferlinien kreuzen sich, heute abend haben die müden Reisenden sich in ihr Schicksal ergeben.

Carel Fabritius, Barents Bruder, war dein Lieblingsschüler. Das war während Saskias Krankheit und einige Zeit nach ihrem Tod. Wenn du von ihm sprichst, redest du von einem Freund, nicht von einem Schüler. Er war da, ganz nah, traurig und aufmerksam, als Saskia von dir ging. Jetzt malt er in Delft und unterrichtet mehr als fünf Schüler in seiner Werkstatt. Wenn er nach Amsterdam kommt, klopft er an unsere Tür. Seine treue Freundschaft ist eine Wohltat.

Aus seiner Mappe zieht er ein Holztäfelchen und legt es ins Licht. Vertrauensvoll blickt Carel dich fragend an. Langsam läßt du das Bild auf dich wirken, lächelst sanft: »Er ist wunderbar lebendig. Und er wird nie aufhören zu zwitschern.«

Als kleines Mädchen streifte ich mit meinen Brüdern umher, auch ich hatte meine Steinschleuder. Ich kenne die Vögel, ganz leise sage ich (als könnte meine Stimme ihn verscheuchen): »Das ist ein Stieglitz. Auf seinem Futternapf.«

»Es ist ein Stieglitz, und er singt gut. Und dieses Stück gelbe Mauer... Das tut gut, Fabritius. Ich brauche es, wahre Bilder zu sehen. In Amsterdam gibt es nicht mehr viele, es ist nicht das, was die Kaufleute wollen, mehr nach der Mode des Tages. Vielleicht in Delft... (Er lacht traurig.) Komm bald mit anderen, ebenso schönen Bildern wieder.«

Lange schautest du der immer kleiner werdenden langen Gestalt Carel Fabritius' in der Breestraat nach. Heute abend denke ich an ihn. Ich denke oft an ihn. Schon bald würde er dir keine Freude mehr machen. Aber an diesem Abend leuchteten deine Augen vom Licht seines Stieglitzes, da wußtest du es noch nicht.

Bathsebas Opfer wird das Kind sein, das sie zur Welt bringen wird. Würdig kniet die jüdische Dienerin vor ihr und wäscht sie. Du bist ihr auf der Houtgracht begegnet, genau vor der Synagoge. Sie beugt sich über meine Füße, doch sie lächelt nicht mehr: das Alter und ihr Rücken. Auch mir verursacht das reglose Posieren mit meinem dicken Bauch Schmerzen unter der linken Schulter. Du sahst den Brief König Davids in meiner Hand, geschriebene Zeilen auf einem weißen Blatt, und du glaubtest an einen Zufall.

Der Brief kam heute morgen, abgegeben an der Tür von einer schwarz behandschuhten Hand, gerade als wir eine Pause machen wollten. Mit einem roten Lacksiegel verschlossen. Ich habe es aufgebrochen, die Buchstaben verschwammen vor meinen Augen. Die alte portugiesische Jüdin dehnt ihren langen Hals; mit zusammengebissenen Zähnen spreizt sie die schmerzenden Lippen. Es ist Zeit, daß sie ihren Rücken ausruht, Zeit auch, daß ich meine Angst mit dir teile.

»Rembrandt, dieser Brief wurde vor drei Stunden gebracht. Du hattest schon die Farben auf deiner Palette gemischt. Seit drei Stunden klopft mein Herz wie wild in meiner Brust, ich bin schon ganz erschöpft. Wieder Sorgen mit dem Haus? Lies vor, ich bitte dich.«

Als ob er die Pest bringe, faßt du den Brief nur mit Fingerspitzen an. Immer noch droht das Lacksiegel. Deine Augen fliegen über die Zeilen.

»Sag es mir, lies ihn mir vor.«

»Das Konsistorium. (Dein Lachen klingt wie ein Seufzer.) Wir sind geladen, du und ich. Wegen einer diskreten christlichen Ermahnung.«

Du betonst jedes einzelne Wort. Schon schlingst du deine Arme um mich. »Nichts zu befürchten, mach dir keine Sorgen. Lassen wir es, die Kirche ist nicht Gott. Wir tun nichts Böses. Nicht der Kirche, und vor allem nicht Gott. Nicht mit deiner Güte.«

Deine Stimme wickelt mich ein. Ich sage mir, daß ich dir glaube, Jesus Christus ist die Liebe, und ich schließe die Augen. Darin liegt die Barmherzigkeit, nicht weil wir Gott geliebt haben, sondern weil er uns geliebt hat, hat er uns seinen Sohn gesandt.

Jan Six heiratet in drei Wochen. Er hat an die Tür deiner Werkstatt geklopft und ist, ohne zu warten, eingetreten. Würde Rembrandt sein Portrait malen? Als Brautgabe vor der Trauung. Hätte Rembrandt Zeit?

Ja, für deinen Freund wirst du sie haben, ja, du siehst das Bild schon vor dir, schnell gemalt, eine Mohnölpaste und Lavendelessenz als Sikkativ. Rasch hingeworfene Pinselstriche, dein Können und deine Freundschaft: Den Mann auf dem Porträt kennst du gut, wirst seine wahre Natur zeigen. Jan Six hört deine Worte, da sie ihm gefallen. Gleich am nächsten Tag wird er zum Modellstehen kommen.

Titus ißt dicke saftige schwarze Kirschen. Rembrandt will, daß ich meine Ängste vom Land für mich behalte. Ich halte sie zurück, ganz tief in mir nisten sie sich ein. Wie das Ungeziefer verwandeln sie sich. Vielleicht beginnt die Seuche ja mit der Angst.

Ich klopfe an die Werkstattür, bringe Mandelmarzipan und butterglänzende Pfannkuchen mit Melasse. Jan Six trägt ein rotes Wams, dessen Knopfstiele auf der Leinwand schon erkennbar sind. Ohne mich zu sehen, lehnt er dankend ab, aus Erziehung. Nichts essen, nichts trinken, er hat es eilig, Regent Tulp erwartet ihn. Von seiner ganzen Höhe herab schaut er Rembrandt zu, der hinter seiner Staffelei sitzt. Schon schlüpft er in einen Handschuh, nur in einen, wie es der Tagesgeschmack der Leute seines Standes vorschreibt. Es wird das schnell gemalte Bild eines Mannes sein, der sich anschickt, das Zimmer zu verlassen, ein eleganter Mann, der es eilig hat, seinen Freund zu verlassen.

Wieder ein Bote, wieder ein Brief. Du erbrichst das blutrote Siegel der neuen Vorladung. Du sagst, bestimmt hätten die vom Konsistorium Ermittlungen angestellt und wüßten nun, daß du nicht auf der Liste der Gläubigen der Kirche stehst. Also werde diesmal nur ich vorgeladen. Um mir die entehrenden Sünden vergeben zu lassen. Wer den Namen des Herrn anruft, dem wird vergeben. Die Worte steigen in mir hoch. Wer wird die Auserwählten Gottes verdammen? Immer schneller wiederholen meine

Lippen die wohlbekannten Worte. Ich gebe mein Leben hin für meine Schafe, und ich kenne sie.

Du beugst dich vor, küßt mich auf meinen runden Bauch. »Was wissen die schon, viel zu ernst und dumm, alle gleich, gedankenlos.«

Du zerreißt die Vorladung: »Du wirst nicht gehen.«

Am Fuße des Kreuzes nimmt Joseph den Leichnam in die Arme. Er wird ihn in ein sauberes Leintuch hüllen und ins Grab legen. Unter deiner Nadel, die den Lack zerkratzt und abspringen läßt, fühlt man die Tränen, das Ende der Welt und den noch nicht erstarrten, gefolterten Leichnam. Inmitten der Klagen erhebt sich eine weiße Hand. Clement de Jonghe hat die ersten, noch feuchten Probeabzüge mitgenommen.

Ich muß den Milchmann bezahlen. Ich frage dich, wann Jan Six das Porträt bezahlen wird. Du glaubst, er betrachtet das Bild als Teilrückzahlung für das, was er dir geliehen hat. Aber ihr habt nicht darüber gesprochen, dein Preis von 500 Gulden für ein Porträt hat sich seit den Jahren, als alles noch einfach war, nicht geändert. Jan Six ist ein Mann von guter Erziehung. Über Geld redet man nicht mit einem Freund, der heiratet, einem Freund von guter Erziehung, ja, ich verstehe.

An diesem Abend bin ich nach dem Essen allein in die Werkstatt gegangen. Mit einer nie gekannten Sorge ganz tief in mir drin, tiefer als das Kind, das sich in mir bewegt. Das Licht der Kerze zitterte, und um sie herum zitterte das ganze Zimmer, das Bild auf der Staffelei. Jan Six schlüpft in einen Handschuh. Von oben herab blicken seine Augen auf den Betrachter, auf dich, der vor ihm sitzt. Er ist seiner sicher; unter den müden Lidern blicken die lichtlosen Augen ohne Freundschaft. Ein weicher Zug beiderseits der Lippen läßt auf eine mögliche Lüge schließen. Jan Six zittert hinter der Kerzenflamme. Du kennst den Mann auf dem Bild gut, du bringst seine wahre Natur zum Vorschein. Hinter seinem Verrat hast du seine Traurigkeit gesehen. Es ist das Porträt eines Abschieds. Ich sage mir, daß er so, mit dieser einen behandschuhten Hand, nicht von zu Hause weggeht, sondern aus deinem Leben. Vielleicht sogar aus seinem.

Im Morgengrauen kam Barent Fabritius in die Breestraat. Lange lief er vor dem Haus auf und ab. Lange lief er hin und her, sein Herz wurde mit jedem Schritt schwerer. Vor zwei Tagen war das Pulvermagazin in Delft in die Luft geflogen. Der Himmel stand in Flammen, mehr als ein Drittel der Stadt fiel in Rauch und Asche, zerrissene, herausgerissene Körper. In ein paar Monaten wäre Carel Fabritius so alt gewesen wie unser Herr Jesus Christus. Mit seinem Lachen und seinem Talent hat er einen so lebendigen Stieglitz gemalt, daß sein Gezwitscher nie mehr verstummen wird. Wer in dieser Nacht durch die Breestraat ging, konnte hinter den Fenstern bis zum Morgen Kerzen brennen sehen.

Für den ersten Probeabzug der Grablegung hast

du ganz glattes chinesisches Papier genommen. Es war ein langer Tag, die Heilige Jungfrau ist eingeschlafen, erschöpft von ihrem Leid. Dann fuhr deine Nadel über das Kupfer. Nach und nach verdunkelten die gekreuzten Linien das Innere der Grabhöhle im Felsen. Das einzige und letzte Licht ging von Christus aus.

Ich schob das Hemd beiseite, das meinen Bauch verbarg; mit seinen winzigen Füßchen schlug mein Kind Wellen unter meiner Haut. In der rechten Hand hielt ich die dritte Vorladung des Konsistoriums. Du lasest, zögertest, ich begriff, daß du nicht alles gesagt hattest, mit Sicherheit etwas Unangenehmes. Also wiederholtest du den Satz Wort für Wort: ». . . Hendrickje Stoffels, die wie eine Hure im Haus des Malers Rembrandt lebt . . .« Wie eine Hure, meine Kirche. Eine Hure.

Eine dunkle Wolke vor der Sonne. Es ist so süß, mein Leben bei dir, das Beste für dich und deine Arbeit, alles für die Gabe, die Gott dir anvertraut hat. Es ist so rein, dieses Leben in mir, das du und ich gezeugt haben und das Gott gewollt hat. Er hat uns auserwählt vor der Erschaffung der Welt, damit wir Heilige seien. Das Gesetz Gottes kenne ich. Jetzt werde ich das Gesetz der Kirche kennenlernen, das von den Menschen gemacht wurde. Du wischst die Tränen von meinen Wangen, wischst sie kreisend trocken. In deinen Armen schmiege ich mich in den Schatten, den dein Licht wirft.

Du zerreißt die dritte Vorladung. Du sagst, daß du

es bist, den das Gesetz der Menschen durch mich treffen will. Mich, das getreue Schaf unseres Herrn, ich, die ich jeden Tag versuche und lernen will, Gutes zu tun, ich werde von meiner Kirche Hure genannt. Ich hatte das Wort vergessen. Verheiratet wäre das Leben dasselbe und doch anders. Durch einen einzigen Menschen kam die Sünde auf die Welt und durch die Sünde der Tod. Und so müssen alle Menschen sterben, weil alle gesündigt haben.

Jan Six hat mich nicht gegrüßt, mich und meinen Bauch. Er kam sein Bild abholen, das genug getrocknet ist, um keinen Staub mehr anzuziehen. Er sagte zu Rembrandt, er würde keinen seiner Freunde einladen. Der Regent Tulp lädt ein. Regenten und Notabeln, und diese Hochzeit wäre die reinste Langeweile.

Ich trank mit Titus in der Küche die heiße Milch. Zu früh klopfte es an diesem Morgen an die Tür, zu hart die rasch aufeinanderfolgenden Schläge. Titus stellt seine Schale auf den Tisch. Vor Überraschung weiten sich seine Augen; ohne den weißen Milchschnurrbart würde es wie Angst aussehen. Nichts darf Rembrandt bei der Arbeit stören, schnell, ich muß öffnen. Es ist meine Schande, ich weiß es schon. Ich schlage die Augen nieder, ich werde die Hure von Rembrandt, es ist eine Lüge, die mit jedem Schritt größer wird, die Hure wider Willen.

Vor der Tür, unter ihren schwarzen Hüten, in großem Staat, stehen drei Brüder des Viertels mit grauen verkniffenen Lippen. Ohne es zu wollen, gleiten ihre strengen Blicke zu meinem Bauch, steigen langsam zu meinen Augen empor. Wie schwarze Raben. Ich weiche zurück, Gefangene ihres Schattens. In mein Schicksal ergeben bedeute ich ihnen, einzutreten.

Derjenige, der das Wort ergreift, hat eine spitze gebogene Nase, wie ein Vogelschnabel: »Fürchtet Ihr, die Nachbarn würden die Brüder der Kirche vor Eurer Tür sehen? Niemals betreten wir das Haus der Sünde. Eure Schuld ist offensichtlich (wieder lasten seine Blicke auf dem Leben in meinem Bauch), vor aller Augen hat der Herr Eure Gottlosigkeit enthüllt. Der Pastor weiß um Eure Unwürdigkeit, und die Kirche hat eine Untersuchung angeordnet.«

Ein anderer Bruder murmelt mehr, als daß er betet: Gott gestatte nicht, daß die Sünder über ihre Kräfte versucht würden. Mit der Versuchung gäbe er ihnen die Möglichkeit, ihr zu widerstehen. Und durch den Heiligen Geist entfache er wieder ...

Der dritte öffnet seinen Schnabel. »Hendrickje Stoffels, die Kirche hat Euch als Hure bezeichnet. Ihr erscheint nicht vor dem Konzil. Ihr weigert Euch, Euer Urteil zu hören, Ihr widersetzt Euch. Fürchtet Ihr denn Eure Strafe so sehr?«

Ich schüttle den Kopf und schlucke. Wie rollende Wogen brachen all die Worte über mich herein. Richtet, so werdet ihr gerichtet werden.

Die Stimme des ersten Bruders war sanft, zu sanft: »Ein letztes Mal, Hendrickje Stoffels, Ihr seid vor das Konsistorium geladen. Wenn Ihr Euch diesmal wieder zu erscheinen weigert, wird das Urteil in Eurer Abwesenheit ergehen und allen bekanntgegeben. So will es die Kirche und die Stadt.«

In diesem Augenblick glaubte ich, Rembrandts schweren Schritt auf der Treppe zu hören. (Titus hatte ihn geholt.) Die Lippen über meiner Verdammnis geschlossen, zogen sich die drei Brüder zurück. Gruſlos (eine Hure grüſst man nicht) wandten sie mir den Rücken zu. Ehe ich die Tür schloſs, sah ich ihnen nach, wie sie im Nebel immer kleiner wurden.

Wenn das Urteil gesprochen wird, wenn ich von der Kirche angeklagt werde, Rembrandts Hure zu sein, dann wird man auch auf dich, mein armer Geliebter, mit dem Finger zeigen. Und wenn niemand mehr ein Bild von dem Maler kaufen will, der mit seiner Hure zusammenlebt, wirst du nie deine Schulden bezahlen können. Ich werde gehen, ich werde das Urteil des Konsistoriums hören. Ich glaube an die Barmherzigkeit Gottes, ich glaube noch an die Nachsicht der Menschen und an die Güte der Kirche.

Unter dem eisigen Gewölbe schreiten meine Füſse voran. Jeder Schritt hallt in dem Echo des vorhergehenden wider. Vor allem nicht auf die Fugen zwischen den Platten treten. Ganz hinten, dort wo die Töne nicht mehr zurückprallen, die Gesichter von den hohen Lehnen der Sessel umrahmt, sehen meine zwölf Richter in schwarzem Ornat zu, wie ich auf sie zugehe und unser Kind in meinem dicken Bauch

vor mir hertrage. Mit jedem Schritt werden sie größer, sie gleichen den Männern in meinem Alptraum,
die dürren Holzfinger, die weise auf ihrem ledernen
Schreibzeug liegen, die weißen Augen, die speichel-
losen Lippen, das rosa aufplatzende Fleisch, das
mich richtet und eines Tages verfaulen wird. Der
Älteste, der keine Zähne und fast keinen Mund mehr
hat, ergreift für die Kirche das Wort.

»Bekennt Ihr, mit dem Maler Rembrandt van Rijn
wie eine Hure zu leben?«

Ich senke den Kopf, nicht aus Scham, nein. Auch
nicht, um sie nicht mehr zu sehen. Nur, um nicht
mehr zu hören. Wer bist du, deinen Nächsten zu
richten? Euer Reichtum ist verfault, eure Kleider
wurmzerfressen.

Es war nur ein Alptraum, der gleiche, zwei Nächte
hintereinander. Stimmen flüsterten in mein Ohr, ich
solle bekennen. Sanft und nüchtern, in allen Tonar-
ten. Ich soll bekennen. Kopf und Hände im Pranger,
das Hemd von der Peitsche zerfetzt und gezeichnet
von den Kreuzen meines Blutes, doch ohne zu
bekennen, schüttele ich den Kopf (soweit es der
Pranger zuläßt). Spitz funkeln die Messer vor dem
Kessel, wo die Glut das Eisen rötet. Die Marter zu
Zeiten des Friedens gleicht der in Kriegszeiten. Den
ersten Schmerz wird mir ein Messerschnitt in die
linke Wange zufügen. Dann das Brandzeichen auf
der linken Schulter. An dem großen Tisch unter den
Mitgliedern des Konsistoriums sitzen der Regent
Tulp und Jan Six und ertragen mit angewiderter

145

Miene das Zischen und den Geruch verbrannten Fleisches.

Die Zeit gleitet in meinem Traum, nein, ich werde nicht leugnen, lautlos schreit mein Mund die Qual hinaus. Eine Zange packt meine Lippe, ein Eisen verbrennt meine Zunge. Dann hackt mir der Henker auf dem Holz des Schandpfahls nacheinander die Handgelenke durch; das Blut schießt aus meinen handlosen Armen, aber ich fühle keinen Schmerz, noch nicht. Jan Six weinte. Niemand in dieser strengen Versammlung hörte wie ich die unpassenden Geräusche seines Schniefens. Der Regent Tulp klagte mich an, seine flammenden Augen brannten darauf, meine Geständnisse zu hören.

Zahnlos, mundlos, die Wangen eingesogen von seinen Atemzügen, die bald seine letzten sein werden, ergreift der Älteste das Wort (der nahe Tod macht die Menschen doch nicht besser): »Ihr lebt mit ihm außerhalb der Gesetze unserer Kirche. Ihr könnt noch Vergebung erlangen, wenn Ihr zu Eurer Mutter zurückkehrt und dort Euer Kind zur Welt bringt.«

»Ich kann nicht, ich brauche ihn, und er braucht mich.«

»Ihr widersetzt Euch dem Gesetz unserer Kirche. Ihr beleidigt Gott schwer. Ihr betrübt den Heiligen Geist, Hendrickje Stoffels. Die Kirche und die Stadt werden das nicht gestatten.«

Selbst im Traum kenne ich im voraus die Folter unserer Vereinigten Provinzen. Nach der öffentlichen Zurschaustellung werde ich in einem Faß ertränkt oder lebendig begraben. Aber zuerst wird man mir die Augen ausstechen. Ich werde meine Henker nicht mehr sehen. Nicht zu mir sprach der Regent Tulp mit seinen glühenden Augen. Rembrandt meinte er, ihn sah er, ihn klagte er an, durch mich. Er wolle nicht, daß auch nur ein Mitglied seiner Familie noch mit Rembrandt van Rijn verkehrt. Er werde alle aus der Stadt entfernen, die noch nicht wissen, daß er ein Künstler ist, der das Häßliche der Schönheit vorzieht; ein Maler, der nicht nach dem Geschmack der Käufer malt, ein Mann, der anders ist, zu frei. Mit allen Mitteln, die ihm die Macht verleiht. Von so viel Angst und Haß bin ich aufgewacht. Ich weiß nicht, ob ein Traum eine Vorahnung sein kann. Träume sind kein Aberglaube vom Land, aber ich werde die Worte für mich behalten, die den Regenten Tulp anklagen. Derjenige zu sein, der das gewollt und getan hat. Der mich verurteilt hat.

Der Älteste (den der nahe Tod nicht zu einem besseren Menschen gemacht hat) öffnet seinen zahnlosen Mund: »Ihr seid von nun an unwürdig, am Tisch des Herrn teilzuhaben, Ihr würdet das Sakrament entweihen, wenn Ihr zugelassen wäret.«

Gott rette mich, ich versinke in einem bodenlosen Loch, und nichts kann mich halten. Mein Atem geht schon schwer, meine Sicht trübt sich. Wer bist du, deinen Nächsten zu richten? Das Fleisch der zwölf Männer in Schwarz beginnt schon unter dem Ungeziefer zu verfaulen.

Meine Finger suchen sich, falten sich zum Gebet. Nachdem er Dank gesagt hatte, brach er das Brot und sprach: »Nehmt und esset, das ist mein Leib.« Mit ein paar Worten ist das Urteil gesprochen. Wie Gaukler, Jongleure und Bankhalter werde ich aus der Kirche gejagt, der ich seit meiner Geburt angehöre. Unwürdig, am Tisch des Herrn teilzuhaben. Jeder prüfe sich selbst und esse von diesem Brot und trinke aus diesem Kelch. Trinkt alle, denn dies ist Mein Blut. Er vergab, selbst die Sünden der Huren. Selbst Judas, dem Verräter, der ihn noch nicht geküßt hatte; selbst Judas aß an seinem Tisch mit ihm das Ostermahl. Verbannt von dem Regenten Tulp, werde ich nicht mehr von diesem Brot essen. Zu Seinem Gedächtnis werde ich, unwürdig, nicht mehr aus dem Kelch der Kirche Sein Blut trinken.

»Das ist der Mann«, sagt Pilatus. Die Säure frißt sich in das Kupfer, das du angeritzt hast, Christus wird der Menge vorgeführt. Die Menge brüllt: »Kreuzigt ihn! Kreuzigt ihn!« Mit gebundenen Händen, erloschenen Augen schaut Jesus über sie hinweg. Geopfert. Die schwere Walze preßt das nasse Papier auf das eingefärbte Kupfer. Ich betrachte den ersten Abzug, ich sehe dein Mitleid mit den Unwissenden. Ich sehe deine Enttäuschung und deinen Schmerz.

Meine Gebete sind immer die gleichen. Es ist das Gesetz der Menschen, das mich verurteilt, nicht das Gottes. Die Männer in Schwarz beraten jetzt untereinander. Die Kirche und die Stadt wird das nicht gestatten. Unter ihren Schatten, die mich verschlingen, versagt mir der Atem. Gott rette mich, das Wasser steht mir bis zum Hals, mit einer Hand fahre ich mir über das Gesicht, um die Schweißperlen abzuwischen. Ich versinke im Wasser, und die Strömung trägt mich davon. Um nicht mehr zu denken, kauere ich mich schützend um das Herz meines Kindes. Bevor das Fieber und die Alpträume kommen.

Ich lief an Kanälen entlang, die ich kannte, ohne sie wiederzuerkennen. Was ich hörte, wurde nicht gesagt, ich habe nichts gehört. In kleinen Trauben kam mir die Menge entgegen. Sie sang, sie tanzte, streckte die Arme zum Himmel empor, Gelächter, tanzte eine Farandole um mich herum. Der Krieg ist aus, Holland und England haben den Vertrag von Westminster unterzeichnet, das Glockenspiel der Westerkerk läutet den neuen Frieden ein. Schwarze Insekten summen in meinen Ohren, Hure, Hure, immer dasselbe Wort, das die Farandole auf dem Pflaster der Stadt im Chor aufnimmt.

Während meines Fiebers habe ich die Störchin nicht wegfliegen sehen. Sie ist nicht mehr auf unserem Dach. Weder sie noch ihre Jungen. Vielleicht wird sie in einem anderen Jahr zurückkommen.

Er sprach den Segen, brach das Brot und reichte es ihnen. Da gingen ihnen die Augen auf, und sie erkannten Ihn; dann wurde Er wieder unsichtbar für sie. Dein Stichel offenbart das Unsichtbare, Christi Blick und seine Herrlichkeit.

Uylenburgh ist umgezogen. Noch zeigen sie nicht mit dem Finger auf ihn, doch in seinen Augen kann man die Angst vor dem Bankrott lesen. Schon im Vestibül fällt sein Blick auf meinen Bauch. Er lächelt, fast gerührt. Rembrandts Arm um meine Schultern, lehne ich mich an seine Brust, ruhe meinen Rücken aus, der eine zu schwere Last hält. »Der Krieg ist vorbei, aber die Notabeln haben sich daran gewöhnt, ihr Geld zurückzuhalten. Der Handel erholt sich nicht. Dieses Urteil ist unglücklich, viele werden sich von nun an von diesem Haus abwenden...«

Rembrandt hebt den Kopf: »Das wird es uns ersparen, mit Dummköpfen verkehren zu müssen, dank ihrer werde ich Zeit gewinnen.«

»Hat Jan Six Euch besucht?« fragt Uylenburgh.

Rembrandt schaut mich an. Diese Einzelheit ist unangenehm, nein, Jan Six ist nicht mehr in die Breestraat gekommen, seit meinem Ausschluß vom Tisch des Herrn; nicht mehr seit dem Tag, an dem er sein kaum getrocknetes Bild mitgenommen hat, das Geschenk für die Braut, der es vielleicht nicht gefallen hat, die sich jedenfalls nicht bedankt hat. Das ist keine Überraschung, treue Freundschaft hat ihre Grenzen, vor allem für den Schwiegersohn des Regenten Tulp. Kaum eine Enttäuschung.

Uylenburgh versteht die Gründe für Jan Six' Entscheidung: Der Regent, zu dem Dr. Tulp geworden ist (der schon damals nicht mit Leuten niederen Standes verkehrte), gestattet es nicht, daß Angehörige seiner Familie (und schon gar nicht der Gatte seiner Tochter) mit Leuten von schlechtem Ruf verkehren. Seit Uylenburghs Kunsthandel in den Ruin schlittert, hat der Regent selbst mit ihm keine Verbindung mehr. Ein Bankrotteur ist von Gott verlassen, Bankrott ist eine Sünde.

Niemand weiß es, nicht einmal du, mein Geliebter: Mein schlechter Ruf, und vor allem dein schlechter Ruf, das ist vielleicht das Werk des Regenten Tulp. Ich habe keine Beweise und werde es niemals laut aussprechen. Und dann, unwürdig, wie ich bin, wer würde mir glauben? Nicolaes Tulp hat seinen Namen der Tulpe gestohlen. Damals war ich zehn Jahre alt, zwei Zwiebeln der Semper Augustus waren soviel wert wie das Haus in der Breestraat. Dann nannten es die Behörden Wahnsinn und beschlossen, daß die Preise fallen müssen, geteilt durch zehn. Die Trauer um die Tulpe hat viele in den Ruin gestürzt und Haken für die Erhängten in die Wände gemauert. Die Tulpe ist keine unschuldige Blume, sie enthält ein tödliches Gift.

»Wißt Ihr übrigens«, sagt Uylenburgh noch, »daß Six bei Govaert Flinck ein Porträt seiner Frau in Auftrag gegeben hat?«

Besorgt sehe ich, wie du zusammenzuckst. Dein Rücken krümmt sich, dein Kopf sinkt nach vorn. Kaum merklich, aber ich sehe es. Du ziehst die Einsamkeit der Gesellschaft jener vor, die seit langem ihre Seele dem Kommerz und dem Ruhm verkaufen. Aber jeder kleine Verrat tut weh, immer noch, mein

Geliebter, ich weiß. Es ist der Schmerz, der deinen Kopf schwerer werden läßt. Ich erwiderte, Flinck werde sicher sein Bestes geben, um Margaretha Tulp schön zu malen, doch selbst wenn er sie mit einer Aureole aus Blättern und Blüten umgäbe, so würde dies nicht ihr Doppelkinn und ihre hervorquellenden Froschaugen verbergen.

Deine letzten Pinselstriche liebkosen Bathseba. Zärtlich kitzeln sie mich, aber in meinem Kopf hämmert es: Ich bin eine Hure. Du wolltest Schmerz auf meinem Gesicht sehen. Ich halte den Brief König Davids in Händen, das Opfer ist vollbracht.

Die Sammler wollen Radierungen. Clement de Jonghe sagt es immer wieder, es ist sein Geschäft und sein Geld. Er sagt auch, daß der liebreiche Jesus sich gut verkauft. Zur dritten Stunde gekreuzigt, zur sechsten Stunde im Todeskampf, zur neunten Stunde gestorben. Neun, die letzte Zahl, das Ende und die Auferstehung. Er sagt, in Zeiten des Krieges und der Pest ist die Moral selten geworden. Deswegen braucht der Mensch das. Und wenn er nicht vergißt, daß sie sich in ihm verbirgt, so ist es seine Güte, die er wie in einem Spiegel in deinen Radierungen wiederzufinden liebt.

Da ist dieser Schmerz, da auf beiden Seiten, unterhalb des Rückens. Ich stöhne, an dich geschmiegt, du schläfst nicht mehr. Die Welle ebbt ab, dann kommt sie zurück. Wieder und wieder. Neun, Ende und Anfang. Plötzlich begreife ich, das Baby hat begonnen, sich den Weg aus meinem Körper zu bahnen, den Weg zu uns. Seine Befreiung und meine.

Rembrandt schlägt die Laken zurück. Mit lauter Stimme und großen Schritten weckt er das ganze Haus. Geertruid rennt in die Zwanenburgstraat, um die Hebamme zu holen; sie ist eine schöne Frau, mit Löchern zwischen den Zähnen. Aber mit einem sanften Lächeln über ihren geschlossenen Lippen.

Mit gespreizten Beinen liege ich auf dem langen Gebärstuhl, den sie mitten im Zimmer aufgestellt haben. Aus der kleinen irdenen Phiole, die sie an einer Schnur um den Hals trägt, träufelt die Hebamme ein wenig Öl auf ihre Hände. Sie verreibt es, fettet sie gut ein. Nun können die sanften Hände hineingleiten, vordringen, sich so weit wie möglich dem Kind nähern, das zur Welt kommen soll. Es sind wissende Hände, Zauberhände.

Die Laken zwischen meinen hochgelegten Knien verbergen und schützen. Die Hebamme wechselt sie häufig und wischt die Flüssigkeiten weg, die aus meinem Innern entweichen. Hinter meinen Knien werden dampfende Becken hin und her getragen. Judith und Geertruid kommen und gehen mit vom Wasserdampf rot glänzenden Gesichtern. Die gewaschenen Tücher trocknen vor dem Kamin. Zwischen zwei Wehen kann ich nicht mehr schlucken. Die Stimmen dröhnen, das ganze Zimmer ist voller Geräusche. Neugierige Nachbarinnen und ihre Dienstmägde geben sich die Türklinke in die Hand, um zu sehen, ob Schmerz, Schreie oder Leid diese Geburt begleiten. Sie kommen, um zu sehen, vielleicht zu helfen, auch sich zu erinnern. Sie geben Ratschläge, die ich nicht höre. Rembrandt bietet ihnen ein Glas Chaudeau und Mandelmarzipan an.

Du bleibst bei mir, mein Geliebter, wie du es bei Saskias vier Kindern (drei armen Engelchen) getan hast. Du sagst, ein neuer Einfall der Notabeln weise die Männer aus dem Gebärzimmer. Es ist die Frau, die vom Schmerz zerrissen wird, aber der Mann, der es nicht ertragen kann. Du magst das, diese beiden Leben und ihr Blut. Deine Hand streicht mir das nasse Haar aus der Stirn. Ich atme nicht mehr. Ein Feuer gräbt sich den Weg und zerreißt mich. Wie ich weiß, Judith, daß die bösen Geister ohnmächtig werden, wenn sie blau sehen. Wir wissen nicht, warum, fragen nicht nach dem Grund, wir wissen es einfach. Ganz leise, um nicht zu stören, flüstert sie mir ins Ohr: »Die Kerzen haben eine schöne blaue Flamme.« Herr, hab Mitleid mit deiner Dienerin. Und vergib mir, wenn ich gesündigt habe.

Die Hand der Hebamme gleitet mühelos. »Pressen«, sagt sie. Bestrafe mich nicht für das Böse, das ich nicht wollte, das ich nicht wußte. Und ich presse. Mein ganzes rotes, faltiges Gesicht preßt sich um meine geschlossenen Augen zusammen. Wenn das Kind eine schuppige Haut oder keinen After hat, laß es nicht leben. Ich presse und schreie, um den ohrenbetäubenden Schmerz nicht mehr zu hören.

Die dampfenden Becken kreuzen und begegnen sich, das Warten und das Flüstern auch. Die Auferstehung des Fleisches und das ewige Leben. Amen. Und wenn ihm die Eingeweide aus dem Körper hängen, laß mich sterben, bevor ich es gesehen habe.

Die Hebamme hat ihre Hand wiedergefunden. Jetzt liegt sie quer über mir und drückt auf meinen Bauch. Mit ihrem ganzen Gewicht. Mit einem breiten, ruhigen Lächeln dreht sie den Kopf zu meinem Schrei. Mit ihrem ganzen Gewicht, mit aller Kraft preßt sie auf die große Woge meines Bauches.

Da, der Kopf ist durch. Vom Nichts ins Leben, von der Finsternis ins Licht. Rot und gerührt betrachten die Gesichter die neunte Öffnung und den Kopf des Babys. Als ob es den Schmerz nie gegeben hätte, schon vergessen, hat er sich verflüchtigt, sobald der Kopf durchgetreten ist. Mühelos glitt der Körper des Babys heraus, um ihm zu folgen. Du küßt mich. »Ein Mädchen«, sagst du. »Es ist ein Mädchen.« Ja, mein Geliebter, eine kleine Cornelia. Der Name deiner Mutter und der beiden kleinen Engelchen. Wir werden das mit Spitzen umrahmte Schild aus roter Seide mit dem weißen Papier in der Mitte an die Tür der Breestraat hängen, das besagt, daß ein Mädchen zur Welt gekommen ist.

Ich schließe die Augen, um die allzu vielen geschwätzigen Stimmen nicht mehr zu hören. »Ein Mädchen«, wiederholt die Hebamme laut vor den Anwesenden, ehe sie die Nabelschnur durchschneidet, über die ich mein Baby neun Monate lang ernährt habe. Kleine Cornelia, so klein, eine große Welle der Liebe durchflutet mich, schnell will ich sie an meine nackte Brust legen, sie in den Armen halten; aber schon wickelt die Hebamme sie in ein warmes Tuch und bietet sie in ihrem ersten Schrei den zögernden Armen des Vaters dar. Sie spricht die Worte: »Hier ist Euer Kind. Möge der Herr Euch durch es viel Glück schenken oder es bald wieder zu sich rufen.« Das Lächeln in Rembrandts rotem Gesicht besagt, daß er es nicht gehört hat. Und ich auch nicht, nicht alle Worte. Möge der Herr uns durch sie viel Glück schenken.

Nachbarinnen, Männer von Nachbarinnen, ganze Familien sind hereingekommen, trinken und lachen. Ich nehme die Beine herunter, presse die Schenkel zusammen; langsam richte ich mich auf, setze mich halb. Rembrandt taucht aus dem warmen Wasserdampf und dem Stimmengewirr auf, die Mütze des frischgebackenen Vaters auf dem Kopf. Unter den grünen und gelben Federn lächelt er weinselig über sein hochrotes Gesicht. Er reicht mir sein Glas, in dem ich meine Lippen befeuchte. Er ist stolz, der Vater, rot und stolz. Hält das Baby hoch, damit alle es bewundern. Ein letztes Mal, bevor die Mutter sich ausruht, bevor sie es in der wiedereingekehrten Stille stillt und wiegt.

Sie ist so klein. Ich lege mich auf unser Bett. Sie weint in ihrer Korbwiege, die ich mit einer leichten Bewegung des Fußes anstoße. Gleich bei den ersten Schreien sieht sie meine ausgestreckten Arme, meine Hände, die sie rasch aufnehmen, federleicht, und eine pralle (vom Korsett befreite), schmerzhaft angeschwollene Brust; mit dieser roten, harten und zugleich süßen Brustwarze, die sich ein wenig schuppt und nach Tagen voller Milch riecht, Mamas Brust, die den nagenden Kummer des Hungers beruhigt. Bis zum nächsten Mal. Ich wickle sie, ziehe sie an, lasse sie mit Ärmchen und Beinchen frei in der Luft strampeln. Ephraim Bueno trinkt ein Glas Chaudeau und hebt es auf Cornelias Wohl. Er wiederholt, er glaube nicht, daß das Einwickeln helfe, die Knochen gerade wachsen zu lassen. Schon Aristoteles habe gefordert, man möge die Neugeborenen alle Bewegungen ausführen lassen, die sie wollten. Er habe diejenigen als Barbaren bezeichnet, die Schienen benutzten, um den Körper eines Babys gerade zu halten. Seit neun Monaten weiß ich, daß ich aus meinem Kind kein kleines Paket machen werde, eine kleine eingewickelte Bohne, wie es meine Mutter mit uns und ihre Mutter mit ihr tat.

Ich schlafe wenig, ich bin Mutter. In meinen Armen, das Gesicht zu ihr geneigt, schütze ich Cornelia, unser Kind. Deine Nadel zieht Linien in das Kupfer. Meine Wange streicht ganz leicht über ihre. Ganz nah höre ich ihren leichten Atem, ihre winzigen Atemzüge. Ich sitze auf einem Stuhl und wiege mich, indem ich sie wiege. Ich werde nicht einschlafen, aber die Augen schließen und mich ausruhen. Du beobachtest uns durch das Fenster, du bist Joseph, gerührt. Das Licht, das durch das gläserne

Oval in den Raum fällt, ist nicht irdisch. Es zeichnet eine Aureole um die beiden vereinten Köpfe, die Mutter und das Kind. Du gravierst die Heilige Familie. Auch die Katze an unserer Seite schläft. Alles ist friedlich. Gott wacht. Das Kind ist schön, die Mutter hat nicht gesündigt.

Dann hast du das verräterische, giftige Tier gezeichnet, die Schlange des Teufels. In die schwarze Farbe hast du es gekratzt, und es ist erschienen, dunkle Furchen, funkelnde goldene Kupferlinien. Es kriecht herbei und verschwindet unter meinem Kleid.

Ich sage zu Rembrandt: »Warum diese Gefahr?«

»Es gibt keine Gefahr mehr. Deine Füße haben sie schon zertreten. Das Gute hat das Böse schon besiegt.«

Du beugst dich zu uns, zuerst meine Lippen, dann Cornelia.

Farbe und Geruch deines Gemäldes sind getrocknet. Bathseba ist ein Opfer. Sie ist schön, sie ist rein, ihr Schicksal ist vorgezeichnet. Man kann sie nur beklagen und lieben. Aber ich, ich weiß, daß Bathseba eine Hure ist.

1655–1658

Als ob du in all den Jahren nichts anderes getan hättest als verkaufen. Kämpfen, hoffen, dann alles geschehen lassen. Der Hammer des Gerichtsvollziehers fällt. Dich von all den Gegenständen und Werken trennen, die dir gehörten und dir zur Freude gereichten. Dich zerreißen. Im Spiegel mit dem Ebenholzrahmen in deiner Werkstatt graben sich immer tiefere Falten um die Nase in dein Gesicht, das röter und aufgedunsener ist denn je. Gott allein gebührt der Ruhm. Es ist nicht mehr der Zorn, nicht mehr die Angst, es ist das Bier und der Genever. Als ich dir gegenüber am großen Tisch sitze, zu müde, um hinaufzugehen und in unser Bett zu schlüpfen, verliere ich meine Zuversicht. Ich habe mein erstes Glas getrunken, Genever ist das Feuer des Teufels, Bier löscht es.

Wieder und wieder schlägt der Hammer des Gerichtsvollziehers auf den Tisch, hämmert in meinem Kopf. Ein kleiner hohler Ton, als ich das leere Glas abstelle. Du verläßt die Werkstatt nicht mehr. Im Licht des Pinsels atmest du bei jedem Bild neue Luft, allein vor deiner Staffelei, weit weg vom Geld.

Ein ganzes Jahr lang werde ich Cornelia stillen.

Ihre kleine Fäuste schließen sich um das Nichts zwischen ihr und mir, ihre Lippen saugen ins Leere, bevor sie meine Brustwarze umfassen. Im eisigen Echo der Oude Kerk, in dem die Gebete widerhallen, wurde unsere Tochter getauft, das Kind des Malers Rembrandt van Rijn und Hendrickje Stoffels, der Hure. Die Kirche wollte es so: mein Ausschluß vom Tisch des Herrn interessiert demnach nur die Stadt.

In der Taufe sterben wir mit Christus, wir werden mit Ihm begraben, die Worte fallen aus dem Mund des Predigers, damit auch wir mit Christus auferstehen, ein neues Leben führen. Unser Kind, geboren von gottesfürchtigen Eltern, ist von Gott auserwählt. Das Wasser ist kalt auf ihrer Stirn und ihren kleinen Lippen, die aufspringen, als sie schreit. Und wenn Er sie noch als Kind wieder zu sich holt, so wird die Taufe schon für ihr Heil sorgen.

Sie packt einen meiner Finger, steckt ihn in den Mund, saugt daran. Eine große Woge der Liebe steigt in mir empor. Mein Finger, an dem sie lutscht und saugt, erforscht den dunklen Raum zwischen Zunge und Gaumen, entdeckt das Innere des Körpers meiner kleinen Tochter, ihren feuchten, warmen Atem, das Innere ihres Lebens. Später, die Augen halb geschlossen, den Kopf zu weit auf eine Seite gelegt, die Lippen halb geöffnet, schwellend und glänzend von der süßen Milch meines Körpers und ihrer Müdigkeit, wird Cornelia einschlafen. Ihre Atemzüge werden lang und ruhig, ich werde die Augen schließen.

In der Werkstatt der Schüler streichen Willem Drost und Bernhard Keil mit dicken Pinseln Knochenleim auf die jungfräulichen Leinwände. Dann bereiten sie die Hintergrundfarben vor, reiben lange Farbpulver in Mohnöl. Damit Rembrandts Zeit nicht so schnell durch die Sanduhr rinnt. Damit jeder deiner Pinselstriche immer der erste, immer der letzte sei. Das sagt Titus mit seinen großen Augen. Er schaut Cornelia beim Schlafen zu, die er seine Schwester nennt, lächelt ihr zu, ohne es zu wissen.

An seinem kleinen Schreibtisch sitzend, vor sich neue Gänsefedern, Schneidebrett, Tintenfaß und Sanddose, um die Schrift zu trocknen; so malte Rembrandt Titus mit großen, raschen Pinselstrichen. Deine Zärtlichkeit ließ dieses Portrait entstehen, wie ebenso viele Gebete, Liebe und Angst zermalmte dein Pinsel auf der Leinwand. Mit seinen großen, nachdenklichen Augen ist Titus noch ein Kind. Er ist schön, und wegen ihm habe ich Angst vor dem Leben, der Kälte und der Pest. Angst auch um Rembrandt; tief in mir drinnen weiß ich, daß alles in ihm erstarren würde, wenn kein Blut mehr durch den Körper seines Sohnes fließen würde. Das Leben würde stillstehen.

Zu der Stunde, in der die Laternenanzünder jedes zwölfte Haus in den Straßen der Stadt erleuchten, klopft Abraham Francen manchmal an die Tür der Breestraat. In seinem Blick liegt die gleiche Güte wie in Ephraim Buenos Augen, und ich sage mir, daß Ärzte und Apotheker die gleichen Augen haben, vielleicht die gleiche Güte. Er geht in die Werkstatt hinauf. Ohne zu reden, dreht er die Radierungen ins beste Licht, beugt sich lange über sie. Sein Blick hält inne. Rembrandt sagt, er erkenne eine gute Zeichnung, das Wunder des Strichs, den man nur einmal zieht.

Häufig ißt er mit uns zu Abend. Mit einfachen Worten spricht er über Kunst (die Schule fürs Leben), Gott und den Tod. Mehrmals nimmt er sich von dem Kalbsragout mit Melonensaft. Er spart auch nicht mit Ratschlägen, schweigt jedoch, wenn Rembrandt ihn mit einem Runzeln der Augenbrauen auffordert, mich nicht zu beunruhigen. Er war es, der zum ersten Mal in meiner Gegenwart den Namen Thomasz Jacobsz Haaringh aussprach, der »Concierge« bei der Insolvenzkammer ist. Wie sein Vater vor ihm.

Bei den ersten Schreien in der Nacht stehe ich rasch auf und reibe Wacholderöl auf Cornelias Zahnfleisch, durch das die spitzen Zähnchen stoßen.

Ich öffnete die Tür und ließ die kalte Frühlingssonne über die Schwelle fegen. Es ist kein Lächeln, nein, es ist bodenloses Mitleid, mit dem Thomasz Haaringh mich ansieht. Mein Herz klopft stärker unter meinem Busen, und das Blut fließt schneller durch meine Adern. Plötzlich beginnt die Treppe vor mir zu schwanken, grelles Licht blendet mich, eisige Furcht läßt meine Lippen trocken werden. In der Zeit, in der die Treppe sich wieder aufrichtet, drückt

Thomasz Haaringh meinen Arm. »Rembrandt erwartet Euch«, sage ich, und seine traurige Güte hat mir gutgetan.

Meine Hände heben das große weiße Hemd hoch, das weite Pinselstriche gewebt haben. In dem durchsichtigen Teich verlängern sich meine Beine, die an der Wasseroberfläche abgeschnitten sind, unter deinem Pinsel. Mit gesenktem Kopf betrachte ich den klaren Grund. Langsam gehe ich weiter, ich werde ein Bad nehmen. Hinter mir, im Schatten eines Felsens, liegt ein schweres rotgoldenes Tuch (das von Bathseba, als sie König Davids Brief liest, ja, dasselbe, das immer noch an zwei Nägeln an der Wand deiner Werkstatt hängt) und läßt den Wasserspiegel und das ganze Bild rotgolden schimmern. Zwischen meinen Schenkeln verbirgt sich der Schatten. Ich glaube mich allein, aber du beobachtest mich, im nächsten Augenblick werde ich nackt sein. König David betrachtet Bathseba, gerade als sie im Begriff ist, ihr Hemd auszuziehen, um zu baden. Das Schicksal erfüllt sich. Die Bewegung ist begonnen, das Wasser ist kühl.

Tief der Ausschnitt, breit die Brust, weiter unten bedeckt der Stoff den runden, weißen Busen, prall von der Milch, zu der sich das braune Rotterdamer Bier in meinem Körper verwandelt. Unter dem Hemd erahnt man die schweren Formen. Feste Schenkel und Fesseln. Die Jahre gehen vorbei, und ich werde dicker. Es ist das Kind, die Kälte, die Milch und das Bier. Und der Genever. Ein blasses Lächeln macht das Gesicht noch breiter. Du hast mich gemalt, wie du mich siehst und wie du mich liebst. Das Leben hat für dich immer recht, und immer liebst du das Leben mehr als eine verlogene Schönheit. Für dich ist Wahrheit Schönheit. Das ist es, was du siehst, das ist es, was du malst, selbst wenn ein Strumpfband in einen zu weichen Oberschenkel schneidet. Du liebst all diese warmen Leben, die deine Menschenfreundlichkeit rühren, solange sie unter Busen pochen, und die eines Tages aufhören werden. Dann werden sie sich nicht mehr ähneln. Sie werden sich von diesem Augenblick entfernen, als das Blut noch in ihren Adern floß, in ihrem Innern werden die gefräßigen Würmer erwachen. Tausend Gänge werden sie graben, damit der Geruch sich einnistet.

Die Zeit hat mich nicht vergessen. Die Haut meiner Wangen ist gesprenkelt von rosa Sternen, die es vorher, bevor sie platzten, nicht gab. Meine Locken haben an Glanz verloren, meine Augen auch. Das ist die Müdigkeit, die kurzen Nächte des Kindes und die Angst. Es ist die Zeit. Das Bier und der Genever hinterlassen geschwollene Lider. Zwei Gläser und ich vergesse, selbst Judas, der Verräter, saß unter den Zwölfen zur Linken des Herrn an dem Tisch, von dem ich verstoßen wurde. Meine Wangen sind fett geworden und sehen aus, als würden sie schmelzen; sie rutschen unter die Linie zwischen Kinn und Ohr. Die Züge lösen sich auf, die Gestalt wird weicher. Die junge Frau im Hemd fragt den Maler, ob sie ihm immer noch gefällt. Aber er hört nicht, Bathseba glaubt sich allein, König David hat sie noch nicht gesehen. Bathseba ist nicht traurig. Wie der Maler ahnt sie nicht, daß sie bald eine Hure sein wird.

Ich weiß nur, was Rembrandt mir nicht verheimlicht. Aber ich weiß auch allein, daß die Schulden immer größer werden und nicht schnell genug ausreichend Geld ins Haus kommt.

Die Frau klopft um zwölf Uhr an die Tür: Mit dem großen Zahn, der aus ihrem Mund herausragt und sich zwischen ihren geschlossenen Lippen bewegt, mit ihren durchlöcherten schwarzen Wollstrümpfen und ihren schmutzigen Holzschuhen ist sie eine Dienerin des Teufels. Sie will nur mit Meister Rembrandt van Rijn sprechen. Ich sage ihr, sie solle sich nicht rühren, solle im Vestibül stehenbleiben. Vor allem die anderen Räume des Hauses nicht betreten, soll das heißen. Eine Frau mit einem herausstehenden Zahn bringt keine gute Nachrichten. Rembrandt hat seinen Pinsel auf die Palette gelegt.

Sie heißt Trijn Jacobs, fünf Jahre nach dem Prozeß hat sie gehört, daß ihre Nachbarin in Edam, Geertje Dircx, nicht mehr in Amsterdam sei, sondern in der Besserungsanstalt in Gouda. Bei jedem Wort, das aus ihrem Mund kommt, bewegt sich der Zahn. In ihrem Gesicht sehe ich nur ihn. Ich sage mir, daß er eines Tages ohne Schmerzen und Blut herausfallen wird, vielleicht ohne daß Trijn Jacobs es bemerkt, vielleicht während sie schläft, sie könnte ihn sogar verschlucken. Sie ist auf dem Weg nach Gouda, um

Geertje Dircx herauszuholen, denn keine Frau (es schüttelt den Zahn), selbst noch so verliebt und verrückt, keine Frau verdient eine Strafe von zwölf Jahren. Angst, wie die Vergangenheit sich in nur einem Augenblick vor die Gegenwart schieben kann. Und selbst wenn ihr Name heute nicht mehr nach Gefahr klingt, so schnürt die rasende Erinnerung an Geertje Dircx mir die Kehle zu.

Rembrandt geht auf den Zahn zu, geradewegs auf die Hexe. Er sagt, sie solle sich nicht einmischen, sie sei genauso verrückt und er werde die Anstalt benachrichtigen, in der schon Geertje Dircx verwahrt wird. Sie schimpfte, Rembrandt sei ein Feigling, und andere noch schlimmere Worte. Und ich eine Hure, die Hure von Meister Rembrandt van Rijn, dem Feigling. Dann ist sie gegangen, ehe Rembrandt den Arm heben konnte; die Tür schloß sich wieder über der Stille.

Abraham Francen bringt die Neuigkeiten aus der Stadt ins Haus. Joost van der Vondel ist bankrott. Er hat die Schulden seines Sohnes zurückgezahlt, der den Seiden- und Wollhandel der Familie wie ein Schiff in einem Sturm in den Untergang geführt hat. Niemand in der Stadt weiß, wie der junge Mann und seine verschwenderische Frau es fertiggebracht haben, daß sein Vater 40 000 Gulden bezahlen mußte, dreimal soviel, wie das Haus in der Breestraat wert ist, alles, was er hatte. Hollands geliebter Dichter ist von Gott verlassen. Aber nicht von den Menschen, nicht von den Regenten der Stadt, nein, nicht von den Leuten mit Reichtum und Macht, über die Joost van den Vondel seit Jahren schmeichelhafte Verse schreibt (wie Dr. Tulp oder Jan Six). Diese Männer wissen Freundschaft zu erwidern. Sie hatten die Güte (was sage ich, sagt Abraham Francen, die Großzügigkeit), ihm eine Stelle als Hauptbuchhalter im Leihhaus anzubieten, in der Lombardbank, dem großen Lager am Fluwelen Burgwal. Dort wird Vondel hinter seinem Schreibtisch die Bankrotteure empfangen. Er hat sich bedankt, mit äußerster Dankbarkeit. Er wird den ganzen Tag hinter seinem kleinen eiskalten Schreibtisch sitzen und endlose Kolonnen von Zahlen und Namen in sein großes Rechnungsbuch schreiben.

Sich selbst an einem Kanal zu begegnen, das Gesicht über den von den Ratten gesäuberten Wasserspiegel der Stadt gebeugt, mit siebzig Jahren, mittellos und von Gott und der Welt verlassen, ist kein glückliches Los. Selbst für einen Bankrotteur. Darüber waren wir uns alle drei einig, und zwar ohne zu lachen. Rembrandt meinte, Vondel würde schreiben; in dem vom Staub widerhallenden Leihhaus würde er mehr Theaterstücke schreiben als bisher. Worte zwischen den Zahlen, so würde er der Stadt für ihre Großzügigkeit danken. Da haben wir ein bißchen gelacht. Rembrandt schenkte drei neue Gläser Genever ein. Ganz leise dachte ich, daß Rembrandt in unserer jetzigen Lage Vondel eines Tages womöglich an seinem staubigen Arbeitsplatz besuchen und sich beide vielleicht zum ersten Mal begegnen würden. Sie würden über die Kraft der Worte und der Bilder sprechen. Ich sprach meinen Gedanken nicht laut aus, man kann nicht immer Lachen und Tränen unterscheiden, wenn sie sich vermischen, selbst ganz leise. Vor allem Rembrandts Lachen.

Der reiche portugiesische Jude Signor Diego Andrada hat schon zur Hälfte das Porträt eines Mädchens bezahlt, in das er verliebt ist. Er küßt die Lippen, die du rot auf die Leinwand gemalt hast. Nach jedem Satz durchschneidet er mit einer Verbeugung die Luft mit den Federn seines Hutes. Du mußt das Porträt vollenden, damit Andrada so schnell wie möglich die anderen 250 Gulden zahlt, nein, du wirst deine Werkstatt nicht verlassen, schon gar nicht, um das neue Rathaus zu besichtigen.

Mit meinem Huik um die Schultern, das Tuch unter dem Kinn gebunden, hocherhobenen Hauptes wie alle Frauen der Breestraat, die nicht vom Tisch des Herrn ausgeschlossen wurden, gehe ich zum Dam. Anfang Juni, als die Arbeit der Steinschleifer in der großen Galerie ihrem Ende zuging, wurde der heutige 29. Juli für die Einweihung durch die Regenten gewählt. Vorher hätte niemand einen Tag, einen Monat, ja nicht einmal ein Jahr vorgesehen, denn das bringt Unglück. Alle Einwohner von Amsterdam, selbst diejenigen, die nicht lesen können, wissen sehr wohl, daß die flandrische Stadt Antwerpen im Jahr der Einweihung ihres neuen Rathauses ruiniert wurde.

Hocherhobenen Hauptes gehe ich zum Dam. Durch die Gnade werdet ihr gerettet, durch den Glauben; ihr habt damit nichts zu tun, es ist ein Geschenk Gottes.

Am ersten Tag seiner Öffnung will ich das Innere unseres Tempels Salomons sehen, der in sieben Jahren für acht Millionen Gulden gebaut wurde und der Amsterdam vielleicht schon ruiniert hat, ohne daß jemand davon weiß. Und auch die Walöl- und Kanonenpulverhändler, und die Regenten. Ja, ruiniert, ohne es zu wissen. Das sind die, die Rembrandt nicht auf die Liste der Amsterdamer Künstler gesetzt haben, welche die Bilder für den Ratssaal malen werden. Nicht Rembrandt, nein, sondern Jan Lievens und deine Schüler Ferdinand Bol und Govaert Flinck. Und dann die Mitglieder der Lukasgilde, die Bilder für die anderen Säle malen werden. Aber nicht mein Rembrandt, nicht mein Geliebter. Es stimmt schon, du arbeitest nicht wie sie, immer in deiner Werkstatt, bist nicht so schlau wie sie, du heiratest keine Notablentochter, kleidest dich nicht in Spitzen und Strümpfe, in glänzende Stoffe und Schleifen wie am Hof von Frankreich. Du machst keine Bücklinge.

Nicht dein Modell, nicht dein Auftraggeber, die Malerei hat immer recht. »Und außerdem«, sagst du, »haben die hohen Entscheidungsträger der Stadt ihre Wahl für die Maler der Großen Galerie noch nicht getroffen.« Du hoffst noch. Hoffst, daß sie sich an Rembrandt van Rijn erinnern, der die Reichen vor der Tür seiner Werkstatt monatelang warten ließ. Haben sie das Gedicht des Direktors des Stadttheaters, Jan Vos (der ebenfalls schöne Bücklinge machen kann), nicht gelesen, in dem er die großen Maler der Stadt grüßt? Es sei Rembrandt zu verdanken, heißt es in dem Gedicht, daß der Ruhm Amsterdams die Meere bis zur anderen Seite der Welt überquert. Mit kleinen, schüchternen Schritten gehe ich durch die schwarz-weiße Große Galerie, die viel zu groß für mich ist. Nein, mein Geliebter, sie haben dich nicht vergessen, das können sie nicht. Auch wenn sie sich noch so groß glauben, die Große Galerie ist nicht groß genug für dich.

Thomasz Haaringhs Lächeln verweilt nicht mehr so lange in meinen Augen, seit man meine Angst und meine Fragen darin lesen kann. Rembrandt radiert sein Porträt und sein trauriges Lächeln. Als Dank für seine Ratschläge, seine Zahlungen. Vor diesem Mann, der von den Bankrotten der anderen müde ist, angesichts der langsamen Güte des Alters suchte er eine Kupferplatte. Keine war eingefärbt. Also zeichnete er sie ohne eine erste Ätzung mit dem Stichel und der Graviernadel. Er nimmt mich in die Arme. Flüstert mir ins Ohr, daß Thomasz Haaringh der beste Berater ist, daß alles bestens verlaufen wird. Der Stichel gräbt gelbe Metallfalten um die Augen. Der Bankrott wird ohne Schande und ohne das Verbot, deine Werke zu verkaufen, vonstatten gehen. Ich höre dem Stichel zu, wie er das Kupfer ritzt, und danke Gott für jeden Tag, den ich in der Breestraat bei dir lebe.

Ich versuche, nicht an die kleinen Würmer zu denken, wie sie die Rache ins Holz fressen. In das Holz der Abertausende von Pfählen, die das Rathaus tragen. Aber wenn mir einfällt, sie zu vergessen, ist es schon zu spät, zu spät in den Windungen meines Kopfes.

Jeder Einwohner Amsterdams darf durch eine der drei offenen Türen der großen Fassade am Dam hineingehen, die große Treppe hinaufsteigen und mit seinen Füßen die schwarzweißen Bodenplatten betreten: Selbst die raschen Schritte der Notabeln, ihrer selbst und ihrer Schritte sicher, werden klein auf diesen Riesenquadraten aus Bentheim-Stein. Im grellen Licht der Sonnenstrahlen ist die Große Galerie ein weißer Spiegel für die sauberen Schuhe der Reichen. Aber heute dürfen auch schmutzige Stiefel und Holzschuhe die große Treppe heraufkommen und über den neuen, spiegelblanken Stein laufen; Arme und Reiche, Regenten und Bettler. Selbst die Aussätzigen verlassen das Spital, um zum Dam zu gehen, auch sie begierig, die Mauern des Hauses Gottes zu sehen, bevor sie von den Garden davongejagt werden. Die Reichen lächeln einander zu, beruhigt, einander zu begegnen, weniger allein als im Spiegel.

Man weiß wirklich nicht, warum; bestimmt haben die Feuer in den Straßen die Miasmen in der Luft vertrieben, die Pest ist nicht mehr da. Ephraim Bueno meint, sie sei anderswo töten gegangen. Bevor sie zurückkommt, denn die Pest tötet immer und kommt immer zurück. Er sagt auch, der neue Krieg gegen England würde den Handel der Stadt erstikken, mehr als eintausendfünfhundert Häuser würden leerstehen, weil diejenigen, die noch Handel treiben und sie kaufen oder mieten könnten, schon genug besitzen.

Auf den letzten Stufen der großen Treppe und den ersten schwarzen Platten der Großen Galerie begegnet und mustert man sich. Jeder weiß, wer der andere ist. Ich gebe mein Leben für meine Schafe, und ich kenne sie. Der Sommer ist blau, und die Kleider der Töchter der Notabeln sind aus hübschen, glänzenden Stoffen, in hellen Farben geschneidert. Sie tragen nicht die hohen, schaumigen Kragen ihrer Mütter, nein, ihre langen, hübschen Hälse umgibt eine leichte Spitze aus Flandern, die gleiche wie am Saum ihrer Ärmel. Mit einem Blick erfassen sie den matten Stoff meines Kleides und die grobe Spitze meines Kragens, meine Börse und meine Erziehung. Mit einem Blick wissen sie, wer ich bin. Glauben sie. Wovon sie nichts wissen, das sind die Schätze hinter den Mauern der Breestraat. Die Seidenkleider aus Ostindien, die Königsgewänder, die goldgewirkten Wämser und Stoffe, die pelzgefütterten Westen.

Von weißem Hermelin umrahmt, schaue ich dir in die Augen. Die Zärtlichkeit deines Blickes dringt in mich ein, die dich anschaut, und in dein Gemälde. Mein Verlangen zu weinen, das du gesehen und gemalt hast, das ist Glück. Ich weiß, daß die Leute,

die nach meinem Leben und dem der Honoratioren-
töchter diese Bilder anschauen werden (die mir ein
anständigeres und längeres Leben geben als der
Tod), mich auch nicht kennen werden. Gekleidet
wie eine Prinzessin, nur für dich. Das Glück in den
Augen von Rembrandts Hure werden sie nicht
erkennen.

Abraham Francen sagt, Christian Huygens, der
Sohn von Constantin Huygens, habe mit einem langen Fernrohr in den Himmel geschaut, das er Teleskop nennt. Er habe Dinge gesehen wie niemand vor
ihm. Ein Ring glänze im schwarzen Himmel um
einen Planeten, hart wie die Erde, den er Saturn
nennt, und einen anderen, ein blitzartig sich entfal-
tendes Licht, den er Orion nennt. Ich weiß wohl, daß
der Himmel groß ist und wir klein, wir alle auf dieser
großen Erde, die sich vielleicht um die Sonne dreht.
Auf Knien danke ich Gott, daß er das Leben erfunden
und uns ein wenig davon geschenkt hat; all diesen
kleinen Leuten, dir, Titus, Cornelia und mir, den
Lebenden unserer Familien und denen, die schon
gestorben sind, und denen, die noch nicht geboren sind. Um den immer drohenden Tod zu bannen,
knie ich nieder; die Lippen auf eine schwarze Fliese
des Schlafzimmerbodens gedrückt, lege ich mich
manchmal längelang auf den eisigen Boden, wie-
derhole die Namen derer, die ich liebe, und den meiner Mutter.

Mitten im Gleitschritt in der Großen Galerie, zur
selben Zeit und am selben Ort lebend, weichen wir

uns aus, mit einem Blick. Wir kennen uns nicht, haben uns noch nie gesehen. Ich weiß, daß die Lebenden sich in der kurzen Zeit zwischen Geburt und Tod gegenseitig keine Barmherzigkeit gewähren, aber das ist nicht das, was Er gewollt hat. Er sitzet zur Rechten Gottes, des allmächtigen Vaters. Von dort wird Er kommen, zu richten die Lebenden und die Toten.

Wenn Cornelias Händchen sich über ihrem Bauch verkrampfen, wenn ihr Gesicht sich schmerzvoll verzerrt, bringe ich sie schnell in die Küche. Auf der letzten Glut lasse ich Zuckerrübenscheibchen und Honig schmelzen, bevor ich sie ihr auf die gierige Zunge streiche, und reibe ihren Nabel (das ist die Stelle des Bauches, die dem Inneren am nächsten ist) mit einem in Kümmel- und Ambrosiaessenz getränkten Tuch.

Signor Andrada hat die Annahme des Bildes verweigert. Rembrandt mußte seine Arbeit verteidigen. Der Signor wird die ausstehenden 250 Gulden nicht bezahlen. Ohne Umschweife verlangt er, du sollst ein neues Portrait des Mädchens malen, aber diesmal eines, das ihr gleicht. Wenn du nicht einverstanden bist, sollst du ihm seine Anzahlung zurückgeben. Du brüllst wie ein verwundeter Löwe, der König der Tiere leckt seine Wunde, weit weg von den Stäben, ganz hinten im Käfig. Ein Auftraggeber, ein Mann, der deine Kunst liebt, fordert dich schamlos auf, ein Bild neu anzufangen. Dich, Rembrandt. Monatelang warteten sie vor deiner Werkstattür, damit du und kein anderer ihre Unsterblichkeit maltest. Die Zeit löscht den Ruhm, nicht die Erinnerungen und nicht die Beleidigungen.

Du lachst auf, allzu laut, ein Schluchzen steckt in deiner Kehle: »Er hat dieses Mädchen nie gesehen, er hat es nie richtig angeschaut, dieses Mädchen, das ihm hilft, sein Geld auszugeben. Er hofft, sie sei hell und rein, aber sie, sie will alles, ohne etwas zu geben. Rein ist sie, aber nicht hell. Und wenn sie ein paar Stunden Modell steht, schwinden Sanftheit und Bescheidenheit aus ihrem Gesicht. Es stimmt, der Schatten unter der Nase, die zwei Pinselstriche da, sind etwas stark, aber ist es meine Schuld, wenn bei ihr, dunkel wie sie ist, der Flaum einer anderen zum Schnurrbart wird?«

Hart stellt Rembrandt sein leeres Glas auf das Tischtuch. Abraham und ich lachen, sofern das, was wir hören, einem Lachen gleicht.

Er wurde gekreuzigt, ist hinabgestiegen in die Hölle, aufgefahren in den Himmel. Um dich zu befreien, würde ich gerne dein Leid auf mich nehmen, aber ich kann dir nur zuhören. Ich weiß, daß du immer recht hast. Die Liebe und das Werk, das allein zählt. Weil nach uns das Leben weitergeht, und die Malerei auch.

Ich tue mein Bestes, um dir zu helfen, es dir leichter zu machen. Das Haus soll immer sauber sein. Jeden Morgen und jeden Abend massiere ich deinen Rücken. Wenn Titus aus der Lateinschule heimkommt, spiele ich mit ihm eine Partie Würfel. Ich passe auf Cornelia auf, die in ihrem Stühlchen mit den Rädern laufen lernt. Und wenn sie laut schreiend heraus will, vergesse ich nicht, ihr den ledernen Schutzring über die Locken zu ziehen, damit sie sich kein Loch in den Kopf stößt, wenn sie hinfällt.

Mein geliebter Rembrandt beklagt sich manchmal, daß ihn die Unruhe zu sehr anstrengt. Zu alt, sagt er. Mein Geliebter, nein, selbst wenn dir Zähne und Zahnfleisch weh tun, du wirst nicht alt; ich weiß es, jeden Tag sehe ich es, das Licht in deinen Augen, deine Güte. Zu alt, sagst du, und auch, daß das Leben gefährlich sei für kleine Kinder und daß die Liebe zu seinen Kindern ein Schmerz sei, der nicht mit dem Ende aufhört. An dem Tag, an dem Cornelia ohne ihren Schutzring auf die Ecke des großen Tisches gefallen ist (und eine blutüberströmte Platzwunde in der Wange davongetragen hat), legte Rembrandt seinen Pinsel aus der Hand. Er kam die Treppe heruntergerannt und sägte und hobelte im ganzen Haus sämtliche spitzen Ecken an den Möbeln ab. Tische, Stühle, Truhen, Büfett und mein Schrank, alles hat er abgerundet.

Eines Abends brachte Abraham seinen Bruder Daniel mit, den Chirurgen. Das gleiche Lächeln, die gleiche Sanftmut. Ich traue mich, Fragen zu stellen, hauche die Worte ganz leise hin, damit die Würmer in meinem Innern nicht erwachen. Der Chirurg durchschneidet Fleisch, Haut und Knochen der Körper, dann näht er sie wieder zusammen und trocknet das Blut mit Feuer.

»Ja«, antwortet Daniel Francen viel zu laut, »den Geruch des Lebens riecht man von außen, niemals innen.«

Ich halte die Tür zur Breestraat auf. Rembrandt drückt Abraham die Hand, dann Daniel Francen. Bedankt sich noch einmal. Heute abend wirst du die Geneverflasche nicht aus dem Schrank holen. Dein Lächeln ist ruhig: »Es muß doch noch gute Menschen auf der Welt geben, da es selbst in Amsterdam noch welche gibt. 3 000 Gulden leiht er uns, dabei ist seine Kundschaft nicht gerade reich. Ich war es, der auf den Zinsen bestand. Er sagte, wenn ich zu meinem Unglück (und dem der Kunstliebhaber) noch mehr Schwierigkeiten bekäme, solle ich es ihm mit Bildern zurückzahlen. Es gibt in Amsterdam also doch noch Männer, deren Interesse am Leben nicht nur aus Geld besteht. Hendrickje, küß mich.«

Die Trommeln und die Lieder der Kinder kommen näher. Am ersten September geht der Umzug durch die Stadt; in jeder Straße laufen mehr Kinder herbei, lassen ihn und das Geschrei anschwellen. Seit zehn Jahren öffnet die Stadt ihnen das Börsengebäude für die erste Woche des Jahrmarkts. In dem großen viereckigen Hof wird Cornelia mit weit aufgerissenen Augen die Pyramide der Gaukler bestaunen, den Clown Pekelharing, die Puppen in ihren schönen glänzenden Kleidern mit großen Spitzenkrägen (wie die Regententöchter), die zu Spinettklängen ganz von selbst einen Arm heben, den Kopf drehen und die Lippen über einem Lächeln blendendweißer Zähne öffnen. Titus hält Cornelias Hand, er wird sie nicht loslassen, das verspricht er, und zwei Stunden vor Sonnenuntergang wieder zurück sein. Wie ich weiß er, daß eine goldgelockte Cornelia die Kinderdiebe und Schlächter nur so anzieht, die sich heute alle im Börsenhof herumtreiben. Als schützendes Amulett streife ich ihr eine Brezel ganz hoch über den nackten Arm. Den Arm über ihr zur Seite gelegtes Gesicht gedreht, wird sie zwischen zwei Lachen immer wieder davon abbeißen.

Daniel Francens Darlehen hat für die paar Schulden des täglichen Lebens und der Lebenskosten gereicht, aber es war schneller aufgebraucht, als Geld ins Haus kommt. Cornelis Witsen und den Kaufmann Hertsbeek hast du immer noch nicht ausgezahlt, und ich sehe nicht, wie du es könntest; es sind große Beträge, die das tägliche Leben nicht zu sparen gestattet.

Daher half Thomasz Haaringh dir drei Monate nach seinem ersten Besuch, die Dinge auszusuchen, die du zum Verkauf stellen würdest, dem ersten Verkauf, von euch beiden beschlossen. Die Schüler trugen zwei Marmorstatuen des Italieners Raffael und zwanzig Bilder, acht von dir und zwölf aus deiner Sammlung, die Treppe hinunter. Auch rollten sie den schönen seltenen Tisch mit den Rauten aus buntem italienischen Marmor (rot, grün, weiß und blau) auf seinem runden Fuß zur Tür, auf dem die Marmorstatuen gestanden hatten. Du bist in der Werkstatt geblieben. Wolltest nicht mit ansehen, wie die geliebten Werke das Haus verließen, auch bei dem Verkauf wirst du nicht zugegen sein. Du weißt im vorhinein, daß im Krieg und bei der schlechten Geschäftslage das Geld nicht mehr das wert ist, was es einmal war, und du den Preis der verlorenen Schönheit niemals zurückbekommen wirst.

Trotz des Geldmangels geht das Leben weiter. Und wenn das Leben weitergeht, so muß die Familie doch trotz der Schulden keinen Hunger leiden. Am Tag vor dem Verkauf haben Judith, Titus, du und ich im Schlachthof den Ochsen ausgesucht, der das Fleisch für das Jahr liefern wird. Und heute hast du, während die Bilder und Skulpturen deiner Sammlung verkauft wurden, mit der Kraft der Traurigkeit den großen ausgebeinten Ochsen ganz allein auf der Schulter die Treppe hinauf in die Werkstatt getragen. Vom kleinen Hof, wo er auf Judiths Messer wartete, schlepptest du ihn hinauf, von Stufe zu Stufe. Bernhard und die Lehrlinge hörten den dumpfen Widerhall, das Scharren auf dem Holzboden, deinen keuchenden Atem. Ohne zu erfassen, was er hörte, kam Bernhard aus deiner Werkstatt gelaufen. Auf seinem Rücken hielt er das steife, gehäutete Tier, während du es an einen Balken hängtest; die Hinterbeine weit gespreizt wie die Arme des gekreuzigten Christus, das daumendicke Seil mehrmals um die Läufe geschlungen. Lange hast du das steife, gehäutete Tier betrachtet, lange mit zusammengekniffenen Augen.

Mit dem Pinsel wirfst du Spritzer von Farbe und

Blut, ausgespienes Fett, Fetzen toten Fleisches auf die Leinwand. In die Farbe gekratzt, mit geöffnetem Brustkorb, bietet sich das gevierteilte Tier den Blikken dar. Der Tod ist rot. Ich klopfe an die Tür, wie ich es immer tue. Dann etwas lauter; ohne eine Antwort zu erhalten, trete ich ein. Dein Hemd ist rot von der Farbe, die du mit den Händen verteilt hast, voller Farbstreifen von den Borsten deines Pinsels, da, auf der pochenden Stelle, als ob auch du ein geschlachteter Ochse geworden seist. Nackt in deinem Blut, die Rippenkäfige weit geöffnet, beiderseits weitab von der pochenden Stelle, leidest du mit jedem Strich deines Pinsels. Gehäutet bietest du dem, der es sehen will, dein klopfendes Inneres dar. Dein Schmerz ist stumm. Ich wußte keine Worte. Ich bin geblieben, ich habe dich angeschaut, ich bewundere dich.

Die Frau mit dem Zahn mitten im Gesicht ist wiedergekommen. Sie kommt nicht herein, der Wackelzahn sagt, keinen Fuß setze sie in dieses Haus. Sie ist nach Amsterdam gekommen, um diesem Feigling Rembrandt van Rijn zu sagen, daß Geertje Dircx aus dem Zuchthaus von Gouda freigelassen worden und wieder mit ihr nach Edam gegangen ist. Daß sie nicht selbst kommen konnte, um die Nachricht (eine gute, nicht wahr?) zu überbringen, weil sechs Jahre in Kälte und Gestank, inmitten von aufgerissenen Mündern, die von morgens bis abends und abends bis morgens schreien, daß sie noch am Leben sind, weil diese sechs Jahre Geertje Dircx krank gemacht haben.

Thomasz Haaringh klopft an die Tür. Er begrüßt mich mit seiner Zuneigung und seiner Traurigkeit. Er geht in die Werkstatt hinauf. Er kommt nicht, um Modell zu stehen, sein Porträt ist schon gestochen, schon abgezogen. Auf meine erste Frage hast du geantwortet, all diese Schulden, all diese Probleme seien dir lästig, ja, die Gläubiger wollten auf der Stelle entschädigt werden, und Thomasz Haaringh, der die Gesetze und deren Anwendung kennt, helfe dir, Zeit und Geld zu gewinnen. Du seist nicht in Sorge, aber schade um die Zeit, die der Malerei verlorengeht, und zu müde, um mir alles noch einmal zu erzählen, als er gegangen ist. Ich verstehe, daß du jetzt nur das sagen wirst, was du mir nicht verheimlichen kannst.

Titus hat keine Schulden, ihm kann man nichts wegnehmen. Und du, sein Vater, schuldest ihm aufgrund der Forderung der Waisenkammer 20 000 Gulden. Damit die Insolvenzkammer dir die nicht wegnimmt, läßt du dein Haus im Mai auf Titus' Namen umschreiben.

Im Juli bittest du den Hohen Rat von Holland in Den Haag um eine cessio bonorum. Die Sonne schwebt über den Kanälen, aber mir ist kalt, die lateinischen Worte reden nicht mit mir, selbst ihr Geheimnis läßt mich schaudern. Die Kinder liegen im Bett, und langsam erklärst du es mir. Unter dem Schutz des Hohen Rates kann dir niemand, dem du Geld schuldest, mit Gefängnis drohen, weder der Rat Witsen noch der Kaufmann Hertsbeek. Das Gefängnis, mein Geliebter, daran habe ich nicht gedacht. Du gewinnst sechs Wochen, um der Konkurskammer in Amsterdam zu sagen, wie du deine Schulden zurückzahlen wirst. Oder um nochmals um Zeit zu bitten.

Thomasz Haaringh gibt dir Ratschläge und sagt dir, was du unterschreiben mußt. Kunst ist heutzutage kein gutes Geschäft. Aber du hast eine andere Hoffnung auf unverzüglichen Geldeingang: Du erwartest die Rückzahlung eines bedeutenden Betrages, den du einem Schiff für einen Handel mit den Ostindischen Inseln geliehen hattest, das noch nicht von der anderen Seite der Welt zurückgekehrt ist. Ganz Amsterdam weiß, daß Schiffe, die durch die halbe Welt fahren, große Verspätungen haben können, ja daß sie für immer in einem Sturm untergehen können, sie und die Besitztümer, die sie geladen haben. (Vor allem, wenn es sie nicht gibt, sie und das verliehene Geld.) Die Zeit, die du gewonnen hast, um den Horizont zu beobachten, war diese Lüge wert.

Die Frau mit dem Zahn ist wiedergekommen. Die Worte fallen aus ihrem Gesicht. Geertje Dircx ist tot. Titus ist nicht zu Tisch gekommen. Ganz leise hat er gesagt, daß Geertje Dircx nicht böse war, bevor sie zu dem wurde, was sie geblieben ist, und daß sie ihn sieben Jahre lang geliebt hat wie eine Mutter. Er ist niemandem böse, er weiß schon, daß die Zeit die Erinnerungen auslöscht.

Zuerst besichtigt ein Kurator der Konkurskammer das Haus des Verschuldeten und erstellt ein Inventar. Dann gehören ihm die auf der Liste beschriebenen Besitztümer nicht mehr, er bewahrt sie auf, sieht sie jeden Tag an seinen Wänden, aber sie sind schon im Besitz der Insolvenzkammer. Damit man sich an den Gedanken gewöhnt, sagst du. Nach dem Verkauf (der Liquidation, sagt Thomasz Haaringh) dürfen die Gläubiger keine Forderungen mehr stellen, selbst wenn sie nicht ihr ganzes Geld bekommen haben. Ich verstehe, daß dies noch das Beste an dieser ganzen schlimmen Sache ist. Aber ich gewöhne mich nicht an den Gedanken. Um mich erinnern zu können, gehe ich mit dir durch die Zimmer des Hauses; bis die Worte zu einem Alptraum werden, suche ich die Wände zwischen den Bildern.

Es war noch dunkel an diesem frühen Morgen, und der Mann klopfte dreimal. Rembrandt war schneller als ich, stand auf, öffnete die Tür. Im Schatten an der eisigen Mauer erblickte ich den Mann in Schwarz, den Raben, der immer die Hure sucht. Fast der gleiche schwarze Schnabel. Er ist nicht allein, ein Gehilfe trägt Buch und Feder hinter ihm her. Zwei Tage lang kamen sie. Prüften jedes Zimmer, besichtigten, ohne die Schönheit zu sehen, Wände, Tische, Schränke, Laden und Truhen. Und jede Zeichenmappe. Der Mann in Schwarz stellt die Frage, immer die gleiche, »wie heißt...« oder »wie nennt Ihr...«, immer antwortest du, manchmal machst du dir einen Spaß mit Einzelheiten, und die beiden Männer vergessen nachzudenken. Sie haben nicht gefragt, was der Helm eines Riesen ist.

Die Liste, die der junge Mann schreibt, wird ein letztes Werk, das Werk deiner jahrelang zusammengetragenen Sammlung, deiner jahrelangen Liebe zu diesen Gegenständen, die du nicht mehr sehen wirst, verkauft, voneinander getrennt. Diese Liste vereint sie von nun an, für die Ewigkeit, über die Versteigerung, über unser Leben hinaus.

Zwei Tage lang kratzte die Feder über das Papier. Eine Landschaft von Rembrandt, eine weitere Landschaft, ebenfalls von ihm, eine Vanitas, nachgebessert von Rembrandt, eine Malerwerkstatt von Brouwer, eine kleine Landschaft von Hercules Seghers, drei Hündchen nach der Natur von Titus van Rijn, eine Gipsbüste, vier spanische Stühle mit russischem Leder bezogen, eine kleine Metallkanone, sechzig indische Pistolen sowie Pfeile, Speere und Bogen, eine Verkündigung, der gehörnte Kopf eines Satyrs, ein Kopf von Raffael, ein Buch mit ganz seltenen Stichen, ebenfalls von Raffael, fünf alte Hüte, die Felle eines Löwen und einer Löwin, die Statue des Kaisers Agrippa, eine Statue des Tiberius, ein Caligula, ein Nero, ein Kind von Michelangelo, der Helm eines Riesen.

Im Halbdunkel sehe ich bleiche Hände, die mit dem Finger zeigen, Hände, die hochheben, wiegen, öffnen und durchblättern, in der Sonne drehen und wenden, es sind schmutzige Hände. In deinem Haus löschen sie die Schönheit aus, deine Werke, deine

Sammlungen, dein Leben. Es ist die Traurigkeit oder die Kälte, ich weiß nicht, aber ich zittere. Um ihre Fragen zu beantworten, hast du dich sogar an deine drei Hemden, sechs Taschentücher, drei Tischdecken und zwölf Handtücher erinnert sowie an ein paar Kragen und Manschetten, die noch in der Färbermühle sind, in der Judiths Mann arbeitet.

Als ob man mir die Kleider heruntergerissen hätte, kauere ich mich, plötzlich nackt, mit gekreuzten Armen und Beinen um meine Scham, um das, was ich vor den diebischen Händen verbergen will.

Cornelia weinte leise, fast ruhig, und Titus wiegte sie in ihrem Bettchen. Lautlos wuschen Judith und Geertruid die Küche auf, schon seit Stunden; weil sie nicht wußten, wo sie sonst hingehen sollten, die anderen Räume des Hauses, besichtigt und beschmutzt von den Männern in Schwarz, waren verdammt, sie wußten es. Dem Leben verboten für ein paar Tage, damit die brennende Erinnerung verflog. Allein am Tisch, einander gegenüber, in einem inneren Schweigen, das die Worte nicht teilten, aßen wir von dem Hutspot, der zwei Tage lang gekocht hatte und dem unser kleiner Hunger nicht den Garaus gemacht hatte. Dein Arm kam über den Tisch, deine Hand legte sich auf meine.

»Du verdienst etwas Besseres als dieses Leben, verzeih.«

Ich öffnete den Mund, doch ich brachte kein Wort heraus, verneinend schüttelte ich den Kopf, und Tränen traten mir in die Augen. Morgen würde dem Alptraum von heute gleichen, deine Arbeit und die Schönheit, durchgestrichen von einer Feder. Morgen werden sie in den letzten, noch nicht entweihten Räumen, im vorderen Saal, im Vorzimmer der Kunstgalerie und in der großen Werkstatt der Schüler wieder Schatz für Schatz die Worte aufschreiben, die Rembrandt ihnen diktieren wird.

Ich schluckte meine Tränen hinunter und sagte: »Laß uns ausgehen.« Ich war es, die das sagte.

»Laß uns in die Taverne gehen.«

»Du hast recht. Ich lehne immer ab. Ja, nimm mich mit.« Zum ersten Mal habe ich ja gesagt, ich würde mit dir in die Taverne gehen. Mit kaltem Wasser wusch ich meine roten Augen.

Unsere Schritte hallen auf dem Straßenpflaster wider. Nachts tuscheln die Stimmen nicht, schwerwiegender als am Tag flüstern sie die Worte. Sie flüstern das, was du noch nie gesagt hattest, nicht einmal zu dir, an diesem Abend.

»So warm und so nah bei mir seit sieben Jahren, hast auch du das Haus und seine Schätze liebgewonnen. Niemals dachte ich, daß ich mich jemals davon würde trennen müssen, selbst heute abend kann ich es noch nicht glauben.«

Ich lege meinen Kopf in den Nacken, um die Sterne zu zählen. Der Herr nimmt und gibt, Er erniedrigt und erhöht. Er wacht über die Schritte des frommen Mannes, aber die Bösen verfaulen in der Finsternis. Möwen schreien und antworten sich, die Straße wird enger, die Abstände zwischen den Laternen an den Häusern größer, wir nähern uns dem Hafen.

»Ich bin zahlungsunfähig, meine Liebe, völlig ausgelaugt. Morgen werde ich der reinste Mann der Welt sein.« Du versuchst zu lachen, aber es ähnelt nicht einmal mehr einem Lachen. Vor uns huschen zwei Ratten über die Straße. Zwei dicke schwarze Ratten, wohlgenährt vom Ungeziefer der Kanäle. Eine Frau mit geschminkten Lippen tritt langsam aus dem Schatten. Das Licht einer Laterne verzerrt ihre dicken Wangen und läßt ihre schlaffen, faltigen, nackten Brüste noch flacher erscheinen, zwei baumelnde Birnen.

»Als ich die beiden Männer mit Worten abspeiste, die kaum etwas besagen, und schon gar nicht die Schönheit, habe ich etwas begriffen: wenn diese Kunstwerke, diese Gegenstände (die wertvoll sind, weil ich sie liebe) mir gehören (wie Freund van Ludick sagt), dann gehöre auch ich ihnen. Ihrer entblößt, werde ich erlöst sein.«

Im Licht der Laterne runden sich meine Augen, ich weiß es. Ich finde die Sätze nicht. Ihrer entblößt, wird er erlöst sein. Weiter hinten am Kanal schlagen sich drei Männer, langsame Geräusche, Schimpfworte und Stürze. Metall blitzt auf. Eng an Rembrandt geschmiegt, erschauere ich. Aber schon sind wir da, unter der Laterne der Taverne, Musik und Gelächter dringt durch die grün-blauen Scheiben.

Mit der Faust schlägt Rembrandt an die schwere Tür. Auf den ersten Blick kann ich nichts sehen, vor

Lärm oder Rauch. Ihrer entblößt, wird er erlöst sein. Die Taverne ist ein großer Kamin, in dem das Feuer des Teufels brennt. In seinen Flammen braten Männer und Frauen unter Heulen und Zähneknirschen zu der Musik des rothaarigen Mannes, der dort hinten auf dem Tisch an der Wand steht; der rothaarige Mann preßt die Lippen zusammen, bläht seine durchscheinenden Backen auf und bläst in die schwarzen Stäbe, die aus einem dicken Sack aus (rot-grün-kariertem) Stoff herausragen. Den Kopf zu ihm erhoben, klatschen die Gäste an seinem Tisch im Takt in die Hände.

In der Rauchwolke gehe oder schwebe ich (ich weiß es nicht mehr) hinter Rembrandt her. Rote Gesichter, rote Lippen. Entblößt. Soldatenstiefel stampfen auf den Boden neben der Frau ohne Haube, deren Brüste im Ausschnitt ihres Kleides offen tanzen. Ein Seemann mit sonnenverbranntem Gesicht, die Augen immer auf den Horizont gerichtet, geht seitwärts wie die Krebse im Hafen. Ohne es zu merken, stößt er mit dem Kopf an die von der Decke hängenden Fischernetze, in denen Schinken, runde Käse mit roter Rinde und die vom Schafskot grünen Käse trocknen. An die Balken gehängt, trocknen sie und nehmen im Pfeifenrauch ihren guten Geschmack und guten Geruch an, dem Rauch holländischen Tabaks und indischer Kräuter, die man hier versteckt und die Vergessen oder anderweitige Erinnerungen schenken, wie du sagst.

Ausgelaugt, entblößt, erlöst. Ja, morgen der reinste Mann auf Erden. Und das Unglück, warum nehmen wir es nicht auch als ein Geschenk Gottes an? Nein, Hiob hat zuviel erlitten, er hat alles verloren, und dann noch der Tod seiner Kinder, und immer ohne sich zu beklagen.

Deine Hand auf der meinen. Hart stelle ich mein leeres Glas auf den Tisch. Wie ein Lachen legen sich deine Worte über den Rauch und wandern umher. Bittest das Mädchen, das von Tisch zu Tisch geht und zu trinken anbietet, um zwei neue Gläser Genever.

»Wichtig ist, in dem Haus zu bleiben, das Titus, meinem innig geliebten Sohn, gehört, der dich wie eine Schwester und Mutter liebt, und Cornelia wie eine Schwester. Die Wände des Hauses kennen mich und reden zu mir. Von den Sonnenstrahlen, die ich von Jahreszeit zu Jahreszeit im voraus errate. Sie erzählen von Saskia und von dir, von krabbelnden Kindern, die sich stoßen, den allzu früh dahingegangenen Kleinen und von Freunden, die in dein Leben kamen und nie mehr daraus weggehen werden.«

Mit kleiner, glänzender Nase und runden Augen bläst ein Kellner mit dicken Backen auf die Sandsteinplatte, wo die Glut sich rötet und wieder aufflackert. Vor jedem Raucher fragt er: »Noch eine Pfeife?« Wie eine Kette hängen vier Stoffsäckchen an einer dünnen Schnur um seinen Hals. Er beugt sich zu dem Raucher hinunter, um seinen Wunsch zu hören, wählt den Tabak aus den Beuteln, mischt ihn in der hohlen Hand und stopft ihn in den Kopf der langen weißen Pfeife. Er bringt die Glut heran, bläst darauf, bis die Pfeife des Rauchers die erste Rauchwolke ausstößt.

Ephraim Bueno, der im Zimmer eines Pestkranken immer eine Pfeife raucht, glaubt nicht, daß Tabak gegen Gicht, Steine oder Schlaflosigkeit hilft; aber daß er Zahnschmerzen lindert und Würmer heilt, das ja. Dann verziehe ich immer das Gesicht, und er lacht. Ich sitze Rembrandt gegenüber am Ende eines langen Holztisches und betrachte die Männer und Frauen an unserem Tisch, die gierig an ihren Pfeifen ziehen. Ich weiß, daß er augenblicklich die Würmer in ihrem Innern erstickt.

Du beugst dich vor: »Die Wände des Hauses erzählen von den Nächten, die ich in ihnen verbracht habe, meinen schlaflosen Nächten, wenn beim Hin- und Herlaufen mein Schatten auf sie fiel. Noch lange werden sie von den Bildern erzählen, die ich ausgesucht hatte, fast für sie, wie Schmuckstücke für die geliebte Frau.«

Wieder erklingt die Musik des Mannes mit den Rohren. Es gibt ebenso viele Frauen wie Männer, die hier trinken und rauchen, in die Hände klatschen und singen, den Ernst des Lebens vergessen wollen. Unter der Wirkung des Alkohols lacht meine Tischnachbarin vor sich hin, ganz allein, Speichelblasen platzen auf ihren Zähnen. Zwei flachbrüstige Frauen verfolgen zwischen den Tischen ein graurosa Ferkel, sie stoßen langgezogene Schreie aus, die einem die Haare zu Berge stehen lassen, langgezogener als die des Schweins. Sie sind so mager, daß man ihre aneinanderstoßenden Knochen hört. Das sagt Rembrandt rülpsend zu seinem Nachbarn, dessen Bauch beim Lachen bebt.

In einer weiter entfernten Wolke sehe ich nur die Zähne und das Helle der Augen von zwei schwarzhäutigen Männern. Ich weiß, daß sie auf der anderen Seite des Horizonts leben, aber vor heute abend hatte ich noch nie welche in der Stadt gesehen. Wenn sie ihre dicken Lippen öffnen, glänzen ihre weißen Zähne, und dann weiß man, daß sie eine Menge davon im Mund haben. Der Musiker hat sich zwischen sie gesetzt. Er ruft die Kellnerin mit dem großen Krug. Schaum ergießt sich von oben herab, eine Fontäne weißer Blasen in den Krügen der beiden schwarzen Männer. Sie danken mit einem Nikken, der Schaum malt ihre Lippen noch dicker, ehe er auf ihren noch weißeren Zähnen zerplatzt.

»Willkommen«, sagt der Mann mit den Rohren, »willkommen in unserer schönen Stadt Amsterdam, wo ein Neger, der nach Ostindien verkauft wurde, ein freier Mann werden kann. Wenn er von dem Schiff springt, das ihn aus Afrika mitgebracht hat, wenn er schwimmen kann, und zwar lange genug, um den Hafen zu erreichen. Ein Sklave, der seinen Fuß auf Amsterdamer Boden setzt, ist ein freier Mann. Nie mehr werden diese beiden Afrikaner Sklaven sein. Holland ist das Land der Freiheit!« Krüge stoßen aneinander, über einer Woge aus Alkohol wiederholen die Zähne: »Holland ist das Land der Freiheit!«

Wieder schauen Rembrandts Blicke über die Wände der Taverne, über die Versteigerung hinaus. »Es braucht ein Dach und Feuer im Kamin, damit die Kinder aufwachsen und die alten Leute nicht so schnell altern. Das Haus kann ich retten, ich muß. Die Werke und Kunstgegenstände werden mehr einbringen als die Schulden...«

»Bist du sicher?«

Ich weiß nicht, warum ich die Frage stelle. Er ist sich so sicher. Aber wenn ich ihn höre, wird mir die Zunge im Mund vor Angst trocken. Rembrandt lacht. Die Worte verleihen Sicherheit, und er fährt in seinen Gedanken fort.

»Das, was ich heute besitze, ist doppelt soviel wert wie meine Schulden. All diese Schätze, all diese Werke, all diese kostbaren Gegenstände, die mich so viele Jahre lang glücklich gemacht haben. Aber man darf nicht zu sehr an den Dingen hängen, sonst sind sie es, die einen festhalten (wie van Ludick zu sagen pflegt). Die Freude lieben, die sie einem bereiten, aber nicht die Dinge selbst. Sie haben mir schon alles gegeben, die Freude ist in mir und wird immer da bleiben.«

Ich verstehe, daß es nicht mehr dieselbe Traurigkeit ist, und ich sage mir, daß ich gern eine Pfeife rauchen würde. In diesem Augenblick wurde die Frau, die Speichelblasen auf ihre Zähne und in meine Ohren lachte, plötzlich still, das Leben in ihr wurde still, mit offenem Mund saß sie da, ohne sich zu rühren. Ich sagte mir, daß Trinken, so wie wir es alle heute abend taten, ein Verrat an Gott sei und daß ich morgen mit dir darüber reden würde. Nachdem Noah den Wein seines Weinbergs getrunken hatte, entdeckten seine Söhne ihn nackt in seinem Zelt. Der Jüngste lachte und wurde von seinem Vater verflucht, er und sein Sohn Kanaan und seine Nachkommen. Der Beweis, daß Noah, und zwar sein Leben lang, zuviel getrunken hat. Langsam erbricht die Frau ihr Bier und ihre Pfeife auf den Tisch. Vor mir ertrinken die ausgeräucherten Würmer aus ihrem Innern in dem hinuntergeschluckten und wieder ausgespuckten Alkohol.

Ich danke Gott, daß Er uns geführt hat. Ohne die vergessene Laterne, und ohne in einen Kanal zu fallen. Ich danke Ihm, ich bitte Ihn um Vergebung und gelobe, keinen Alkohol mehr zu trinken, der den Seelen den Verstand raubt, wie er Noah seiner Kleider und der Liebe seiner Kinder beraubt hat.

Christian Huygens, der Sohn Constantin Huygens', schaut nicht mehr durch sein Teleskop nach den Planeten am Nachthimmel. Er hat eine Uhr mit einem Pendel erfunden. Die Zeit schaukelt hin und her.

Der Nachfolger Dr. Tulps in der Gilde der Chirurgen ist Dr. Jan Deyman. Durch einen Wundgehilfen hat er seinen Besuch in der Breestraat ankündigen lassen. In der Wahl des Malers sieht Rembrandt so etwas wie ein Glaubensbekenntnis: vierundzwanzig Jahre nach der Anatomievorlesung des Dr. Tulp erhofft sich Dr. Deyman den gleichen Wohlstand, die gleiche Macht, aber auch die gleiche Unsterb-lichkeit wie der Regent Tulp. Die Skalpelle des Chir-urgen werden sich durch die Haut, das Fleisch, die Knochen und die Innereien eines Gehenkten boh-ren. Er heißt Fleming Johan Fonteyn; er ist ein Dieb, der eines Nachts in den Laden eines Tuchmachers eingedrungen ist und diesen mit seinem Messer be-droht hat, ohne ihn allerdings zu töten. Am 28. Ja-nuar wird er gehenkt werden. Weiß er, daß man sei-ne Leiche aufschneiden wird, ehe man sie kalt und steif den Würmern überläßt, und ein Gemälde die-sen Vorgang festhalten wird? Drei Tage lang wird der Maler zuschauen, zeichnen, Vertiefungen und Schatten aufbringen. Vielleicht tröstet die Unsterb-lichkeit einen Dieb über den Tod hinweg.

Das Haus steht jetzt auf Titus' Namen, aber auf der Treppe hörte ich Thomasz Haaringh sagen, daß die wütenden Gläubiger klagen werden (vor allem der Rat Witsen) und daß es nicht mehr lange dauern könne.

Von Judas angeführt, sieht man die bewaffnete Truppe in der Ferne kommen. Tief und fest schlafen der Heilige Petrus, der Heilige Jakobus und der Hei-lige Johannes auf dem Ölberg. Als würde er mit Kup-fer zeichnen, zieht der Stichel Linien durch die schwarze Farbe. Der Engel ist erschienen, seine Arme stützen Jesus, sein Mund versucht Seiner tod-traurigen Seele die Angst zu entreißen. Und Er, in Todesangst, betet noch lauter. Nicht, was ich will, sondern was Du willst, soll geschehen. Im Tintengeruch der Werkstatt fällt der Schweiß Christi zur Erde wie Blutstropfen. Knirschend dreht sich die große Walze über der kleinen Kupferplatte.

Ornia hat Jan Six Rembrandts Schuldschein abgekauft. Warum, wozu? Thomasz Haaringh hat keine Ahnung, er meint, man werde nie alle Geheimnisse der Stadt erfahren. Heute verlangt Ornia die Einlösung des Schuldscheins. Er ist einer der reichsten Männer Amsterdams, und die 1 ooo Gulden, die Rembrandt ohne Zinsen schuldig ist, werden nichts an seinem Wohlstand ändern. Ist das ein Exempel, ist das die Moral? Oder ist es die Stadt, der Regent Tulp? Ja, vielleicht hat Tulp Ornia um den Gefallen gebeten, seinen Schwiegersohn von seiner letzten Bindung zu Rembrandt zu befreien und Six diesen Schein abzukaufen. Seine ewige Dankbarkeit wäre ihm sicher. Aber ich habe keine Beweise für die erbarmungslose Verbannung durch den Regenten Tulp, noch für Jan Six' feigen Verrat; und ohne Beweise werde ich sie nie laut beschuldigen.

Seit drei Nächten weckt mich der gleiche, lang vergessene Alptraum. Die goldene Kutsche des Regenten Tulp jagt im Galopp über das Pflaster der Gassen. Ich dränge mich an die schwarze, glitschige Mauer, verschwinde in ihrem Schatten; bald werde ich mit den Ziegelsteinen verschmelzen. Doch immer lösen sich die Wolken zu früh auf, immer fällt das weiße Licht des Vollmonds schimmernd auf meine Haut, meine Hände und mein Gesicht. Auf dem spiegelnden Wasser des Kanals fahren langsam

Schiffe durch die Stadt. Höher als die Häuser, ziehen ihre Masten langsame Schatten hinter sich her, schneiden die Giebel ab. Der Hufschlag des Pferdes galoppiert tief in meinen Ohren, dann in meinem Kopf.

Ornia hat sein Geld bekommen, die 1 000 Gulden zuzüglich 200 an Zinsen von Rembrandts Bürgen, dem treuen Lodewijck van Ludick. Um deiner Verlegenheit und deinem Dank zu begegnen, verlangt er die Rückzahlung durch Bilder deiner Wahl in drei Jahren. Ein Mann von Moral, so einen Freund findet man selten, sagst du.

Wieder hallt das Leid der Sterbenden durch die Nacht. Wieder geht die Pest in Amsterdam um, zweiundzwanzig Tote letzte Woche um den Hafen und im Jordaan. Weil sie die Kanäle von der Seuche reinigen, sterben auch die Ratten. Die Garden der Miliz schießen auf die streunenden Katzen und Hunde, die sich in den Straßen balgen. Bevor die in ihrem Fell verborgenen Miasmen der Pest alle Häuser der Stadt anstecken.

Titus ist sechzehn Jahre, er sagt, in Zeiten der Pest würden alle Lebenden ihr Testament machen. Es ist wahr, daß angesichts des nahen unabwendbaren Schicksals das Leben gefährlicher ist, es ist wahr, daß in Zeiten der Seuche die Notare von morgens bis abends Testamente schreiben, manchmal sogar bis mitten in der Nacht. Titus will vorsorgen und Rembrandt das Haus zurückgeben, das auf seinen Namen überschrieben wurde, damit... wenn...

je .... Herr, verschone uns, verschone uns. Nach seinen geheimen Gebeten und langem Schwanken gibt Rembrandt sein Einverständnis; einige Mitglieder der Familie Uylenburgh würden nur zu gern, ohne sich zu schämen, das schöne Haus der Breestraat in ihren Besitz übergehen und Rembrandt und seine Hure auf der Straße sehen. Titus ist kein Kind mehr, ich schaue ihn an, und als ich ihn so großgewachsen vor mir sehe, sage ich mir, daß auch ich gealtert sein muß, seit ich ihn kenne. Entblößt, ausgelaugt, auch wir sind alle älter geworden.

Die Tränen waschen die Alpträume weg. Im Haus herrscht Leere. Und auch in meinem Kopf, in meiner Erinnerung. Sie sind gekommen, haben alles mitgenommen. In ihren Händen trugen sie Möbel, Bilder, Skulpturen und Kuriositäten durch die leeren Räume. Zum Leben haben sie uns die Betten, die Zudecke und die große Kupferwanne der Küche dagelassen, die Bestecke und die Zinnkrüge; und in der Werkstatt zwei Staffeleien, mit Knochenleim getränkte Leinwände, Pinsel und Bürsten, die großen Krüge mit Thymian- und Terpentinöl, die blauen Farbpigmente, die Arbeit des Malers.

Sie haben sogar den Schrank mitgenommen, meinen Schrank, dein Geschenk. Ich sagte: »Das dürft Ihr nicht, dazu habt Ihr kein Recht, der gehört mir, wir sind nicht verheiratet, er gehört nicht ihm, dazu habt Ihr kein Recht.«

Einer schaute mich an, und seine Augen lachten. Sein Mund lachte, als er sagte: »Das müßt Ihr dem

Gerichtsvollzieher beweisen.« In der Nacht hallen deine Schritte in den leeren Zimmern wider. Hin und her läufst du durch die Räume, hin und her durch die Leere.

Titus steht Modell für seinen Vater. Sein Blick ist ergeben und zärtlich. Die rote Mütze auf seinen roten Locken, das Wams und der kragenlose, pelzgefütterte Mantel ohne Manschetten, eine Kette um den Hals, die sagt: »Ich liege um den Hals eines Prinzen.« Ergeben und zärtlich. Ich sage es ihm, nenne ihn Prinz. Ein Lächeln leuchtet in seinen Augen: »Das stimmt, da mein Vater ein König ist.«

Als Cornelia im Bett liegt, essen wir zu dritt zu Abend. Das leere Haus hallt wider von unseren Erinnerungen, Spuren und unserem Flüstern. Mit Abraham Francen als Zeugen vermacht Titus in seinem Testament alles seiner Halbschwester Cornelia und mir; alles, was er nicht hat, und das Haus. Rembrandt bekommt die Nutznießung. Die Uylenburghs machen sich um Titus Sorgen. Sagen sie. Sie verlangen, daß die 20 000 Gulden für Titus bei der Waisenkammer hinterlegt oder vorrangig vor den anderen Forderungen gezahlt werden. Sie verlangen eine Liste der Besitztümer Rembrandts und Saskias, kurz bevor sie starb. Auch die anderen Gläubiger verlangen Belege für die Höhe ihres Testaments. Aber sie hoffen auf eine niedrigere Zahl.

Es gab keinen Ehevertrag mit Saskia, und schon in diesem Versäumnis verbergen sich schlimme Gründe. Suchen, überprüfen, du sollst Zeugen beibringen und die Zeugen Beweise. Wirklich fünfhundert Gulden ihr Porträt, das du gemalt hast und nun über ihrem Kamin hängt, auf der linken Seite, rechts daneben das ihrer Frau? Selbst die Geister zu hundert Gulden im Hintergrund der *Kompanie des Kapitäns Frans Banning Cocq*. Dich auch an den Schmuck erinnern, den du Saskia geschenkt hast, an ihre hübschen Finger mit den Ringen und die gezackten Perlmuttttränen, die an ihren Ohren baumelten. Du wirst Zeit vergeuden, du weißt es im voraus, du wirst Bilder vergeuden.

Der Heilige Franz von Assisi war achtunddreißig Jahre alt, als er starb. Ein Haar nach dem anderen zieht der Stichel auf seinem Schädel nach und kräuselt einen Greisenbart um seine Lippen. Auf Knien, mit gefalteten Händen betet er Christus an. Er betet Ihn an, am Kreuz, im Laubwerk vor ihm. Und was er sieht, sehen auch wir. Auf dem eiskalten Metall erstarrt, ist die Zeit stehengeblieben. Nach der Vision, in ein paar kurzen Augenblicken, wird die Ekstase die Wundmale in den Händen des Heiligen aufbrechen lassen. Du bist um mehr als dreißig Jahre gealtert. Hilft das im Laufe der Zeit erlittene Leid, zu sehen und besser zu beten?

Cornelis Witsen wurde unter die Regenten der Stadt gewählt. Noch am Tag seiner Wahl ließ Cornelis Witsen dein Haus aus der Waisenkammer streichen. Titus' Haus, dein Haus, mein Geliebter. Nun kann die Insolvenzkammer es versteigern. Das Haus.

Mit seinem Vorzugsrecht, das ihn als ersten ent-schädigt, ist Cornelis Witsen nun sicher, daß du ihm seine 4 000 Gulden zurückzahlen wirst (und die 180 Gulden an Vorzugsgebühren). Weit weg von dir ver-stecke ich meine heißen Tränen. Aus der Ferne beobachte ich dich, wie du das leere Vorzimmer der Kuriositätenkammer durchquerst. Leer. In der Län-ge und der Breite durchmißt du die Leere. Mitten in der Nacht werde ich wach, höre deinen Atem, dei-nen schweren Schlaf.

Nie mehr werde ich wie Noah den Alkohol des Weinbergs trinken, nie mehr werde ich in eine Taverne gehen. Aber ich werde diese paar Monate in einem Nebel aus Angst und Erinnerungen verbrin-gen. Deine Besitztümer werden nicht in einer einzi-gen Versteigerung zerstreut werden. Nicht einfach, sie von dir zu trennen. Drei werden es sein, die Bil-der und Kunstgegenstände, die Zeichnungen und Radierungen, das Haus und die Möbel. Alles, was sie genommen, mitgenommen, davongetragen haben. Selbst deine Werkstatt, dein Haus, dein teures Haus. Es steht immer noch am Ende der Breestraat, vor der Brücke über die Verwersgracht, natürlich haben sie es nicht am Giebel aufgehängt und fortgeschafft. Und wir können bis zur Versteigerung hierbleiben, solange bis der Käufer den gesamten Preis begli-chen hat (wenn er ihn nicht auf einmal bezahlt).

Drei Tage und drei Nächte bist du nicht nach Hau-se gekommen. Drei Nächte habe ich auf dich gewar-tet, habe auf den kalten, nackten Fliesen gekniet und zum Herrn gebetet, daß du so schnell wie möglich zurückkommst, bevor ich vor Angst sterbe, daß du keine schlimmeren Begegnungen in der Taverne gehabt hast und daß du nicht, schwer vom Genever, in einen Kanal gefallen bist. Und die drei Nachmittage über habe ich vor Cornelia so getan, als würde ich leben, Brot für die Schwäne, Vorsicht, der Schnabel. Die dritte Nacht in dem leeren, kalten Haus, in dem selbst Judiths Flüstern widerhallt; auf Knien hast du mich um Verzeihung gebeten, hast deine Müdigkeit und deinen Kummer verborgen, Verzeihung, Verzeihung, sagtest du immer wieder. Zwischen meinen Brüsten, zwischen meinen Beinen birgst du dein Gesicht. Verzeihung. Ich streichle deine Locken. Der Kloß in meiner Kehle rutscht hinunter und mit ihm die überflüssigen Worte.

Ich bin nicht gefallen, nein, auch ich glitt auf die Knie. Von deinen Lippen saugte ich deine Entschuldigungen. Mit geschlossenen Augen, Haar und Zungen ineinander verschlungen. So süß die Besänftigung. Dein Kopf rollt auf meiner Brust, sucht sich seinen Weg nach unten, ruht sich auf meinem Bauch aus. Dein warmer Atem durchdringt die Dunkelheit. Ich falle, nein, setze mich, strecke mich aus, winkle die Beine an, öffne sie, deine Lippen unter meinem Rock zwischen meinen Schenkeln. Entblößt. Mit jedem Stoß der Lenden ein Grollen, das in meine Ohren fließt. Wie der Heilige Paulus kann ich im Überfluß leben, kann ich in Armut leben. Betrunkener Noah, in der Sintflut ertrinken wir gemeinsam.

In unsrer Tiefe, Lippen und Speichel vermischt, vom Salz unserer Körper zusammengeklebt.

Hendrick Uylenburgh wurde vom Regenten Tulp im Rathaus empfangen. Abraham ist sich sicher; die Schuld von 1 400 Gulden, die er der Stadt Amsterdam schuldet, wurde vermindert. Jetzt sind es nur noch 1 000, den Rest kann er in Form von Diensten erbringen. Ich frage, welche. »Dienste an der Kunst«, erwidert Abraham lachend. »Uylenburgh wird der Stadt Dienste an der Kunst erweisen.«

Ich gehe hinauf in die Werkstatt, betrachte die Leere und die vollendeten Leinwände, die noch nach Knoblauch riechen und auf denen die frische Farbe glänzt. Ich lege meine Hände auf deine Schultern, massiere dir Hals und Rücken. Du legst den Kopf auf die Seite, freundlich streichelt deine Wange meine Hand.

Die Hände des Toten auf der Staffelei sind größer als seine Füße. Viel größer. Es sind Diebeshände, Mörderhände. Größer als die Füße, obwohl sie weiter weg sind. Zwischen den beiden Mörderhänden, anstelle des Bauchs, ein großes schwarzes Loch. Man sieht nur die obere Hälfte, die untere ist unter einem Tuch verborgen.

Das Haus wurde von dem Schuhmacher Lieven Sijmonsz und seinem Kompagnon Samuel Geringhs für 11 218 Gulden gekauft, 2 000 Gulden weniger, als du vor einundzwanzig Jahren dafür zwar nicht bezahlt, aber unterzeichnet hast. Ich habe nicht von

dem Storch gesprochen, der schon lange fortgeflo-
gen und nie mehr wiedergekommen ist; ich weiß,
daß dein Haus das Doppelte wert war, aber wer würde noch glauben, daß ein Storch auf dem Dach eines
Bankrotteurs ein glückliches Zeichen ist? Sijmonsz
hat erst eine erste Rate bezahlt. Noch an diesem
22. Februar begleitete Cornelis Witsen Rembrandt
zur Kasse der Insolvenzkammer. Er hatte es eilig,
ein Ende zu machen und seine Fehler zu vergessen
(sagte er auf dem Weg). Der Kassierer übergab Rembrandt 4 180 Gulden, die er sofort in die ausgestreckten Hände Witsens legte.

Dem Herrn die Erde und ihre Reichtümer, die Welt
und ihre Bewohner! Er hat das Land über dem Meer
geschaffen und hält es sicher über den Fluten. Mitten
in der Nacht zum 30. Januar ließ die große Überschwemmung der Alblasserwaard die Deiche Süd-
hollands brechen. In allen Kirchen, auf allen Plätzen,
aber vor allem in Rotterdam und Dordrecht stimmen
Männer und Frauen Psalmen an, Gott rette mich, das
Wasser steht mir bis zum Hals. Ich versinke in einem
bodenlosen Schlammloch, und nichts kann mich halten. Wieder treiben Glockentürme, die bei der großen
Überschwemmung in der Nacht der Heiligen Elisabeth 1472 untergegangen sind, durch die Erinnerungen. Erbarme Dich, o Herr, laß Rotterdam in Sicherheit sein. Es gibt kein Wasser, das stark genug wäre,
um das Feuer von Gottes Zorn zu löschen, als das
Wasser der Reuetränen, Wein Gottes und Freude des
Menschen gleich den Tropfen des Weinbergs.

Der Hammer des Gerichtsvollziehers Thomasz Haaringh fällt auf den Tisch. »Verkauft!« sagt er wieder, und das Wort zischt durch die Kaiserkroon, wo der Verkauf stattfindet. Schräg fällt die Sonne durch die klaren Scheiben der Herberge, zeichnet staubige Streifen, legt Aureolen auf die weißen Kragen und Spitzen der reichen Käufer. Ich habe Cornelia bei Judith gelassen und bin an Titus' Arm, der mittlerweile größer ist als ich, durch die Stadt zur Kalverstraat gegangen. Ich suche dich, ich weiß, daß du hier in der Herberge bist, verborgen in einem Schatten.

Die Sonne gleitet hinter die blauen Wolken der Gewitterlandschaft von Hercules Seghers. Das Bild hing rechts an der Wand im Vestibül. Jetzt ist es in der Kaiserkroon, von der Wand gerissen, von der Sammlung getrennt, die explodiert ist wie eine Pulverbüchse. In den Reihen der Gesichter vor ihm sucht Thomasz Haaringh nach Geboten und wiederholt die niedrigen Zahlen. Hinter dem Gewitter ist die Sonne bereit, auf die andere Seite der Erde hinüberzugehen. Kurz vor Einbruch des Regens und der Nacht hält der Himmel zwischen den Wolken noch seine Wärme und seinen blauen Donner zurück.

Ich drücke Titus' Hand, wir gehen durch den Mittelgang. Köpfe bewegen sich, sie beobachten das Kommen und Gehen ebenso wie die Werke.

Vierunddreißig Gulden, zum dritten. Es ist niemand mehr da, um das Wohl des Berufsstandes zu verteidigen. Wenn Hercules Seghers diesen Tag erlebt hätte, hätte er sich bestimmt mit Genever volllaufen lassen und sich ganz oben von seiner Treppe gestürzt.

Hunderttausend Tote, hunderttausend Münder in einem letzten Schrei ertrunken. Zwischen den Turmspitzen der Kirchen wiegen sich die Nester der Stelzvögel auf der ruhigen Wasseroberfläche.

Seit Thomasz Haaringh mich gesehen hat, bittet er mich mit den Augen um Verzeihung. Mein trauriges Lächeln sagt ihm wieder und wieder, daß er keine Schuld hat. Es war an einem Hutspot-Abend, eine Woche bevor sie dein Eigentum von den Wänden der Breestraat gerissen haben. Thomasz Haaringh sagte: »Es wird für jeden etwas dabei sein. Mit den Diensten an der Kunst, die sie der Stadt zu erweisen haben, könnten sie sich alle verabreden, die Gebote nicht in die Höhe zu treiben.« Das habe ich nicht gleich verstanden, erst als Rembrandt lachte.

Das blaßgelbe Tuch, zu groß für das Geschlecht, bedeckt auch die Schenkel und einen Großteil der Beine. An den nahen Fußsohlen kann man erkennen, daß Fleming Johan Fonteyn tot ist. Man weiß, daß ein Mann tot ist, wenn er nicht zuckt, wenn man ihm mit einer Nadel in die Fußsohlen sticht.

Zu seiner Rechten, links auf dem Bild, hält der Meister der Gilde, Gysbrecht Matthijsz Calcoen, mit halb geöffnetem Kragen über seinem schwer atmenden Hals, eine Schale in der linken Hand. Er wartet, mit der Schale in der Hand. Vielleicht darauf, daß eine Zange ein Stück rosa Fleisch des Gehenkten hineinlegt. Die Rechte elegant an die Hüfte gelegt, wartet Calcoen geduldig, weitaus eleganter, glaubt er, als der ausgestreckte, verlassene Tote.

Wenn ich den Kopf nur ein klein wenig nach rechts drehe, sehe ich Hendrick Uylenburgh, Jan Six und den Regenten Tulp. Hinter mir kämpfen die Stimmen der Freunde Ephraim, Abraham und Daniel Francen gegen das Schweigen, gegen das Komplott; solange sie können, treiben sie die Gebote nach oben, sie wollen nicht ohne weiteres zulassen, daß man Rembrandts Sammlungen für so ein paar Gulden stiehlt. Eine Reihe weiter dreht sich eine Maske faltiger Weisheit um, ich erkenne Constantin Huygens.

Der Regent Tulp verkündet sein Gebot, bevor er sich umschaut, ein Blick, der sagt: »Wehe dem, der es nach mir wagt.« Jan Six und seine dicke Frau mit den roten Wangen heben den Finger und nicken ebenfalls; und Hendrick Uylenburgh öfter, als seine Schulden es ihm erlauben. Kauft er so viel für andere? Ist er von den niedrigen Preisen überrascht, oder wußte er Bescheid? Ich atme rascher: Gehört er zu denen, die sich abgesprochen haben, und erweist er hier der Stadt einen Dienst, einen Dienst an der Kunst, wie Thomasz Haaringh sagte?

Zusammen mit den Sprotten werden die Fischer noch lange Zähne, Knochen und Schädel aus dem salzigen Schlick ziehen.

Die Müdigkeit, oder vielleicht die Traurigkeit, hat

die Augen des Gerichtsvollziehers erlöschen lassen. Unter den zu ihm erhobenen Gesichtern sucht er den Bieter, der höher gehen wird. Immer noch halten seine Augen Ausschau in der Stille. In der Stille und dem Murmeln. Die Stimmen schlängeln sich durch die Reihen. Ich höre, aber habe ich richtig gehört? »Ein Meuchelmord.« Vierundfünfzig Gulden für die Auferstehung von Rembrandt. Thomasz Haaringhs erloschene Augen. Seine rechte Hand läßt den Hammer niederfallen.

Du hast es gesehen, du warst da. Der tote Dieb mit den Mörderhänden schlief. Jan Deyman hielt die Klinge ins Licht, fuhr prüfend mit dem Daumen darüber. Dann stach er in die Stirn und durchtrennte mit einem kerzengeraden Schnitt die rasierte Haut des Schädels. Bis zum Halsansatz schnitt er durch die krachende Haut. Er zog sie auseinander, und eine dünne Fleischschicht (dünn wie ein Pfannkuchen) löste sich von dem runden, rosigen Knochen. Wenn Haut und Fleisch zu fest am Knochen haften, löst er sie mit kleinen Schlägen seiner Klinge. Dann spreizt er die beiden Hälften, läßt sie los, und langsam fallen sie zu beiden Seiten des entschlafenen Gesichtes nieder. Wie langes Haar bedeckt die umgeklappte Schädelhaut die Ohren. Dann schließt sich die Hand des lebenden Mannes um den Griff der Säge.

Das Murmeln wird immer lauter. Männer und Frauen schauen sich an, Köpfe drehen und wenden sich. Augen sehen mich und weichen einander aus. Ich mag sie nicht. Sie sind hier, um dich zu bestehlen, mein Geliebter, deine Sammlung zu Preisen zu erwerben, die keine sind. Die Augen richten sich auf mich, auf Titus, wieder auf mich. Ich senke nicht die Lider, ich schaue mich nicht mehr um, ich sehe sie an und erwidere ihre Blicke. Ja, ich bin's, ja, ihr Diebe, ganz nahe bei euch sitzt Rembrandts Hure.

Das Meer liegt spiegelglatt da. Im Trockenen oben auf dem Berg sieht Noah, daß das Wasser sinkt. Das Wasser, das die Sünden ertränkt, die Reichtümer verschlungen und den Alkohol reingewaschen hat. Und ganz hinten, dort wo ein Deich der Alblasserward der Macht der Wellen standhielt, warf das Meer eine Wiege an Land. Ein Baby weint, es schüttelt die Wiege, die es nicht wiegt. Von ihren Sünden reingewaschen sind die Holländer Kinder.

Zwei junge Gehilfen in grauem Tuch tragen den Schrank auf die Estrade. Das ist mein Geschenk, der Schrank aus dunklem, geschnitztem Holz mit einem Tulpenfries, den Thomasz Haaringh nun beschreibt. Als der Gehilfe die Türen öffnet, um die Fächer, die Wäsche und die beiden silbernen Kettchen zu zählen, die er in sich birgt, knarrt die rechte Tür. Sie hat immer geknarrt. Rembrandts Hure besitzt einen knarrenden Schrank.

Das Hin und Her der Säge ist verstummt, und mit ihm die Musik der vom Licht verbrannten Klinge. Jan Deyman hob die Schädeldecke ab, und da er nicht wußte, wo er sie hinlegen sollte, reichte er sie dem Nächststehenden. Auf dem Bild habe ich es nicht gleich gesehen. Die Schale, die der junge

Mann in der rechten Hand hält, ist die Schädeldecke des schlafenden Gehenkten.

Im Haß habe ich den Mut gefunden. Sie haben mich vom Tisch des Herrn gejagt. Sie stehlen meinen Schrank. Ich stehe auf, überrage das Meer von Haaren und rosigen Schädeln vor mir und höre meine Stimme. Der Schrank gehört mir. Er ist nicht Eigentum von Rembrandt van Rijn.

Das Innere unter der Schädeldecke im Kopf des Toten mit der Hautlappenfrisur ist weich und rosig, das Gehirn in zwei Hälften geteilt wie das Gute und das Böse.

Alle drehten sich um. Lippen öffneten sich, nicht um zu lächeln, nein, um die Luft durch die kleinen Knochen im Mund zu ziehen, die einzigen Knochen, die der Körper nicht verbirgt und die vor Bosheit gelb werden. Das Murmeln erkennt die Hure. Ja, die Hure ist aufgestanden. Mit ihren verlorenen Fingern berührt sie ihr Haar, berührt sie ihre Schädeldecke und wiederholt, daß man ihren Schrank nicht verkaufen darf, denn das wäre Diebstahl. Mein Kopf schmerzt unter der Schädeldecke. Überall um mich herum, hinter boshaften Zähnen, durchquert der Atem des Inneren die Gerüche der Hölle. Das ist der Schrank der Hure. Lauter als in meinem Kopf höre ich meine Stimme: »Ja, das ist mein Schrank. Mein Schrank.«

Zwischen zwei Wellen verschlucken die Schreie die Zähne. Kleine gelbe Knochen.

Titus drückt meine rechte Hand. Sein ernstes

Lächeln läßt mich nicht los. Ich recke meinen Hals noch höher, schaue geradeaus. Auf der Estrade neigt sich der Advokat Torquinius, der vom Hohen Rat in Den Haag gewählte Verwalter von Rembrandts Vermögen, zu Thomasz Haaringh und flüstert ihm etwas zu. Meine Beine zittern so, daß ich sie nicht beugen und mich hinsetzen kann. Um mich herum beginnen die weißen Halskrausen zu schweben. Da vorne auf der Estrade entscheiden die Worte des Gerichtsvollziehers und des Vermögensverwalters über den Schrank der Hure und die paar Leinen- und Wollhemden und die zwei silbernen Schmuckstücke, die er in sich birgt.

Sieht das Gehirn eines Mörders genauso aus wie das eines Vermögensverwalters oder eines Chirurgen? Sicher rührt der Chirurg Jan Deyman nicht in seinem eigenen Kopf herum. Werden seine Finger das ganze rosa wimmelnde Fleisch abheben, eine große Leere über den blicklosen Augen graben, wie sie es schon in dem schwarzen Loch des Bauches getan haben? Auf der Erde des Blutes fiel Judas nach vorn, seine Mitte tat sich auf, und seine Eingeweide traten hervor.

Der Mann, der die Schädeldecke wie eine Schale hält, schaut nicht auf die Hände des Chirurgen und auch nicht auf den offenen Schädel des Toten. Nein, seine traurigen Augen verlieren sich im Gestank des leeren Bauches. Er hält die Schädeldecke wie einen kleinen Teller, er wartet, daß der Chirurg das Gehirn umgekehrt hineinlegt.

Die beiden Gehilfen tragen den Schrank weg, den mir der Vermögensverwalter zurückgibt. Durch die Tür dort hinten tragen sie ihn aus dem Saal. Ich setze mich.

Das Licht wärmt die Gesichter und die Hände des Chirurgen und der Umstehenden. Die Schatten um einen jeden und ihre schwarze Kleidung lassen das Licht über dem Leichnam noch heller erscheinen. Wie auf der Radierung der Grablegung Christi geht das erhellende Licht von dem Toten aus. Das Gesicht des gehenkten Diebs ist traurig. Traurig darüber, tot zu sein. Wenn er die Augen öffnete, sähe er das große schwarze Loch in seinem Bauch. Auch seine Farbe, durchscheinend wie der Tod, nicht so leuchtend wie das Tuch, das wie das heilige Schweißtuch zu viel von ihm bedeckt. Als ob seine bloßen Beine nackter und ekelerregender wären als seine leeren Eingeweide.

Dreißig Jahre lang hing der Spiegel mit dem Ebenholzrahmen an der Wand in Rembrandts Werkstatt und zeigte den Augen, die hineinschauten, daß sie älter wurden. Und die rosa Sterne um sie herum, und den Ehrgeiz und das erschlaffende Fleisch. Der Spiegel der Selbstbildnisse Rembrandt van Rijns. Thomasz Haaringhs Blick schweift suchend über die Menge und verliert die Hoffnung. Vierzehn Gulden für den Spiegel, in dem sich alle Augen Rembrandts begegnen, vierzehn Gulden und ein bißchen Gemurmel.

Die Hände des Mörders werden kein Messer mehr

halten, werden keine zarten Hälse mehr erdrosseln. Die steifen kalten Finger keine Töne mehr spielen. Unter dem weißen Licht, das in beiden Richtungen durch das Fleisch scheint, von innen nach außen und von außen nach innen, ist der Tote zu Stein geworden. Hart wie ein Grabstein. Sein Tod ist hier, offen, der Tod ist Stein, wie er verlassen, das Danach ganz einfach. Offen und ganz hohl, in dem Geruch wird ihm die Auferstehung nicht zuteil werden.

Überrascht beginnt Titus' Stimme ein Wort, schwingt sich über die Köpfe, die sich umdrehen. »Dreißig Gulden.« Titus ist im Stimmbruch, es ist nicht mehr die Stimme eines kleinen Jungen und noch nicht die eines Mannes, und diese Stimme, die sich nicht wiedererkennt, sagt, noch leiser, nur zu mir: »Für das Wohl seines Berufsstandes.«

Du bist schön, Titus, von deinem Vater abgöttisch geliebtes Kind, Liebe seines Lebens, teurer Engel (und immer noch posierst du, immer noch bist du der Engel). Dein Blick ist gerade, traurig, er verweilt auf den Dingen, den Leuten, den Augen; er weiß schon, daß man im Leben Leid durchmacht. Dieser alte rostfleckige Spiegel voller Erinnerungen, dieser Spiegel mit dem Ebenholzrahmen, in dem keiner der Anwesenden die Gesichter Rembrandts gesehen hat, den kaufst du; mit den dreißig Gulden, die dein Vater in einer Börse aufbewahrt und dir anvertraut hat, damit du das Wertvollste zurückkaufst. Mein Titus, mein Kind, mein Bruder. Du beugst dich zu mir: »Ich will diesen Spiegel auf der Stelle. Ich bezahle und bringe ihn nach Hause.«

Ein Dieb ist zu Stein geworden.

Hammerschläge. Da vorne auf dem Tisch, unter meiner Schädeldecke. Titus geht durch den Mittelgang durch die Reihen zur Estrade. Gesichter drehen sich und wenden sich ab. Titus van Rijn, sein Sohn, ja, das ist Rembrandts Sohn.

Eine Skulptur wird den Käufern gezeigt, den Dieben angeboten. Zwei schlafende Kinder, in weißen Stein gehauen. Die Hände steif und kalt, sind sie tot oder schlafen sie? Wenn dieses Lächeln der Tod ist, so sind die Steinkinder friedlich gestorben. Als wären sie schüchtern, erheben sich nur wenige Diebesstimmen, Thomasz Haaringhs Stimme wird schmerzlicher.

Selbst dreißig Jahre nach der Flut der Heiligen Elisabeth verkauften die Fischer den Zahnärzten noch herausgefischte Zähne.

Titus, mein Kind, mein Bruder, Titus mit der durchscheinenden Haut und den klaren Augen trägt den Spiegel vor sich her, in dem die Selbstbildnisse seines Vaters geatmet haben. Er geht durch den Mittelgang, kommt auf mich zu, mit beiden Händen hält er den Spiegel an sich gedrückt. Thomasz Haaringhs Hammer fällt über den schlafenden Kindern nieder. Titus verhält im Schritt, Ohren und Körper zucken einen Augenblick zusammen. Titus, der Sohn seines Vaters, die Gesichter wenden sich ihm zu und halten ihren gelben Atem an. Zu schmutzig, schwarze Striche über allzu weißen Halskrausen.

Die Schreie der Kinder, überall.

Es ist der Geruch. Immer noch. Über dem Atem hält das Fleisch der Gesichter niemals still, langsam trübt es sich. Titus geht weiter, wird größer mit jedem Schritt. Es ist die Menge und immer noch der Geruch. Die Lippen springen auf, die Sterne unter der Haut platzen, die blauen Würmer auf den Händen schwellen an und verknoten sich. Und mitten auf dem gehenkten Hals des Toten die schwarze Linie des Lebens.

Titus geht weiter. Langsam schaut er nach links und rechts. Wendet sich nach dem Murmeln um. Der Spiegel wandert durch den Saal. Schritt für Schritt. Reihe für Reihe. Eine Zeitlang hält er das verkehrte Bild der Gesichter fest, ehe er sie in seinem Schlamm verschluckt. Das weiße Licht zermalmt die weißen Halskrausen. Angeprangert ertrinken die zahnlosen Lächeln in der Tiefe des Spiegels.

Es gab keinen Schlag. Es gab keinen Lärm. Ich starrte auf das gläserne Viereck, ich sah dort nichts als die gemalten Gesichter Rembrandts, heute zerstreut. Die ersten Portraits, du mochtest dich nicht, verbargst im Schatten und den Locken deines schönen Haars die Züge deines jungen, immer in Bewegung befindlichen Gesichts. Maler der Notabeln von Amsterdam, hast du das Gesicht und den Ruhm hochgehalten, um den Hals ein Stück Rüstung oder eine Goldkette. Dann die ersten Verrate des Lebens, kleine Tode, große Zerrissenheit und Schatten im Auge, Falten und Fettwülste. Und immer den Blick geradeaus in den Spiegel bis auf die andere Seite, in die Welt, in der die Erinnerungen anklagen.

Bis zu diesem noch unvollendeten Porträt (das du in einem ganz kleinen, rahmenlosen Spiegel arbeitest), in dem du, ruiniert und entblößt, ganz gerade auf einem Thron sitzt, den man an seinen breiten Lehnen erahnt, in einem goldgewirkten Gewand, dem Gewand eines Königs, den Kragen mit Edelsteinen besetzt, in einer Hand hältst du nachlässig einen Stock mit Silberknauf. Deine Lippen lächeln nicht, aber du bist nicht traurig. Ernst und friedlich, in diesem Mann, in diesem König die Weisheit. Deine müden Augen glänzen noch von dem, was du gesehen und gehört hast. Du richtest jenen, der das Bild betrachtet und begehrt, und durch ihn die anderen (all jene, die bei dieser diebischen Versteigerung zugegen sind), aber auch jene, die noch nicht geboren sind und die, Notabeln wie ihre Eltern, von Generation zu Generation, von Jahrhundert zu Jahrhundert, ihnen gleichen werden. Ohne Schönheit noch Güte, mit eiskalter Seele.

Es gab keinen Schlag. Kein Geräusch. Titus ging durch den Mittelgang. Das Gemurmel war verstummt. Im Spiegel verdoppelt, wußten die, die sich dort begegneten, daß der junge rothaarige Mann der Sohn des Bankrotteurs war. Die Worte selbst hatten sich an die Lippen gehängt und warteten das Ende der Stille ab. Als ob wir alle, den Bruchteil eines Augenblicks zuvor, gewußt hätten. Als ob beim Anblick all dieser Haare und rosa Schädel, all dieser Nacken mit dem schwarzen Mal des Gehenkten, dieser Gesichter über ihren Halskrausen (so starr wie ein weißer Teller aus Chinaporzellan), die alle in den Spiegel hineintraten und darin ertranken, als ob wir alle es schon gewußt hätten.

Weder Schlag noch Geräusch, Titus geht weiter. In dem allzu gegenwärtigen Schweigen ist die Luft, die er entzweischneidet, schwerer, seine Schritte langsamer. Ohne Schlag noch Geräusch. Ohne Grund und langsam. Wie ein Meer am frühen Morgen, das plötzlich rissig wurde, kam Leben in die Oberfläche des Spiegels. Weniger glänzend, mit einem Seufzer vielleicht, kaum ein Stöhnen, ein Zerreißen. Als sie sich kreuzten, zerbrachen die Risse die Oberfläche. Ihre spitzen Kanten auf uns richtend, lösten sich die einzelnen Stückchen voneinander. Ohne das Hin und Her der Säge, indem sich langsam der Knochen von dem Schädel löste, fiel die rissige Haut der Gesichter, einen Augenblick in der Luft schwebend, mit einem kleinen, hell metallischen Ton zu Boden. Ich glaube an den Heiligen Geist. Lichtlose Blicke, breites begriffsstutziges Lächeln auf der gefrorenen Oberfläche. Dann schloß das Erstaunen die Münder zur Hälfte. Constantin Huygens wankte, Jan Six' Kopf verschmolz in der dicken Flüssigkeit, inmitten eines winzigen Vierecks schaute sich Hendrick Uylenburgh tief in die Augen, bevor er sich suchte, verrückt vor Angst, verschwunden zu sein. Und in den tausend Splittern des platzenden Spiegels hatte der Regent Tulp gerade noch Zeit, seine Lippen zusammenzuraffen, ehe er sein Gesicht auseinanderfallen sah.

Der steinerne Gehenkte schrie, bevor er ertrank.

Christi Liebe umfängt uns, bei diesem Gedanken, daß einer für alle gestorben ist und also alle gestorben sind. Diejenigen, die Rembrandt, sein Leben und seine Malerei richteten, die ihm seine Freiheit nicht vergaben, sahen an diesem Tag, wie ihre Seele auf der anderen Seite verlorenging.

Titus bleibt reglos stehen. Er blickt auf den Teppich zu seinen Füßen aus Silberblättern, Hautfetzen, geronnenem Blut. Er schaut in das Loch des Rahmens, wie der Tote, mit seinen Augen von innen in das große Loch seines leeren Bauches. Titus, mit brennenden Augen, den Ebenholzrahmen umklammernd, Titus, der keinen Schritt mehr weitergehen kann. Ich stehe auf, schon formen meine Lippen seinen Namen. Aber ein großer Schatten ist aufgesprungen und hüllt ihn ein, ein König in goldgelbem Gewand. Rembrandt ist aus seinem Winkel hinter der Säule herausgekommen, die ihn verbarg. Er drückt Titus an sich mit seiner Liebe, stärker und sicherer, weil nie mehr allein.

Der Vater stützt und führt seinen Sohn zu der Tür im Hintergrund, zu der Sonne dahinter. Vater und Sohn, verloren in einer Welt, der sie nicht gleichen, zusammen allein. Thomasz Haaringh schweigt, die ganze Versammlung schweigt. Ohne es zu wissen, stehe ich auf. Laufe ihnen nach, deren Rücken sich entfernen. Nehmt mich mit, laßt mich nicht allein, ich liebe euch. Hinter meinem Rücken setzt das Murmeln wieder ein. Thomasz Haaringhs Hammer fällt auf den Tisch nieder und hallt in meinem Kopf wider.

Der Tod ist Stein, der Tod ist rosa. Mit zehn Jahren, mit fast zwanzig Jahren, angesichts der Zeit Gottes, ist jeder Tod nichts. Jedes Nichts ist Tod. Nacheinander oder alle zusammen in der Explosion des Pulvermagazins von Delft. Erbarmen mit uns, Liebe, Staub und was davon übrig bleiben wird. Knochen, Zähne und Bilder.

15. DEZEMBER 1660

Heute, am fünfzehnten Dezember 1660, erschienen Titus van Rijn, mit dem Beistand seines Vaters, einerseits und Hendrickje Stoffels, mit dem Beistand eines eigens hierzu gewählten Rats, andererseits und erklärten, einen Handel mit Gemälden, Zeichnungen, Holz- und Kupferstichen sowie Drucken, Kuriositäten und sonstigen Gegenständen eröffnen zu müssen, wie sie ihn schon mehr als zwei Jahre gemeinsam betreiben, immer noch muß ich über diese Lügen lächeln, erst dann will ich verstehen. Thomasz Haaringh hat gemeint, der Kunsthandel darf nichts Neues, Zukünftiges sein. Kaum zwei Jahre nach dem Bankrott, dem Geld, das sie uns bei der Versteigerung gestohlen haben, und den noch nicht zurückgezahlten Schulden, da würde jeder die Lüge durchschauen. Dabei könnte ich gar keinen Handel treiben, wissen, was wem gefällt, dem Käufer in die Augen schauen und es wagen, Preise zu nennen, nein, nicht vor zwei Jahren, nicht einmal jetzt könnte ich das.

... und möchten ihn zu Lebzeiten des vorgenannten Rembrandt van Rijn sowie sechs Jahre nach seinem Tod gemäß den nachfolgenden Bedingungen fortführen. Schnee bedeckte die Stadt, es fror Stein und Bein. »Wir müssen die Seriosität des Handels bewei-

sen«, sagte Thomasz Haaringh, es ist unmöglich, das
»nach dem Tode Rembrandts« nicht mit hineinzu-
nehmen. Mein Geliebter, mir ist kalt, verzeih, aber
ich möchte vor dir sterben.

Der Notar Nicolaes Listingh verliest den Vertrag.
Zwischen dem Schnurrbart und dem Bärtchen sieht
man nur die untere Zahnreihe. An seiner Nasenspitze hängt ein durchsichtiger Tropfen. Er glänzt vor
dem schwarzen Hintergrund seines Wamses. Ich
lasse ihn nicht aus den Augen, gleich wird er herun-
terfallen, auf dem Vertrag zerplatzen, auf einem Tin-
tenstrich, in dem dann ein Wort ertrinken wird.

Ja, ich möchte vor dir sterben, lebend schwöre ich
einen Meineid. Ich sehe das Lachen meines Kindes,
sage mir, sie braucht ihre Mutter, so klein wie sie ist.
Und wenn du in die Stadt gehst, um Farben und
Lavendelessenz zu kaufen, wenn Titus ausgegan-
gen ist, mit Cornelia spazierengeht oder wenn sie
schläft, wenn ich allein im Haus bleibe und wasche,
bügle, aufräume oder koche, wenn niemand da ist
außer mir, mit dem ich reden kann und der mir
zuhört, dann geben sich die Zahlen ein Stelldichein.
Sieben Paar reine Tiere und sieben Paar Himmels-
vögel nahm Noah mit auf die Arche. Die Sieben und
die Neun. Das ist kein Aberglaube vom Lande, auch
Ephraim Bueno sagt, wie ich, daß er Angst hat.
Neun, die Vollkommenheit der letzten Ziffer, und die
Sieben, von Gott bevorzugt, das Ende und die Auferstehung. Sieben Löwen waren in Daniels Grube,
und er wurde am siebten Tag befreit. Jeder auf dem

Land und in der Stadt kennt den großen Wendepunkt des Lebens, sieben mal neun, dreiundsechzig.
Seitdem wir uns mit jedem Jahr näher darauf zu
bewegen, zähle ich die Jahre. In neun Jahren wirst
du dreiundsechzig. Wer den großen Wendepunkt
überschreitet, wird lange leben.

*Zunächst die beweglichen Güter, welche die vorge-
nannten Titus van Rijn und Hendrickje Stoffels er-
worben haben,* allein in unserem kleinen Haus zähle
ich die Ziffern zusammen, erzähle mir von dem
Schmerz über den Tod. Gewöhne mich im voraus
daran. Auf dem Bett in unserem Zimmer hat das
noch warme Leben in dir aufgehört; schon beweine
ich deine Abwesenheit, von nun an und immer. Die
Stimme der Wände halten mir mein Leben, mein
Kind und mein Alter vor Augen, aber nichts kann
über die platte Trostlosigkeit aller Tage ohne dich
hinwegtrösten. Manchmal kommst du zu früh
zurück, dann senke ich den Kopf und verberge meine roten Augen vor dir, ich möchte vor dir sterben.

Jedesmal, wenn sich der Tropfen vom linken
Nasenloch des Notars lösen will, zieht er ihn mit
einem kleinen trockenen Pfeifgeräusch wieder
hoch.

*... in die sie gemeinsam und gesamtschuldnerisch
seit Beginn ihres Handels Möbel, unbewegliche Güter,
Gemälde, Kunstgegenstände und Kuriositäten investiert haben,* ja, Titus und ich haben investiert, ich
muß über die Lüge lächeln, ja, ich habe wohl verstanden: Wenn Rembrandt nichts mehr besitzt, kann

ihm niemand abnehmen, was er nicht hat und nicht mehr haben wird.

Zehn Tage lang kamen Abraham Francen und Thomasz Haaringh jeden Abend an die Rozengracht, in unser neues Haus. Drei Zimmer, in denen das Leben bescheidener ist, man aber jeden Tag, genau wie in einem großen, essen (Koekjes und Rüben), und schlafen muß und vor allem nichts deine Arbeit stören darf. Und dann nehme ich Cornelia jeden Tag, wenn es nicht regnet, mit zum Spielplatz auf der anderen Seite des Kanals und sage mir, daß das Jordaan-Viertel für das Lachen der Kinder gut ist. Rembrandt und seine beiden Freunde saßen um den kleinen Tisch, und Thomasz Haaringhs Feder schrieb eifrig im zitternden Licht der Kerzen.

…sowie die Miete und alle anderen Ausgaben, für die sie bisher aufkamen und auch weiterhin aufkommen werden. Lüge, das Geld für den Lebensunterhalt der Familie an der Breestraat und heute an der Rozengracht stammt schon immer aus dem Verkauf eines deiner Bilder oder eines Gegenstandes aus deiner Sammlung. Die Schrankbetten, in denen wir jetzt schlafen, die Zinnteller, von denen wir essen, Cornelias Holzpferd, die Eisen- und Kupferleuchter, selbst das Bügeleisen, alles gehört Rembrandt, alles gehört uns (gesamtschuldnerisch), da niemals einer von uns den anderen etwas für sich allein wegnehmen würde. Aber ein Vertrag muß geschrieben werden, auch über das, was nie geschehen wird. Thomasz Haaringhs Feder strich aus und schrieb von neuem.

Louys Crayers, der von der Waisenkammer zu Titus' Vormund berufen wurde, glaubt, daß sich hinter den Lügen Wahrheiten verstecken, er sieht andere Lügen als die geschriebenen, die der Notar heute vorliest. Hinter Titus' treuer Liebe zu seinem Vater hat er nie die abgöttische Liebe und die Angst gesehen, die Rembrandt um seinen Sohn hat.

Louys Crayers hat nicht mit Abraham Francen und Thomasz Haaringh geschrieben, er ist auch heute nicht zum Notar gekommen. Er hat nicht das Bild auf der Staffelei gesehen, den Engel, gegen den Jakob kämpft. Ein Mann rollt mit ihm im Staub, bis zur Morgenröte. Der Engel auf den Bildern, das ist immer Titus; zwischen den langen goldenen Locken lassen seine Augen und sein Gesicht seine Sanftheit erkennen. Gott hat keinen Namen, der von Gott gesandte Engel wird Jakob seinen Namen nicht nennen. Aber Rembrandts Pinsel klebte ihm zwei durchsichtige Flügel auf die Schultern, die Jakob sehen würde, wie wir, wenn Gott es wollte. Das rechte Bein und die linke Hand des Engels um die Taille des Mannes antworten dessen Kraft, aber seine rechte Hand streichelt seinen Nacken, hält ihn zärtlich zurück. Louys Crayers hat Titus' Flügel nicht gesehen.

Und wenn unter Rembrandts Pinsel Licht ein sanftes Gesicht unter der Kapuze eines Mönchs erhellt, so ist es wieder Titus, der Engel, der Heilige.

In der Eiseskälte der Kanzlei mit den düsteren Wänden und den lichtlosen Fenstern sitzen wir,

Rembrandt in der Mitte, Titus zu seiner Linken, ich zu seiner Rechten, vor dem Notar Nicolaes Listingh, auf der anderen Seite seines kleinen Schreibtisches aus hellem Holz. Rechts von mir Jacob Leeuw, links von Titus Frederik Hedelbergh, die beiden Zeugen. Der durchsichtige Tropfen glänzt unter der Nase des Notars ... *ihr Beitrag zu ihrem Unternehmen, insbesondere das, was der vorgenannte Titus van Rijn von seinen Taufgeschenken, seinen Ersparnissen und persönlichen Gewinnen bewahrt hat, und sonstige Einlagen.* Die Lügen ranken sich durch den Raum. Titus, mein Kind, mein Bruder, du hast nichts mehr von deiner Taufe, nichts als eine Goldmünze von deiner Mutter, keinen persönlichen Gewinn, keine Ersparnisse, keine sonstigen Einlagen. Noch nicht. Louys Crayers hofft, er will die Wahrheit von Saskias Testament beweisen.

Vor einem Jahr legten die Zeugen ihre Erinnerungen in diesem Amtszimmer vor diesem Notar dar. Anna Huirecht und ihr Mann Jan van Loo (dessen Bruder Gerrit Hiskia geheiratet hat, eine Schwester Saskias) haben vor Zeugen unterschrieben, daß sie enge Freunde Rembrandt van Rijns und seiner Frau Saskia waren. Daß sie mit Gewißheit wußten, was Rembrandt vor dem Tod seiner Frau und danach besaß. Zwei Perlenschnüre, die längere für den Hals und die kürzere für den Arm. Zwei birnenförmige Perlen, einen Ring mit einem großen Diamanten, zwei Diamantanhänger, sechs Silberlöffel, ein mit Gold eingelegtes Gebetbuch, ein Tablett und eine

Karaffe aus Silber, und anderes mehr, das ich vergessen habe.

Der Tuchmacher Jan Pietersz und der Amtmann Nicolas van Cruybergen unterschrieben, sie hätten jeweils 100 Gulden bezahlt, um von Rembrandt van Rijn als Garden der Kompanie des Frans Banning Cocq gemalt zu werden. Wenn der Notar die Köpfe zählt und den teureren des Frans Banning Cocq hinzurechnet, so wird er wissen, wieviel Rembrandt im Jahre 1642 für dieses große Bild erhielt. Und Abraham Wilmerdoux, der Direktor der Ostindischen Gesellschaft, erinnerte sich ebenfalls, Rembrandt van Rijn im selben Jahr 500 Gulden für sein Portrait (zuzüglich sechzig für Leinwand und Rahmen) bezahlt zu haben.

Du kommst aus der Werkstatt, du gehst in die Stadt, es sind mühsame Wochen (wie jedesmal, wenn du nicht malst). Ich höre deinen schweren Schritt auf der Treppe; in meinen Armen schließt du endlich die Augen; ich stelle Fragen, du antwortest kaum, die Einzelheiten sind immer unangenehm.

Wiederum auf Verlangen von Louys Crayers legte Lodewijck van Ludick seinerseits Zeugnis ab als Freund der Familie sowie über die Besitztümer Rembrandts und Saskias. Es stimmt, daß van Ludick ein Freund der Familie ist, wenn dieses Wort besagt, daß er der Familie treu ergeben ist. (Als Rembrandts Bürge hat er Ornia sein Geld gegeben, ohne sich zu ärgern.) Er hat sich erinnert, und er hat unterschrieben. Daß die Zeichnungen, Kuriositäten, antiken

Kunstwerke, Münzen und Meerespflanzen, die der vorgenannte Rembrandt van Rijn von 1640 bis 1650 sein eigen nannte, einen Wert von 11 000 Gulden hatten. Und daß die Gemälde, die sich damals ebenfalls im Besitz des vorgenannten Rembrandt van Rijn befanden, einen Wert von 6 400 Gulden hatten. Jede dieser Zahlen könnte genausogut höher oder niedriger sein. Ich erinnere mich noch gut an die geschriebenen Wörter und Zahlen und die Mischung aus beiden: 17 400 Gulden. Mehr hat er nicht gesagt, wozu auch? Diejenigen, die es lesen, werden sich an die 3 094 Gulden aus der Versteigerung von Rembrandt van Rijns Sammlung erinnern. Ein Diebstahl, ein Mord. Entblößt, mein Geliebter, außer deiner Güte.

Nachdem van Ludick unterschrieben und die Kanzlei des Notars verlassen hatte, kam er in die Breestraat. Zwischen den nackten Wänden des großen leeren Hauses sagte er, daß er als jemand, der die Schönheit liebt, die Geister der Bilder in den Spuren auf den Wänden wiedererkennen würde. Da sah ich mich, in dem Staubrahmen eines verschwundenen Spiegels, Geist aus einem anderen Leben mit rotgeweinten Augen.

Jede der Parteien hat Anrecht auf eine Hälfte des Gewinns, weil alles mit den Taufgeschenken, Ersparnissen und persönlichen Gewinnen Titus van Rijns, des Sohnes des Bankrotteurs, gekauft wurde. Dieses Schriftstück wird der Beweis sein; und Rembrandts Bilder behaupten nicht das Gegenteil: seine

Zärtlichkeit, sein Leben, verbunden mit dem seines Sohnes.

Das Gemälde gräbt Schatten in das Licht. Auf seinen Locken trägt Titus den Helm des Feldherrn Alexander. Das Bild ist in Rot und Gold gehalten. In dem glänzenden Metall des großen runden Schilds sieht der junge Eroberer sein ernstes Gesicht und die künftigen Schlachten. Vielleicht auch die Lehren des Aristoteles, die er vergessen wird, um zu kämpfen, vielleicht auch sein kurzes Schicksal.

Schon seit zwei Jahren bewundert der Mann von Geschmack und Bildung, Antonio Ruffo, umgeben von den Büchern seiner Bibliothek, Aristoteles vor der Büste Homers. Er zögerte zwischen einem Porträt Homers und einem Porträt Alexanders, der seinen Lehrer Aristoteles in einem Medaillon auf der Brust trägt. Du hattest jenes Porträt von Titus begonnen; immer noch liebst du es, seinen suchenden Blick zu malen. Als Isaac Juist den Brief aus Sizilien übersetzte, wurde der Titus auf der Leinwand sogleich zu Alexander. Um sein Gesicht herum nähtest du drei weitere Stücke Leinwand, maltest den Helm und den Schild. Es ist ein Bildnis der Liebe, es wird für den Mann von Geschmack und Bildung sein.

... und wird die Hälfte der Verluste dieses Unternehmens tragen und sich guten Glaubens und Vertrauens verhalten, ohne Bilder, ohne Kunstgegenstände und Kuriositäten, ohne Möbel, nur mit den Betten, dem Schrank und einer Staffelei blieben wir über ein

Jahr in der Breestraat wohnen, wir vier und Judith, die uns nicht verlassen, uns nicht aufgeben wollte, wie sie ins Leere flüsterte. Solange der Schuster nicht den gesamten Betrag an die Insolvenzkammer bezahlt hatte, durfte er nicht in dem Haus wohnen.

Aber deine Arbeit braucht Ruhe und muß sich setzen können. Und wenn die Störche wieder auf die Dächer der Stadt zurückkommen, haben wir das leere Haus verlassen, diese Leere zwischen zwei Wohnungen. Abraham Francen, der im Jordaan wohnt, hat für uns das Haus an der Rozengracht gefunden. Mit der Hilfe Judiths und ihres Mannes, des Färbers, sind wir mit unseren letzten Besitztümern umgezogen. Allein in unseren Vergangenheiten, ohne uns an der Hand zu halten, blickten wir an der Ecke der Breestraat und des Kanals zurück. Unsere vier flachen Schatten verlängerten sich, reckten sich in die Straße hinein, als wollten sie sich von uns lösen und nach unserem Auszug an dem Schatten des Hauses hängen bleiben. Wieder wandten wir den Kopf, noch mehrere Male, als wir die Brücke über die Verwersgracht überquerten. Jeder allein in seinen Erinnerungen, selbst Cornelia, wir schauten uns nicht an. Vor allem nicht die Tränen in den Augen der anderen bemerken, die Tränen der anderen bringen einen zum Weinen. Nur Judith schniefte.

Jeder wird über die Interessen des Unternehmens wachen und im Interesse des Unternehmens handeln. Die Worte drehen sich im Mund des Notars im Kreis, du lächelst mir zu, mein Geliebter, endlich Schluß mit den Lügen, soll das heißen. Langsam erfüllt deine Ruhe den Raum, langsam geht deine Zuversicht auf mich über.

Da sie jedoch beide sehr auf Hilfe und Unterstützung in ihrem Unternehmen und dem damit verbundenen Handel angewiesen sind, und da niemand in dieser Hinsicht besser geeignet wäre als der vorgenannte Rembrandt van Rijn, haben sie mit ihm vereinbart, daß er mit ihnen zusammenleben soll, bei freier Kost und von allen Haushaltskosten sowie der Miete befreit, unter der Bedingung, daß er seinen Partnern in jeder Hinsicht im Rahmen des Möglichen helfen und das Unternehmen fördern soll. Bei freier Kost, mein Geliebter, und von allen Kosten des täglichen Lebens befreit. Alles ist niedergeschrieben. Du wirst nichts mehr besitzen. Nur deine Kunst, deine Arbeit, deine Freiheit gegenüber den Gläubigern.

Ja, mein Geliebter, wir sind sehr auf deine Hilfe und deine Unterstützung in der Kunst und sogar im Handel angewiesen, Titus und ich. Weil niemand besser geeignet ist, ja, du wirst das Unternehmen fördern. Soll ich lachen oder weinen, ich weiß es nicht mehr. Sieh, die Wörter drehen sich nicht mehr im Kreis, sie zeigen mit dem Finger. Wer wird das glauben? *Er hat diese Vertragsbedingung gehört und angenommen.* Nicolaes Listinghs Zähne mahlen. Gleich wird der Tropfen fallen. Damit Rembrandt es auch bestimmt hört und annimmt, hat er diesen Satz sogar gemeinsam mit Thomasz Haaringh verlesen.

Es ist geschehen, Rembrandt van Rijn, der große berühmte Amsterdamer Maler besitzt nichts mehr. Dank der Barmherzigkeit seines Sohnes und der Hure, die in seinem Bett schläft, hat er freie Kost und Unterkunft. Dafür wird er ihnen mit seinem Rat bei ihrem Kunsthandel zur Seite stehen. Dieselben Wörter, dieselben Sätze, jeden Abend seit Wochen, wiederholt bis zur Niederschrift.

Jedoch unter der Bedingung, daß der vorgenannte Rembrandt van Rijn keine Anteile des Unternehmens besitzen und keinerlei Anspruch auf die Möbel, beweglichen Güter, Kunstgegenstände und Kuriositäten, Werkzeuge und sonstige damit verbundene Gegenstände erheben darf, die sich zu jeder Zeit in ihrem Haus befinden und an denen die vorgenannten Partner einen gesetzlichen Anspruch haben gegenüber jedwedem Dritten, der eine Klage gegen den vorgenannten Rembrandt van Rijn anstrengen sollte. Nun kann keiner mehr an die Tür klopfen und in seiner Wut herausschreien, man solle dem Bankrotteur Rembrandt van Rijn das nehmen, was er nicht mehr hat und nie mehr haben wird. Mögen auch die Gläubiger die Türangeln der Konkurskammer, der Insolvenzkammer, des Notars oder eines Regenten unter ihren wütenden Fußtritten erbeben lassen. Kein Gläubiger wird jemals mehr etwas von Rembrandt van Rijn bekommen, da er nichts mehr besitzt.

Erhobenen Hauptes teilen wir alle drei die Zuversicht. Vor allem keine Scham, das Gesetz ist dazu da, um gekannt zu werden, vielleicht auch, um jenen zu dienen, die Bescheid wissen; den Notaren und den Gerichtsvollziehern, aber auch jenen, die der Stadt einen Dienst schulden, und jenen, die ihr Leben für Geld, Macht und Gesetze verkaufen, Leuten wie der Regent Tulp, Jan Six, Uylenburgh und Constantin Huygens. All denen, die schamlos die Sammlung des Bankrotteurs sechsmal unter Wert ersteigert haben.

Und der vorgenannte Rembrandt van Rijn, der kürzlich eine cessio bonorum *erhalten hat, aufgrund derer er jeglichen Besitz aufgegeben hat und für seinen Unterhalt gesorgt werden muß,* deswegen konnte das Mögliche geschehen; und wer wird es wagen, einem Gesetzestext vorzuwerfen, das Gesetz zu befolgen? ... *erklärt, von den vorgenannten vertragschließenden Parteien, und zwar von Titus van Rijn 900 Gulden und von Hendrickje Stoffels 800 Gulden erhalten zu haben, wobei jeder dieser Beträge für den täglichen Bedarf und Nahrung verwendet werden müssen, die zurückzuzahlen er sich verpflichtet, sobald er durch seine Malerei etwas einnimmt.* Auch bei freier Kost könnte es dich zwischen den Mahlzeiten nach etwas gelüsten. Du wirst essen können, dich kleiden, Leinwand, Farben, Pulver und ätherische Öle für deine Arbeit kaufen (deinen täglichen Bedarf), ohne erklären zu müssen, wo die Gulden in deinen Taschen herkommen, wenn du in die Stadt gehst. Titus van Rijn und Hendrickje Stoffels (die Ersparnisse und persönliche Gewinne haben) wissen, daß man Geld verdient, daß man Geld mit Zinsen verleiht, daß man Geld nie verschenkt, vor allem nicht das Geld zweier Gesellschafter an einen Bankrotteur. Nun, da alles gesagt ist, muß es auch glaubhaft sein, so lauten die Worte Thomasz Haaringhs. Die 800 und 900 Gulden sind keine zufällig gewählten Zahlen. Sie haben nicht so viele Nullen wie die 1 000, sind aber fast soviel wert, lassen die Anstrengung derjenigen erkennen, die sie gewähren, und die Ernsthaftigkeit der Worte, die sie umgeben. Wer wird das nicht glauben?

Vor deinem Spiegel hast du dir deine schwarze Samtmütze auf die Locken gedrückt. In der Kälte wird deine Nase schneller rot, aber diese beiden Jahre des Konkurses und der vergeudeten Zeit haben deine Züge nicht hohl oder aufgedunsen werden lassen (nicht wie meine). Du, der du weißt, wie unsere Toten uns altern lassen, der du weißt, was wahrer Kummer ist, wenn ich dieses Bildnis von dir sehe, so hat die Wende in deinem Leben keine Spuren hinterlassen. Deine Sammlung hat dich nicht besessen.

Der Tropfen an der Nase löst sich. *Als Bürgschaft für die beiden vorgenannten Beträge tritt der vorgenannte Rembrandt van Rijn an die vorgenannten Titus van Rijn und Hendrickje Stoffels alle Bilder samt den daraus erwachsenden Einkünften ab, die er in ihrem Haus malen wird,* eine Sicherheit mehr, immer wirst du unser Schuldner sein, Titus' und meiner, immer und an erster Stelle. Diejenigen, die bei der Versteigerung waren, die Diebe deines Besitzes, werden rasen vor Wut.

Ich kenne deinen Blick und deine Güte, aber wenn mein letztes Portrait ein Spiegel wäre, würde ich Angst vor mir bekommen. Vielleicht wolltest du einen Beweis: Seht, was ihr tut, seht, was ihr meiner Frau angetan habt. Und auch ein Geständnis, bei jedem Pinselschlag höre ich, wie du mich um Verzeihung bittest. Es liegt nicht an dir, mein Geliebter, es liegt an dem letzten Jahr, an der Ungerechtigkeit, den zu kurzen und zu kalten Nächten in der Leere der Breestraat, es liegt an der Milch, den Heringen und dem lauwarmen Bier, das mich manchmal wärmt. Eine allzu schwere Traurigkeit, die mich den Kopf über dem aufgedunsenen Hals senken läßt. Die Haut ist gelb geworden, und glanzlose Augen blicken in eine sehr nahe Leere, näher und niedriger als der Horizont. Die rissigen Finger gehören zu einer Hand, die in eiskaltem Wasser wäscht. Die Wangen sind nicht mehr so rund; schwer und flach haben sie sich zu einem zweiten Kinn herabgesenkt. Die Lippen haben sich über eine Zukunft ohne Lächeln geschlossen.

Hinter unserer verschlossenen Tür, wenn der Frieden um deine Staffelei wieder eingekehrt ist, wirst du die Zeit wieder einholen und so viele Bilder malen wie nie zuvor, und ich werde mein Bestes geben, für dich, für Cornelia und Titus. Wieder zusammen, werden wir lachen, weil das Leben das beste ist, das wir kennen.

Ich höre nichts mehr, dieses Vorlesen ist zäh, unnütz und langweilig. Rasch eine Feder zum Unterschreiben. Ein Vertrag ist ein Gefängnis, wer würde beim Lesen die Zuversicht und die Zuneigung erraten? Nicolaes Listingh hat den Tropfen hochgezogen, bevor er herunterfiel und auf den ehrenwerten Worten zerplatzte. *Die drei Unterzeichner versprechen, sich streng an den jeweils sie betreffenden Wortlaut zu halten und unwiderruflich und ohne Verstoß zu handeln,* alles wurde gesagt und niedergeschrieben, ich höre schon nicht mehr zu, *und verbürgen sich dafür mit ihrer Person und ihrem Besitz nach Recht und Gesetz.* Ich habe das rot-weiße Kleid angezogen, stundenlang habe ich mit meinem Eimer neben dem Brunnen posiert, in Wirklichkeit saß ich, den linken Arm angewinkelt, auf einen Tisch gestützt. *Erklärt guten Glaubens in der vorgenannten Stadt.* Wenn der Mann mich um etwas zu trinken bittet, werde ich ihm zeigen, wie überrascht ich bin, daß ein Jude eine Samariterin um Wasser bittet; Juden reden nicht mit den Abtrünnigen von Samaria. Christus antwortet, wenn sie wüßte, wer Er sei, dann hätte sie Ihn um Wasser gebeten und dann hätte Er ihr von dem Wasser des Lebens gegeben, das in ihr zur sprudelnden Quelle würde, die ewiges Leben schenkt. Und damit sie Ihn erkennt, der weiß, hat Jesus zu ihr von den fünf Männern gesprochen, die sie hatte, und daß der, den sie jetzt hat, nicht ihr Mann ist.

Erklärt in Gegenwart der Zeugen Jacob Leeuw und Frederik Hedelbergh und der Unterzeichner, die neben mir, dem Notar, die Urschrift unterzeichneten.

Stille, endlich. Rembrandt, mein Geliebter, für dich werde ich mein Leben lang Wasser aus dem Brunnen schöpfen, damit du niemals Durst leiden mußt. Seit Jahren verrinnt die Zeit viel zu schnell, das Geld, die Notare und die Verzeichnisse stehlen deine Bilder. Ruhig schauen wir uns an. Von nun an bleibt unsere Tür geschlossen, ich werde dich beschützen, dich und dein Werk. Aber das Gute, das ich dir noch tun kann, ist nichts neben dem lebendigen Wasser und dem ewigen Leben, das du mir seit bald zwölf Jahren tagtäglich schenkst. Jesus redete mit der Samariterin (die mit ihren fünf Männern und ohne Ehemann keine Hure ist), damit sie den Leuten der Stadt sagte, daß der Messias gekommen sei.

Nicolaes Listingh legt seine Hände auf die drei Blätter des Vertrags. Langsam schaut er uns an, jeden einzelnen, einen nach dem anderen. Langsam und forschend, dann verweilt sein Blick bei Rembrandt. Wieder teilen sich seine Lippen, möchte jemand etwas ändern oder hinzufügen? Wir schütteln verneinend die Köpfe, und Rembrandt sagt ganz ruhig »nein«. Während Rembrandts Antwort in das Ohr und das rosa Hirn des Notars dringt, kratzt er sich mit dem Nagel seines Mittelfingers an der Nasenspitze. Zuerst erschüttert er den Tropfen, dann zerquetscht er ihn, wobei er sich von der Nase löst. Ohne daß er es merkt. Die feuchte Hand bewegt sich, mit drei Fingern greift sie nach der Feder, die flach auf dem Tisch liegt, taucht sie in die schwarze

Tiefe des zinnernen Tintenfasses, hält abwägend mitten in der Bewegung inne.

»Ihr wißt, Rembrandt van Rijn, daß Eure Gläubiger Euch verdammen werden, aber auch die Stadt, denn ein Mann, der seine Schulden nicht bezahlt, wird immer schlecht beurteilt. Gewisse Leute werden Euer Haus nicht mehr betreten.«

Ich hörte dich seufzen. »Ich habe bereits bezahlt, und zwar mehrmals, und das wissen sie. Mir bleibt keine andere Wahl, ich rette nur meine Zeit und meine Arbeit.«

Abraham Francen und Thomasz Haaringh haben dir das auch schon gesagt, die Diebe werden den Bankrotteur verurteilen, der seine Schulden nicht bezahlt, sie werden es wagen. Titus hat es ausgerechnet, indem du sechsfach bestohlen wurdest, hast du schon zweimal bezahlt. Du willst an nichts anderes mehr denken als an die Bilder, die du malen wirst. Und manchmal an die Bilder der Großen Galerie des Rathauses. Die Wahl war auf Govaert Flinck gefallen, auserwählt von Joan Huydecoper, damit er die zwölf Bilder malte, jedes zu 1 000 Gulden. Er hatte gerade noch Zeit gehabt, zwölf Zeichnungen anzufertigen, zwölfmal erzählte er von dem Mut der Bataver, ihrem Widerstand gegen die römischen Eindringlinge. Dann legte er sich mit einem Fieber nieder, das ihn innerhalb von zwei Tagen dahinraffte. Mit vierundvierzig Jahren. Deine Erinnerungen waren traurig. Damals in deiner Werkstatt, da wußte Govaert Flinck noch Schatten zu malen, ehe er alles unter Girlanden aus Blättern und Blumen vergaß.

Der Notar reicht dir die Feder mit der braunen Tinte. Er dreht das letzte Blatt des Vertrags zu uns. Alle aus der Lukasgilde hoffen auf den Auftrag. Du hast zwölf Bilder gezählt, die fähigen Maler und diejenigen, die im Rathaus noch deiner Kunst wohlgesonnen sind. Das war vor unserem Vertrag und vor deiner neuen Freiheit, vor dem Zorn der Diebe, und ich sage mir, daß du bald wissen wirst, ob man dir im Rathaus vergeben wird, auf Erden wie (sicher) auch schon im Himmel.

Du reichst die Feder weiter an Titus. Zuversichtlich kreuzen sich unsere Blicke. Titus hält den Federkiel ganz hoch, malt sorgfältige Bögen auf das Papier. Dann gibt er sie dir zurück. Du schaust mich an. Ein schwerwiegender Augenblick, sagen deine Augen. Dein ganzes Gesicht, dein ganzer Körper lächelt mir zu. Das Blatt gleitet zu mir. Unter den dunklen Zeilen des Notars, unter der hübsch verschlungenen Unterschrift von Titus van Rijn, zeigt dein Finger einen Augenblick lang auf die Stelle, wo ich deine Freiheit unterschreiben muß. Ich setze die Feder auf das Blatt. Ich ziehe zwei Striche, die sich kreuzen, meine Unterschrift – ein Kreuz. Der zweite Balken ist zu lang, wenn unser Herr daran gekreuzigt worden wäre, hätte er viel zu weit über seine von den Nägeln durchbohrten Hände hinausgestanden.

Dann unterzeichnet Rembrandt van Rijn mit den

schönen Rundungen seines Namenszuges. Er nahm unseren Fluch auf sich, um uns davon zu befreien; an meinem Kreuz, vor meinen Augen, sehe ich Ihn, Er wurde ans Kreuz geschlagen, Er leidet für uns, Er stirbt für uns. Die beiden Zeugen, Jacob Leeuw und die große Schlinge um seinen Namen, dann Frederik Hedelbergh, der die Feder bei den Aufschwüngen fest aufdrückt. Der Retter ist nicht mehr da. Er ist frei, Er ist auferstanden; und das Kreuz kennzeichnet für immer das Papier. Das nackte Kreuz, hingemalt von Hendrickje Stoffels, dem treuen Schaf des Herrn, von Seinem Tische verjagt. Das Wasser des Lebens sprudelt aus der Quelle, die ewiges Leben schenkt. Endlich unterschreibt der Notar Nicolaes Listingh die Urschrift. Christus ist nicht mehr gedemütigt. Er leidet nicht mehr. Das Kreuz, geweiht mit Seinem Blut, läßt die Toten wiederauferstehen. Das Kreuz ist kahl.

24. Juli 1663

ie Vorschläge des Herrn lauteten: drei Jahre Hungersnot, drei Monate der Niederlage gegen seine Feinde, unter den Schwerthieben seiner Gegner, oder drei Tage das Schwert des Herrn. Und die Pest im Land.

David brauchte nicht lange, um sich zu entscheiden: »Lieber will ich in die Hände des Herrn fallen, denn seine Barmherzigkeit ist groß, als in die Hände der Menschen.«

Also sandte der Herr die Pest nach Israel. In drei Tagen tötete sie siebzigtausend Menschen.

Gottes Barmherzigkeit ist groß, aber die Pest ist die Seuche des Bösen. Schuld ist der geschweifte Komet, der vor zwei Monden den Himmel durchquerte. Der Regen, der die Wasser über die Ufer treten ließ, der Nebel, die Heuschrecken- und Krötenplage zu Wasser und zu Lande.

Zuerst werden immer die Menschen heimgesucht, die zuviel Fleisch essen. Denn wenn das Fleisch von der verseuchten Luft verfault riecht, kann es auch den Körper vergiften, der es verdaut. Wenn er es nicht erbricht oder es nicht in seiner Hitze kocht.

Zuerst erkranken immer die Menschen, die zu

viele Würmer haben, und jene, die sich von Traurigkeit, Angst und Wut mitreißen lassen. Ephraim Bueno nennt das düstere Stimmungen. Sie kommen bei Vollmond auf. Deswegen beginnt die Pest immer in einer Vollmondnacht. Und in diesen Nächten fordert sie auch die meisten Opfer.

Dann richtet sie sich ein, deckt alles zu. Die Pest tritt an die Stelle des Lebens. Ganz schnell vergessen wir, wie es vorher war, als ob es das Leben nie gegeben hätte, als ob die Pest schon immer in der Stadt gewesen wäre. Die Erinnerungen verschwinden hinter den Gerüchen und Schreien. Deshalb müssen wir sie uns immer wieder ins Gedächtnis rufen, damit wir nicht ohne Erinnerungen an der Pest sterben.

Und dann fährt die Pest fort, Tag für Tag das Leben und die Menschen in Fäulnis übergehen zu lassen, man könnte glauben, sie würde nie mehr verschwinden. Vielleicht, wenn sie alle Lebenden getötet haben wird.

Gleich an den ersten Tagen, gleich bei den ersten Todesfällen habe ich vier Zwiebeln geschält. Unter eine zerbrochene Fliese in den Boden gesteckt, ziehen sie die Erreger des Hauses an. Nach zehn Tagen sind sie völlig verseucht und müssen ausgewechselt werden.

In der Zeit zwischen dem Vertrag und der Pest, mehr als zwei Jahre lang, hast du nur gemalt. Du warst im Rückstand mit deinen Bildern, mit deinem Verlangen zu malen; nun hattest du den Vertrag und wieder Frieden in deinem Leben. Bevor du dich den ganzen Tag in den kleinen Raum, den du Werkstatt nennst, zum Arbeiten zurückziehst, pflegst du eine Stunde lang an dem Gewirr der Kanäle im Viertel entlangzuspazieren. Du begegnest schönen Blicken, wahrhaftigen Gesichtern, wie du sagst, Mönchen, Christusfiguren, Aposteln. Im Gesicht des Bettlers trafst du den griechischen Dichter. Für einen Gulden, etwas Brot, ein paar Heringe und drei Krüge Bier stand er jeden Tag bis abends für dich Modell.

Seit dem Umzug arbeitet Judith nicht mehr für die Familie Rembrandt van Rijns und putzt auch nicht in einem anderen Haus. Aber sie bietet ihre Küchendienste bei zwei Kaufleuten an der Keizersgracht feil. Wenn sie nicht gar zu spät zurückkommt, klopft sie auf dem Heimweg an unsere Tür. Sie legt den mit Essig getränkten Schwamm auf den Tisch, mit dem sie Nase und Mund vor den Gefahren in der Luft schützt, spielt Würfel mit Cornelia, redet ganz leise, um nicht zu stören. Schon mehr als zweihundert Tote. Die Notabeln verlassen die Stadt, sie fahren möglichst früh möglichst weit und möglichst lange weg, aufs Land, wo sie ihre Besitztümer haben. Dort, wo die neblige Luft schwer von Miasmen ist. So sagt Ephraim Bueno, Rembrandt glaubt ihm, und dann hat er auch keine Lust, seine Werkstatt zu verlassen. Angesichts der Seuche und der Melancholie des Landes will auch ich die Stadt nicht verlassen. Ohne zu wissen, wohin, bis wann und mit welchem Geld. Ich werde uns zu schützen wissen, alle vier.

Jeden Tag stieg der Bettler die Treppe hinauf. Ächzte bei jedem Schritt. Er ist Homer, Homer lebt. Seine erloschenen Augen haben schon zu viel gesehen. Die Worte kommen aus seinem zahnlosen Mund. Sein Gesicht verharrt auf einer Angst, einer Vision vielleicht. Seine hochgehaltenen Hände erzählen. Der junge Schreiber sitzt neben ihm und schreibt, lauscht mit großen Augen der Vision des Dichters. Das Leben der Menschen, das ist der Krieg, ist die Liebe, das Trojanische Pferd. Gift in einem Geschenk, pflegte Titus zu sagen.

Isaac Just kam zu Besuch. Vor allem um das Portrait Alexander des Großen zu sehen, als du sagtest, es sei fertig, und als sein Geruch nach angesengter Hühnerfeder getrocknet war. Don Antonio Ruffo ist ein Mann von Geschmack und Bildung, auch von großer Geduld. Vor sechs Jahren hat er die Hälfte der geschuldeten 500 Gulden für die Leinwand bezahlt, brauchte Rembrandt kein Geld mehr? Isaac Just hat Verständnis für die Zeit des Bankrotts und des Umzugs, die Liebe zu dem Porträt Titus Alexanders und die Vollkommenheit, die du ständig in einer immer wieder begonnenen Arbeit suchst; ja, er sieht die Schönheit und den Stolz Alexanders im Licht seines Schilds und im Gold der Farbe. Trotzdem würde er gerne eines Tages, sobald Rembrandt das Bild signiert hat, mit einer Kiste für den Versand wiederkommen. Angesichts des Homers, der dem jungen Schreiber diktiert, meint er, daß er Antonio Ruffo bestimmt gefallen wird.

Für Judith schützt das Quecksilber in der Nuß nicht genug vor dieser neuen Pest. Sie wartet auf ein Rezept. Um mich zum Lachen zu bringen, flüstert sie: das Geheimnis einer Hexe. Sie kennt auch das Geheimnis Alexander des Großen. Die Miasmen werden an der verzauberten Spinne kleben bleiben, und die Luft um sie herum wird wieder rein. Man muß einen Kreis aus pulverisiertem Einhorn ziehen und die Spinne in die Mitte legen. Pulverisiertes Einhorn verzaubert die Spinne, und sie bleibt in dem Kreis. Alexander der Große hat viel Geld ausgegeben, um Einhörner jagen zu lassen, denn sie leben einsam in einer Wüste am Ende der Ostindischen Inseln.

Als ob du durch die schwierigen Jahre deine paar wahren Freunde kennengelernt hättest. Es war Güte, nach der du tagtäglich suchtest, Güte, die du in den Gesichtern im Jordaan wiedererkanntest; in den Blicken, der Zärtlichkeit, der Großzügigkeit ohne Lüge, der Seele, wie du zu sagen pflegtest.

Die Menschen, die dir gerne mit ihrer Güte in die Rozengracht folgten, beteuerten, daß sie glücklich seien, für Rembrandt van Rijn Modell stehen zu dürfen. Ich tischte Bier und Käse auf.

»Der Blick eines Apostels.« Dein Lachen ist traurig, nicht mehr und nicht weniger als vorher. Ganz dick trägst du die Farbe auf die Leinwand auf. Die Gesichtszüge vom Leben und der Güte gezeichnet, sitzen sie vor ihren Schriften, halten eine Feder oder beten mit gefalteten Händen. Du nennst sie Simon,

Bartholomäus oder Matthäus. Hinter seinem Rükken flüstert Titus Matthäus Engelsworte zu.

Wenn Lodewijck van Ludick uns besuchte, ging er häufig mit einem Bild, einem Apostel weg. Weil er Kaufmann ist, aber vor allem aus Freundschaft. Stumm steht er vor einem Bild, betrachtet es lange, von weitem, von nahem und wieder von weitem. Dann sagt er, wie sehr er es bewundert und wie sehr er deine Kunst liebt, und macht seinem Zorn gegen den Tagesgeschmack Luft. Der Handel erholt sich nicht; das macht der neue Krieg gegen Portugal, diese Angst, die sich die Reichen angewöhnt haben, wie er sagt, die Angst, ihren Besitz zu verlieren. Diese Angst verjagt die Güte, das Lachen, das Verlangen nach Schönem und die Moral. Das war vor der Pest.

Tag und Nacht verbrennen große Fackeln vor den Häusern die Luft Amsterdams. Sie verbrennen die Miasmen in der Luft. In den schattenlosen Straßen entlarven ihre Flammen auch die Pestsäer. Sie sind die Gesandten des Teufels. Aus dem Eiter der Pestbeulen stellen sie eine Salbe her. Einen Klecks dieses Gifts verbergen sie in der hohlen Hand und schmieren es auf den Türklopfer des Hauses ihrer Wahl. Sie sind auch Diebe, denn sie suchen sich die Häuser, die sie anstecken, nach den Besitztümern ihrer Bewohner aus. Es gibt Pestsäer, die Reiche bestehlen, und welche, die Arme bestehlen, Pestsäer auf dem Dam und im Jordaan. Sie wissen als erste, daß die Pest das betreffende Haus heimgesucht hat. Dann beobachten sie es, lauschen den Schreien, vor allem nachts. Wenn die Sterbenden auf ihrem Schmerzenslager nichts mehr erwarten (in ihrem Wahnsinn nicht einmal mehr den Tod), dann kommt die Zeit der Pestsäer. Vor allem dürfen sie sich nicht zu weit entfernen, sonst kommen ihnen andere Diebe zuvor.

Mit van Ludick und Isaac Just hast du auf die Entscheidung aus dem Rathaus über die Maler für die Große Galerie gewartet. Die Regenten hatten keine Eile. Schließlich stimmen sie jedes Jahr unter Lächeln und Lügen ab. Bis zum kommenden Jahr entfernt dieses Geschachere einige von der Macht und schenkt sie anderen. Die Maler der Großen Galerie sind nicht die wichtigste Beschäftigung der Regenten, aber sie können zu Zerwürfnissen führen und den Feind demütigen. Ich schüttele den Kopf, und du wiederholst zum hundertsten Mal: Es geht um die Macht, die Macht und das Geld. Erst zwei Aufträge wurden vergeben, erst zwei Maler gewählt. Lodewijck sagt, daß Lievens und Jordaens nicht stören, daß es Lievens gelungen sei, allen zu gefallen, und er dem Sohn Cornelis Witsens Malunterricht erteile. Nicht, daß ich das nicht verstehe, aber die Geschichten um die Macht der Regenten gleichen sich alle und sind langweilig.

Vor den Häusern verbrennen die Fackeln die Pest. Sie können auch die Häuser und die Stadt verbrennen. Vor jeder Tür wurden Eimer und Leiter überprüft, für das Leben aller, ein paar Schritte vom

Kanal entfernt. Zwei-, dreimal in der Woche schlagen die Klappern der Brandwächter beim ersten Züngeln der Flammen Alarm. Feuer, rufen sie. Alle laufen herbei. Außer denen, die es schon nicht mehr können.

Bis zur Ankunft Aert de Gelders war Titus dein einziger Schüler, deine einzige Hilfe in der Werkstatt. Damit die Zeit nicht so schnell über Rembrandts Werk hinweggleitet, er weiß es seit langem. Du hast so viel und die ganze Zeit über gearbeitet, wir nahmen nicht einmal mehr die Gerüche wahr. Bevor Titus Leinwand und Farben vorbereitete, kochte er ganze Vormittage lang Kaninchenhaut und -knochen im Wasserbad über offenem Feuer samt Knoblauchzehe und Hühnerfeder, Lein- und Mohnöl. Eines Mittags klopfte Andries, der Töpfer, der seine Zimmerwand mit unserem Haus und unsere Gerüche mit den seinen teilt, an unsere Tür; er fragte, ob er (jetzt und sein Leben lang) in Teufels Küche schlafen und aufwachen müsse. Selbst heute, mit seinem Bock im Hinterzimmer und dem Geruch, der sich mit den unseren mischt, wagen Rembrandt, Titus und ich nichts zu sagen. Es gibt ein paar Leute in der Stadt, die glauben, der Gestank eines Bocks vertreibe die Miasmen der Pest, ein paar Böcke in Amsterdam. Wenn der Töpfer recht hat, werden die Miasmen, die zu uns hereinkommen, mit den seinen vertrieben.

Ephraim Bueno und Abraham Francen kommen zur Abendessenszeit. Das ist Freundschaft. Sie bringen ein paar Koekjes und Melasse für den Nachtisch mit. Sie wissen, daß sie an der Rozengracht weder Hutspot noch Melonenragout bekommen werden, wie sie stundenlang in der Küche der Breestraat schmorten.

Das ist Freundschaft. Abraham wohnt im Joordan, aber Ephraim muß die ganze Stadt und die Pest durchqueren, vor seinem Gesicht ein großes Taschentuch, getränkt mit rotem Oxykrat und Rosenwasser. Nach den gebackenen Rüben und dem Edamer Käse, während die Koekjes im Kamin warm werden, zieht er seinen Beutel mit dem goldenen Tabak und ein paar ganz weiße, ganz neue Pfeifen aus der Tasche. Auffordernd bietet er sie in der Runde an, aber Abraham und Titus rauchen nicht. Auch nicht zu Zeiten der Pest, nein danke. Und Rembrandt hat so viel gemalt, bis es dunkel wurde, daß er sich schon ganz geräuchert vorkommt. Wenn es nicht am Bock des Nachbarn liegt. Er betrachtet seine Hände mit den bunten Farbflecken. Riecht kurz daran.

Ernst beugt sich Rembrandt zu Ephraim hinüber: »Ich hatte nie Läuse, nie Flöhe. Vielleicht werden auch die Miasmen der Pest von den Ölen abgleiten, die auf meiner Haut haften.« Doch Ephraim schaut der emporsteigenden Rauchwolke nach, die er ausstößt und die unter der Decke hängenbleibt. Er lacht nicht. Lächelt nicht einmal. Er klemmt seine Pfeife in einen Mundwinkel und redet mit der anderen Seite. Schon über fünfhundert Pesttote in Amsterdam.

Isaac Just ist mit dem Fuhrmann gekommen. Rembrandt und Titus rollten das Bild Alexander des Großen auf, so lange bearbeitet, geliebt und getrocknet. Langsam rollten sie es auf, mit der bemalten Seite nach außen, hüllten es dann in ein Stück jungfräulicher Leinwand. Wie jedesmal, wenn ein Bild die Werkstatt verläßt, um an die Wand des Auftraggebers zu reisen, streicht Rembrandt behutsam mit den Spitzen der Finger darüber, die es gemalt haben, die es aus dem Nichts geschaffen haben (einer weißen Leinwand, Farben und dem Licht in deinem Kopf). Mit geschlossenen Augen. Ein Gebet, der Wunsch für ein langes Leben und vielleicht ein Wiedersehen. Und ist gleichzeitig sicher, daß er niemals nach Sizilien fahren wird.

Dann rollten sie das unvollendete Gemälde Homers zusammen. Damit Ruffo Gefallen daran finden und das Verlangen verspüren sollte, Aristoteles, Alexander und Homer lange an den Wänden seiner Bibliothek beieinander zu sehen. Fünfhundert Gulden für jedes; zuzüglich der Kosten für Leinwand und Rahmen, Kiste und Verpackung, die Fracht nach Texel und die Verschiffung, die Versicherung zu hundert Prozent der Kosten des Bildes bis nach Messina, einschließlich Versicherung und Umladen in Venedig, alles zu Lasten des Auftraggebers. Der Fuhrmann nagelte die Kiste zu.

Um die Miasmen zu verjagen, muß man sie zuerst in der unbeweglichen Sommerluft aufstören. Das Läuten und Klingen der Glocken versetzt die Luft in

Schwingungen. Noch lange danach erbebt sie unter ihrem Widerhall.

Vielleicht hörten sie das Glockenspiel, vielleicht ahnten sie, daß ihre Befreiung nahe bevorstand. Immer schneller knabberten die Würmer, die sich vom Sägemehl ihrer Gänge ernähren (jeder von dem seinen), und schieden es wieder aus. Endlich ans Ende kommen. Ein kleines Heer in der Finsternis des Holzes, aber keiner wußte davon, kein Wurm hörte jemals die Befehle.

Morgens rollt der Karren über das Pflaster der Stadt. Lang und traurig erschallt der Ruf des Glockenträgers, wie der Ruf einer Eule: »Bringt Eure Toten heraus.« Man hört ihn schon von weitem, vor allem jene, denen nachts jemand gestorben ist und die seit dem Morgengrauen am Fenster nach ihm Ausschau halten. Von jenen wird er gerufen.

Von den Fenstern der oberen Stockwerke fallen dann die grauen Körper der Frischverstorbenen, Körper, verdreht wie totes Holz, die auf das andere verdrehte Holz der Toten der Nacht prallen, alle durcheinander, Arme und Beine zu lang und sperrig (tote Arme sind immer länger als die der Lebenden). Pestkranke sterben fast immer nackt. Das ist so, weil sie vorher so unter dem Fieber leiden, das sie verbrennt und den ganzen Körper dürsten läßt, daß sie vor lauter Schwitzen wahnsinnig werden und es nicht mehr aushalten können. Selbst ein Tuch, selbst ein Laken ist ihnen unerträglich auf ihrer glühenden Haut.

In deinem Porträt, in dem Spiegel, der an die Stelle des alten Ebenholzrahmens getreten ist, erkanntest du den Apostel Paulus. Sein Blick unter der von tiefen Falten durchfurchten Stirn ist rein, fast unschuldig. Er sagt, er kann ebensogut im Überfluß wie in Armut leben, aber unter seinem weißen Turban und dem abgetragenen pelzgefütterten Mantel leidet er. Seine Hände verbergen sich im Warmen, kaum sichtbar halten sie seine Briefe. Und seine Augen sind erstaunt, noch leiden zu müssen.

Ich habe Angst. Die Pest macht das Leben noch gefährlicher. Angst um uns alle, um dich und um dein Werk, das nicht mit dir enden wird. Die Ärzte wissen jetzt Bescheid. Abraham Francen ist sicher, man hat Pesttote seziert, ja, weit und stinkend aufgeschnitten, ohne daß der Chirurg oder ein Gehilfe angesteckt wurde. Das ist der Beweis, daß die Pest von einem Pestkranken auf einen noch nicht Erkrankten durch die ausgeatmete Luft übergeht und daß dies eben nur durch einen Lebenden geschehen kann. Ja, ein Toter atmet nicht mehr, schon gar nicht ein Pesttoter.

Sechzehn Jahre alt, rote Augen, Pickel auf Stirn, Wangen und Kinn. Aert de Gelder macht einen Schritt. Zu schnell gewachsen, zu mager, stampft er mit seinen Holzschuhen auf, unter denen der leichte Schnee des Morgens knirscht. Die Kälte weht eine Schneewolke herein, aber ich kann die Tür nicht schließen, nicht bevor er den zweiten Schritt gemacht hat.

Er sagt Meister zu Rembrandt, sagt es ganz leise, und seine Pickel erglühen. Die anderen Schüler nannten Rembrandt genauso, aber lächelnd; vielleicht war Meister Rembrandt damals noch jünger, nicht so dick und nicht so schwer, vielleicht hatte er noch nicht den ganzen Überdruß des Lebens erfahren. An manchen Abenden sagst du, er sei eine große Hilfe, aber er wolle dir zu sehr gefallen und dich zu sehr nachahmen.

Dann fragt Titus, ob du unter seinem Pinsel einen anderen Malstil gesehen hättest. Er sagt auch, daß Aert mit seiner freundlichen Art willkommen sei und daß er mit einem Lehrling in der Werkstatt Zeit gewinne, um für unseren Kunsthandel (da muß ich immer lächeln) reisen zu können. Auf einer Schute nach Delft, Den Haag oder Rotterdam. Um zu verkaufen und zu kaufen, vor allem verkaufen. Und auch um den Kunstliebhabern oder -händlern das Können des Kupferstechers Rembrandt van Rijn vorzustellen.

Ich trage immer noch die Nuß mit dem Quecksilber um den Hals; hoffentlich bekomme ich bald Judiths neues Rezept. Gott ist gerecht. Angesichts Gottes Gerechtigkeit beten wir alle um das ewige Leben. An den ersten drei Sonntagen der Pest beten wir alle in unseren Satin-, Seiden- oder Tuchkleidern auf Knien auf dem eiskalten Fußboden der Kirche zu Gott und Seiner Barmherzigkeit, die groß ist. Nach drei Tagen der Pest in Jerusalem und siebzigtausend Toten schaute der Herr herab und war betrübt. Und er sprach zum Würgeengel: »Genug.«

Die Guten werden zum Ewigen Leben auferstehen, die Sünder werden zum Jüngsten Gericht auferstehen.

Die Pest tötet die Massen. Wenn sie sich in der Stadt einnistet, gibt es nur noch die Pest, gibt es keine Massen mehr. Hinter unseren nach Essig und Rosenwasser duftenden Taschentüchern oder Schwämmen gehen wir allen Begegnungen aus dem Weg. Nach den ersten Wochen gibt es keine Predigt mehr, keine Kirche, keine Börse, keinen Markt, keine Stadt. Während einer richtigen Pest wird nichts mehr verkauft, nichts mehr gekauft, alles überträgt die Miasmen: Stoffe, Pelze, Obst und Gemüse, Fisch und Fleisch, das Geld und die Luft, die man gemeinsam atmet, alles birgt Gefahr. Wer von den Armen nicht an der Pest zugrunde geht, stirbt an dem brennenden Hunger in seinem Bauch. Wer von den Reichen die Stadt nicht verlassen hat, schließt sich so lange wie möglich inmitten der großen Vorräte ein, die er mit seinem Geld gekauft hat.

Auf dem Dam ist Gemüse verboten, die Bauern verkaufen es vor den Toren der Stadt. Jeder bedient sich von den hölzernen Tischen, Haut kommt nicht mit Haut in Berührung. Ich kaufe keine Gurken, und auch keine Rettiche und schwarzen Kirschen, da sie die Krankheit übertragen. Mit den Augen zählt der Händler die Geldstücke in meiner Hand, nacheinander lasse ich sie in eine mit Essig gefüllte Schale fallen. Stück für Stück zähle ich vor den Augen des Händlers das Geld in den Essig. Mit einem vollen, schweren Korb und vor die Nase gehaltenem Schwamm laufe ich dann in entgegengesetzter Richtung durch die halbe Stadt zurück.

In seinen vier Wänden schützt sich jeder vor den Miasmen. Die Stadt existiert nicht mehr. Auch keine Schule mehr, auch die am Irrgarten nicht, in der Cornelia lesen, schreiben und rechnen lernte. Titus zeigt es ihr jetzt, besser und schneller als der Lehrer.

Christian Huygens hat das Manometer erfunden. Ein Manometer wiegt die Luft und die Gase. Ich frage, ob es auch die Miasmen wiegt. Abraham weiß es nicht.

Mit großen Schritten geht der Pestarzt über das Pflaster der Stadt, das Gesicht hinter seinem Schwamm wie hinter einem roten Aussatz verborgen. Aber der weiße Stock, den er gerade vor sich her trägt, weist ihn aus. Aus den heimgesuchten Häusern rufen klagende Stimmen nach ihm. An den Kranken, die Sterbende sind, nimmt er die gleichen Handlungen vor wie alle Pestärzte: Schneller als die Natur öffnet er die Beulen, läßt das Gift von drinnen herausfließen.

Zwischen zwei Häusern, zwischen zwei Fackeln, hält er in der Stille inne und lauscht. Ich habe schon einen anderen Weg eingeschlagen, bei mir ist niemand krank, so weit wie möglich fliehe ich die Miasmen, die der Pestarzt von Pestbeule zu Pestbeule spazierenführt.

Immer noch liebst du es, in dem durchscheinenden Fleisch nach dem Leben zu suchen, immer nach den gleichen Antworten (sagst du). Und je älter Haut und Fleisch werden, um so durchsichtiger werden sie. Ich sage mir, daß du Greise malen mußt, auch wenn du deswegen schneller altern wirst. Du und dein Lächeln, immer sanfter, immer trauriger. Deine Liebe zu den Menschen hat das Gewicht der Zeit, die Falten gräbt, aufbläht, rötet und vergilbt. Van Ludick weiß alles über das Vermögen Jacob Trips: Es kommt von Eisen aus Schweden, Salpeter aus Polen, das zu Kanonenpulver wird, Banken, die Königen Geld leihen. Das Vermögen der Trips ist riesig. Und sie geben nichts aus.

Wir geben nichts aus. Das sagen die verkniffenen Lippen, der messerscharfe Blick und die Halskrause Margaretha de Geers, makellos weiß und flach wie ein Teller, wie sie schon seit Ende der dreißiger Jahre nicht mehr in Mode ist.

Bei den Trips verkauft man Kanonenpulver, aber die Frau trägt die Halskrausen aus ihrer Jugend, einmal gekauft fürs ganze Leben. Ihr ganzes Leben erstickt unter der doppelten, steifen Halskrause ihrer Jugend. Sie hat nie etwas falsch gemacht, der Teller um ihren Hals ist der Beweis. Das Leben besteht nur aus einer Moral, deren Gesetze sie von Kind an gelernt hat. Ihre Halskrause ist ihre Moral. Sauber und weiß trotz der Jahre, steinhart wie die Gewißheiten.

Und dennoch pocht das Leben unter diesem gelben Fleisch, welches das Blut des Inneren nicht mehr rosa färbt. So nah am Tod, dem sie ins Gesicht schaut, um ihn besser von sich stoßen zu können. Leben ist noch im Gesicht Jacob Trips, der sich unter deinem Pinsel in einer neuen Sanftheit verwischt (der des Zweifels und der Angst) und dessen Bildnis du nach seinem Tod vollenden wirst. Es liegt im Kummer, in den roten Augäpfeln Margaretha de Geers mit den tiefen Rändern, nachdem sie den Todeskampf ihres Mannes mit ansehen mußte. Es liegt vor allem in dem Taschentuch, das ihre rechte Hand hält, dem Beweis, daß es unter ihrer Brust noch schlägt.

Wegen Cornelia, wegen Rembrandt, Titus und mir ist Judith neun Tage lang nicht in die Rozengracht gekommen. Ihr Mann ist an der Seuche gestorben. Sie hat es nicht gemacht wie zwei Nachbarinnen an der Bloemgracht, sie hat nicht das Haus verlassen. Sie hat Kerzen angezündet zwischen sich und ihrem Mann, hat in ihren Flammen Raute, Weinreben und Kampfer verbrannt. Drei Tage lang hat sie dieselbe Luft geatmet wie er, aber durch guten Essig hindurch. Sie hat die Seuche nicht bekommen. Jede Stunde, Tag und Nacht, drückte sie ihm die Lippen auseinander, half ihm zu trinken. Nicht in den letzten Stunden. Bis es still wurde, hat sie das Zimmer nicht mehr betreten. Man merkt es an den Zähnen, dem Geruch und dem Geräusch.

Judith blieb. Wenn eine Frau ihren Mann verläßt, der sich die Pest geholt hat, vernageln die Nachbarn Tür und Läden seines Hauses, bis Stille eintritt. Der

Verlassene stirbt allein und eingeschlossen. Nach vier Tagen des Schreckens, des Verdurstens und des Wahnsinns. Wenn ein Mann seine Frau verläßt, wenn eine Mutter oder ein Vater ihr krankes Kind verlassen, immer werden Tür und Läden vor den Miasmen im Innern zugenagelt. In anderen Städten wird die ganze Familie eines Kranken (auch diejenigen, die noch nicht erkrankt sind) in ihrem Häusergrab eingeschlossen. Die Nachbarn passen auf, und bei der ersten wirklichen Stille werden Tür und Läden geöffnet. Dann darf man keine Zeit mehr verlieren, eine Pestleiche hat mehr Würmer und verwest schneller als eine andere.

Ephraim hat uns guten Essig geschenkt. Jeden Morgen spült Rembrandt seinen Mund mit einer Mischung aus jeweils einer Hälfte Oxykrat und Rosenwasser aus. Ein Mittel gegen die Pest, aber auch gegen Zahnweh und entzündetes Zahnfleisch.

Judith rief den Glockenträger an ihr Fenster. Der tote Körper, der einmal ihr Ehemann war, fiel auf die anderen Ehemänner im Karren. Sie verbrannte das Stroh und die Felle seines Bettes. Bestimmt verbrannte sie auch ein paar Ratten mit dem Stroh, lebende und tote. Ratten sterben wie Menschen zahlreicher in Pestzeiten.

Dann erschien der Luftreiniger. Ohne daß Judith ihn hatte rufen lassen. Die Pest hat ihre Berufe: hinter den Notaren und den Pestärzten kommen in einigem Abstand die Luftreiniger. Wenn er dem weißen Stab folgt, weiß der Luftreiniger, welches Haus bald auszuräuchern ist. Während der Pest hat er zuviel Arbeit, und wenn er nicht an der großen Gefahr seines Berufes stirbt, hat er nach der Pest nicht mehr genug. Er öffnet das Haus des Pesttoten, räuchert, schüttelt, verbrennt, wäscht die Wände mit Essig ab, verstreut wohlriechende Kräuter, Kampfer und Geheimnisse.

Zusammen mit ihren Alpträumen wartete Judith noch ein paar Nächte. Ihre Finger suchten ihren Körper ab, strichen leicht über die Innenseite ihrer Schenkel, unter den Armen, im Hals und hinter den Ohren, zitterten an den Stellen, auf die Gottes Pfeile immer gerichtet sind. Dann rieb sie ihren Körper, ihr Gesicht und das Innere ihres Mundes mit Essig ab. Ich frage, ob es ihr lieber gewesen wäre, Pestbeulen zu finden und ihrem Mann auf den Karren zu folgen, als allein zurückzubleiben. Ihre Augen röten sich, sie senkt den Kopf.

Don Antonio Ruffo hat die Kiste und die Bilder erhalten. Er hat Giovanni Vallembrot geschrieben, dem italienischen Konsul in Amsterdam. Der Konsul hat Isaac Just das Schreiben ins Holländische übersetzt, der den Vorwurf zu Rembrandt van Rijn trägt. Der Kaufmann verteidigt gegen den Künstler den Mann des Geldes und der Macht. Rembrandts Stimme, Isaac Justs Antwort, Rembrandt immer bestimmter, Isaac Just wiederholt sich, wird immer lauter. Don Ruffo hat entdeckt, daß das Bildnis Alexander des Großen auf eine Leinwand gemalt wurde, an die drei weitere Stücke angesetzt wurden.

»Er hat nichts entdeckt«, erwidert Rembrandt. »Ich wollte nichts verbergen.«

Don Ruffo denkt und schreibt, daß das Gemälde auf der Naht rissig werden und sich von der Leinwand lösen wird.

»Es gibt keinen besseren Knochenleim und keine besseren Öle als in Rembrandt van Rijns Werkstatt. Meine Bilder werden niemals rissig, sie werden Jahrhunderte überdauern.«

Ruffo mag das zur Hälfte gemalte Bildnis Homers schon jetzt, das Fleisch seines Gesichts, das schon zur Hälfte gelebt hat. Er versteht, daß Rembrandt hier die Versäumnisse des Alexanders wiedergutmachen und seinen Sammler, den Mann von Bildung, den Mann von Geschmack, weder betrüben noch verlieren will.

Don Ruffo wird Rembrandt beide Bilder zurückschicken. Den Alexander soll der Maler ausbessern, wie es sich gehört, oder noch einmal malen. Oder er soll ihm sein Geld zurückschicken, die 250 Gulden, die er schon bezahlt hat. Und der Homer, der einem Schreiber diktiert, der gefällt ihm gut, aber nicht zum Preis von 500 Gulden, nein, für die Hälfte.

Die Pest läßt die Kranken verrückt werden, sie läßt die Verrückten gefährlich werden. Schon von weitem betrachte ich jeden mit Argwohn, der mir auf derselben Seite des Kanals entgegenkommt. Diejenigen, die vor dem Fieber Beulen bekommen, verlassen die Stadt, um Gott und die Lebenden zu hassen. Männer oder Frauen umarmen und küssen

jene, die ihren Weg kreuzen, reiben eine frischge-
wachsene Pestbeule an die Haut desjenigen, den
Gott verschonen wollte. Wie abgestochene Schwei-
ne schreiend, kämpfen die Körper miteinander und
winden sich (vor allem, wenn die erste Beule in der
Achsel oder im Hals gewachsen ist). Die verrückt
gewordenen Kranken blasen ihren verfaulten Atem
hinaus, ihre Zunge verseucht alle Öffnungen, an
denen sie die Teufelsfratze machen kann. Dem zu-
fälligen Verlauf der Kanäle folgend, suchen sie sich
jene aus, die ein paar Tage nach ihnen in die Grube
geworfen werden.

Es war noch nicht die Pest, aber die Miasmen
nisteten sich schon ein. Bevor sie angreifen und die
Körper verbrennen, machen sie die Menschen verrückt. Antonio Ruffo hatte keine Beulen, aber die
Pest der Macht; von Messina auf Sizilien reiste sie in
seinem Brief bis nach Amsterdam.

Die Wände des Hauses zitterten, und die Hände
des Töpfers zitterten ihrerseits, alle an der Rozengracht hörten das Grollen des verwundeten Löwen.
Deine Antwort kam schnell und unnachgiebig, mit
Mühe tilgt Isaac Just den Zorn deiner Worte. Ja,
wirklich sehr überrascht, und wenn das Bild in
einem guten Licht hängt, wird niemand die Ansätze
sehen, und ich kann einen anderen Alexander
malen, auf Eure Gefahr und auf Eure Kosten, und
500 Gulden, und ebensoviel für Homer, Euer Ehren,
ich warte auf Eure Antwort. Don Ruffo las, und auch
er hörte deinen Zorn. Er verstand, daß der Künstler

recht hat, alle Rechte hat. Seine Schöpfung macht bestimmte Dinge erforderlich, wie eine angesetzte Leinwand. Ja, Don Ruffo gefällt der Alexander, er wird ihn in seiner Bibliothek in günstiges Licht hängen. Und das begonnene Bildnis Homers wird erneut auf Reisen gehen, von Süden nach Norden. Mit Zeit und für die geforderten 500 Gulden wirst du das Gemälde vollenden.

Man muß Hunde und Katzen töten, sobald man sie sieht. Alle streunenden und herrenlosen Hunde und Katzen in der Stadt.

Antonio Ruffo hat in deinem Kopf eine düstere Stimmung heraufbeschworen. Ich sage mir, daß die Zeit, die ich verstreichen sehe, kostbar ist und daß Gott es nicht zulassen dürfte, daß ein Mann von Geld einem Künstler seine Zeit stiehlt. Ein Künstler arbeitet nicht für jene, die zur selben Zeit leben wie er; was er den anderen Lebenden schenkt, ist mehr wert als die Zeit seines kleinen Lebens auf unserer großen Erde, mehr als das ganze Geld, das ein Mann von Geld in der gleichen Zeit anhäuft.

Auch in mir hat Ruffos Brief dunkle Stimmungen ausgelöst. Aber ich bin erst vierunddreißig und kann es ertragen. Wegen dir, mein Geliebter, geht es mir schlecht. In sechs Jahren wirst du dreiundsechzig. Sieben mal neun, dreiundsechzig, das Jahr der Wende. Das gefährliche Jahr, jedermann weiß das, alle fürchten sich davor. Wer den großen Wendepunkt seines Lebens überschreitet, wird lange leben.

Ich schrie. Zum ersten Mal seit vierzehn Jahren

hat Titus mich schreien gehört. Es ist die Angst. Es sind nicht ihre Zähne oder ihre verrückten Augen, es ist ihr Fell, in dem sich so vieles verbirgt. Nein, Titus wird nicht all diese streunenden Hunde und Katzen von der Straße in unser Haus bringen. Sie oder ich. Nein, ich werde nicht mit ansehen, wie die Menschen sterben, die ich liebe, nein, ich werde nicht selbst sterben, um haarige Tiere zu retten. Oder wir gehen, Cornelia und ich, wir werden fortgehen, im Licht der untergehenden Sonne am Ende des Kanals immer kleiner werden, weit fort von den Miasmen der Pest, die durch das Fell der Hunde und Katzen der Stadt übertragen werden.

Rembrandt legte eine Hand auf die Schulter seines Sohnes, ging mit ihm draußen ein paar Schritte. Als ich aus dem Zimmer kam, waren die haarigen Viecher nicht mehr im Hinterzimmer. Titus auch nicht. Deine Arme schlossen sich um mich, hielten mich fest. Dein Atem riecht nach Essig, wir alle riechen nach dem Essig der Pest. Vor Einbruch der Nacht ist Titus zurückgekehrt.

Ephraim trinkt nie von dem Wasser der Stadt und rät uns ebenfalls davon ab. Vielleicht ertrinken die Miasmen ja darin, ohne umzukommen. Auf dem Grund der Kanäle töten sie immer noch die Ratten. Zwischen zwei Pfeifen trinkt er nur Bier. Zwischen zwei Krügen schönen lauwarmen Biers meint Abraham Francen, daß die Pest die Trinker töte (da alle Lebenden Alkohol trinken), und wenn die Seuche sie nicht umbringe, so würde es der Alkohol tun.

Aber Ephraim lacht nicht. Von ferne betrachtet er die Lichter der Fackeln, die im sternenlosen Himmel über Amsterdam tanzen. Schon mehr als tausend Tote.

Die Menschen stehlen deine Zeit, die Pest stiehlt die Luft und das Licht. Und ich kann nichts dagegen tun. Jeden Tag neue Gerichte zum Kochen erfinden, das Haus putzen, Titus zuhören, der den Mädchen nachschaut, Cornelia zum Lachen bringen, damit du es hörst, dich jeden Tag umarmen. In meinen Armen, zwischen meinen Brüsten die Welt vor dir verbergen, in der es keine Güte und keine Moral mehr gibt. Jeder Kuß soll dir sagen, wie glücklich ich bei dir bin, wenn Worte nicht mehr am Platz sind und mein Mund immer größer wird, um dich zu verschlingen.

Nur ein leiser Seufzer, nicht überrascht. Die vertraute Haut, die gleiche Wärme, da ist sie, die Überraschung. In der aufkeimenden Lust. Als ob du nach ihr suchtest, trotz der Zeit, brennt in mir, mein Geliebter, ein langer Schrei. Seit so langer Zeit der einzige Mann, ja, ich komme dir entgegen. Nicht so schnell. Und immer warten unsere Augen aufeinander, immer die gleiche Überraschung, da, jetzt, in dem gleichen Licht.

Die Ratten schreien nicht, deswegen sterben sie in Trauben, aneinander geschmiegt. Die Leute aus der Stadt fliehen aufs Land, weil sie glauben, der Pest zu entkommen, doch sie nehmen sie immer mit, sie holt sie immer ein. Es ist niemand mehr da, um ihnen zu trinken zu geben, ihre Hand zu halten, die Augen zu schließen, ein Tuch um das Gesicht zu binden und vor Gott die Schreie ihrer Zähne verstummen zu lassen. Es ist niemand mehr da, um einen Sarg zu zimmern und sie zu begraben.

Mit einem Lächeln in ihren roten Augen bringt Judith ein Geschenk für die Familie. Vier Stoffsäckchen, die man dort tragen muß, wo es unter der Brust klopft. Sicherer als die mit Quecksilber gefüllte Nuß, weniger selten als ein Diamant, vertreiben sie die Pest. Zu spät machen sie gesund. Nicht die Stoffsäckchen, sondern die Kugeln, die Judith hineinsteckt.

Das ist das Geheimnis der Hexe. Man fange eine große Kröte, lebendig, die größte und beste, die man finden kann. Man binde sie an den Hinterbeinen zusammen und hänge sie vor ein kleines Feuer. Unter das Maul stelle man einen mit Wachs abgeriebenen Napf; bevor sie stirbt, erbricht die Kröte kleine Würmer, Schmeißfliegen und Erde. Nun trockne man den Körper der toten Kröte über dem kleinen Feuer, bis er zu Staub zerfällt. Mit beiden Händen verknete man nun den Staub, das Erbrochene und das geschmolzene Wachs kräftig miteinander. Mit zwei Fingern nehme man Häufchen ab und rolle sie zu kleinen Kugeln. Es ist nicht schwer, sich vor der Pest zu schützen. Judith weinte. Als ich ihre Tränen sah, weinte ich auch.

Vor der Pest besuchte Titus die Werkstätten der Maler in der Stadt für unseren Kunsthandel. Nicht diejenigen, die für die Regenten malen, nein, diejenigen, die bei Frau und Kindern malen, im Innenhof oder im Schatten ihrer Häuser. Jene Maler, die mit Liebe um sich schauen, sind in Geldschwierigkeiten. Titus kann nur von den Bildern erzählen, er kann sie nicht kaufen. In diesen schlechten Zeiten wüßte er nicht, an wen er diese Alltagsmalerei verkaufen könnte: gerade auf der anderen Seite der Lauriergracht Gabriel Metsus kleiner Junge, mit fieberglühenden Augen auf dem Schoß seiner Mutter, oder dieses fast schon häßliche kleine Mädchen, das er bei Pieter de Hoogh gesehen hat, das sich anschickt, das dunkle Haus zu verlassen und in der Sonne *kolf* spielen zu gehen. Nein, in diesen Zeiten meint es das Leben nicht gut mit den Malern, die lieben, mit den Künstlern, die ihre Kunst nicht um eines Vermögens und eines Ruhms willen schaffen, der ebenso kurz ist wie ihr Leben. Das sind Titus' Worte, den die Traurigkeit und der Essig müde machen.

Vor dem Torffeuer im Kamin suche ich Cornelias Kopf auf meinem Schoß nach Läusen ab. Eine nach der anderen ertränke ich die Läuse und Nissen in der Melasse. Ein Mann, bei lebendigem Leibe von seinen Läusen aufgefressen, das Leben ist gefährlich. Über dem schwarzen Plätschern der Kanäle dringen lange Schreie wie der Tod durch die Nacht. Bei jedem Schrei stößt der Bock des Nachbarn mit seinen Hörnern, daß Wände und Flammen erbeben. Sie werfen rosa Reflexe auf Cornelias Haar, streicheln über ihre Stirn und den Flaum ihrer noch so jungen Wangen, ihre ruhigen langen Wimpern. Ich habe solche Angst. Angesichts dieses Lebens, das aus meinem Bauch gekommen ist und dem ich auch den Tod geschenkt habe, ich weiß nicht, warum. Wozu. Ich frage mich, wozu all das Schlimme, wozu soll das gut sein.

Ich glaube an Gott, den allmächtigen Vater, an Jesus Christus, seinen eingeborenen Sohn, ich glaube an den Heiligen Geist, die Vergebung der Sünden, ich habe Angst um mein Kind, mein kleines Mädchen, angesichts der Pest. Erbarmen, Herr, ich liege vor Dir im Staub auf den zerbrochenen Fliesen, Dein Wille geschehe, die Auferstehung des Fleisches und das ewige Leben, Amen. Laß mich nicht zu den Müttern gehören, die mit ansehen müssen, wie der Sarg ihres Kindes in die Grube hinabgelassen wird, und deren Bauch bis zum Ende ihres Lebens blutet. Schon immer hat die Pest getötet, zehnmal schlimmer als der Krieg; und solange es Menschen gibt, wird sie immer töten. Während unsere kleinen Leben sie durchqueren.

Ein Bote aus dem Rathaus hat an die Tür geklopft. Du wirst am nächsten Tag um zehn Uhr im Saal der Regenten erwartet. Endlich will der neue Großregent dir einen der zwölf Aufträge für die Große Galerie anbieten. Von den Beispielen aus der Geschichte der ersten Bewohner Hollands, der Bataver, von den zwölf Gemälden ihres Widerstandes gegen den Eindringling wird dein Bild das Erste sein. Jeder Regent protegiert den Künstler seiner Wahl; für ihn einen Auftrag zu bekommen bedeutet, den anderen seine Macht zu beweisen. Du hast nie versucht, Joan Huydecoper zu gefallen, hast niemals vor ihm gedienert, hast dich an dem Abend zu Ehren des Heiligen Lukas nicht gezeigt. Durch die allerletzte Stimme wurde ihm die Macht entzogen. Er liegt sogar zu Bett, krank. Und der neue Großregent verlangt nach dir. Ich verstehe, was du immer wieder sagst. Diese Abenteuer der Macht, des kleinen Ruhms und großen Verrats öden dich an.

Ein Schrei entfuhr mir. Unser Haus. Auf die Tür hat er die Pest gesät, der Mann in Schwarz, ich habe es gesehen. Ich stelle meinen schweren Korb mit dem Kohl ab und schreie noch einmal hinter dem Davonlaufenden her. Es war Andries, der ihn erwischte, es war Andries' Bock, der ihn mit seinen Hörnern an die Wand stieß. Rembrandt und Titus kommen herbeigelaufen. Cornelia und ihre Angst etwas weiter entfernt, ohne ihren Schwamm, um draußen zu atmen, ins Haus, rufe ich ihr zu, sie soll sofort ins Haus gehen. Der Mann beteuert, ein Anfall von Kopfschmerzen habe ihn vor unserer Tür stehenbleiben lassen. Jeder weiß es, die Pestsäer lügen. Aber wenn nur ein Körnchen Wahres an dem ist, was er sagt, dann ist er ein Pestsäer, der selbst die Seuche hat. Ich weiche zurück. Vor Angst rollt der Mann mit den Augen. In meinen muß er meine Angst erkennen. Die Garden werden ihn verhören, und er wird gestehen. Man wird ihm beide Hände abhacken und ihn dann hängen. Und wenn er nicht gesteht, wird er mit seinen Händen gehängt. Nie mehr wird er die Pest säen.

Im großen Saal der Regenten hast du dich bedankt, mit höflich gebeugtem Rücken. Das wird dein größtes Bild werden, noch größer als *Die Kompanie des Kapitäns Frans Banning Cocq*. Ja, du wirst es in einem Saal des Rathauses malen können, ja, einem großen leeren Saal mit einem Schlüssel, und niemand wird hereinkommen. Ja, mit gutem Licht. (Man antwortet dir eilig.) Und vor allem bei geschlossener Tür, damit die schrecklichen Ölgerüche deiner Malerei die Luft in der Großen Galerie nicht verpesten. Du hast die Beleidigung nicht gehört, vor allem nichts erwidern. Die an der Macht tun so, als handle es sich um eine Vereinbarung, das ist ihr Spiel. Nur ein paar Worte, nur eine Kleinigkeit, und ihnen fällt ein, daß dieses Spiel ihr Krieg ist. Mein Geliebter, in ihrem Krieg um Macht und kleinen Ruhm bist du eine Kleinigkeit.

Wenn die Sonne untergeht, wünscht man sich an den Kanälen nicht mehr »Gute Nacht«; mit einem genickten Gruß, einem heiseren Räuspern wünscht man sich »Gute Auferstehung«.

Endlich wurde dir von den anderen Lebenden vergeben. Vergeben auf der Erde wie auch bestimmt schon im Himmel. Der Konkurs, der Vertrag, die nie bezahlten Schulden. Vergeben und beleidigt am selben Tag, das denke ich ganz leise für mich. Die Menschen ändern sich nie. Weder die Bataver noch die

Regenten. Aber noch lange nachdem der mit der empfindlichen Nase nichts mehr riechen wird, nicht einmal mehr seinen eigenen Geruch (denn in der Ewigkeit wird er keinen mehr haben, er nicht, seine Knochen nicht und sein Staub nicht), lange nachdem die Gerüche des Gemäldes getrocknet sind, wird das Licht deines Bildes immer noch neue Augen zum Leuchten bringen. Doch was ich denke, sage ich immer noch nicht laut.

Du hast tausend Gulden verlangt, nicht weniger als dein Schüler Govaert Flinck, der zwölf Aufträge zu diesem Preis malte. Du hast es ganz schnell gesagt, damit niemand einen Einwand dagegen vorbringen und alle dir im voraus den gerechten Preis vergeben sollten. Du hast nicht laut gesagt, daß du mit Titus' und Aerts Hilfe so gut und so schnell arbeiten würdest (monatelang wirst du nichts anderes tun, als deinen Claudius Civilis malen), daß es den Regenten im Rathaus so gut gefallen und sie dich bitten, ja anflehen würden, auch die anderen Bilder zu malen. Tausend Gulden, deine Forderung wurde gehört; ihre Ehre will keinen Vertrag, nur ihr Wort. Und sogar ihr Schweigen. Am fünfundzwanzigsten Oktober hast du in einer rasch hingeworfenen Zeichnung das große Bild vor dir gesehen. Am sechsundzwanzigsten ist der Regent Huydecoper in seinem Bett gestorben.

Die Luft der Pest ist erdrückend, und die Fenster, deren Läden nicht vernagelt sind, werden nachts halb geöffnet. Unter den Sternen des Sommers, unter dem Gesang des Genevers, kreuzen sich die Schreie, die des Todes und die anderen. Manchmal kann man sie nicht auseinanderhalten. Gute Auferstehung. Freuen wir uns des Lebens, solange wir noch leben. Des Genevers und der Liebe. Eines Tages verschwindet die Pest, man glaubte schon nicht mehr daran, und keiner weiß, warum. Ein paar Monate später kommen die Kinder der Pest in reiner Luft zur Welt. Ganze Scharen von Kindern, als Ersatz. Selbst Frauen, die schon immer unfruchtbar waren, bekommen Kinder. Zwillinge oder Drillinge.

Die beiden Genevergläschen stoßen miteinander an, ja, die Menschen auf Erden haben dir vergeben. Zum Dank wirst du ein schönes großes Bild malen, das erste, auf das der Blick fällt, wenn man die Treppe zur Großen Galerie hinaufgeht. Alle werden kommen, um es zu bewundern, die ganze Stadt, die Mächtigen, die Reichen und die Armen. Noch ein Glas Genever mit deinem Freund van Ludick; als Rückzahlung dessen, was du ihm noch aus seiner Bürgschaft schuldest, versprichst du ihm ein Viertel des Lohns für den Claudius Civilis (nicht weniger als Govaert Flinck, nein, nicht weniger). Dieses Geld wird willkommen sein, der Schatten des Bankrotts schwebt über dem Ehrenmann van Ludick. Er sagt, schon bald müsse er vielleicht wegen seiner Verbindlichkeiten sein Haus verkaufen.

Die Bataver lieben Gott. In ihrem langen Haar finden die Männer den Mut und die Kraft Simsons, um ihre Freiheit zu verteidigen; die Frauen gehen immer keusch in die Ehe, die Männer und Frauen ändern sich nie, die Bataver sind Holländer.

Kopfweh und Brechreiz.

Die Notare, echte und falsche, laufen hinter ihrem Taschentuch durch die Stadt. Folgen dem Pestarzt von weitem. Nach dem lauten Schrei beim Aufschneiden der Pestbeule, nach dem Weggang des Arztes, klopfen sie an die Türen. Diejenigen, die ihr Testament nicht auf den neuesten Stand der Pest gebracht haben, diejenigen, deren Erben ein paar Tage zuvor gestorben sind oder die in der Verzweiflung ihrer heimgesuchten Seele ihre Umgebung (die sie oft nicht umgibt) anders sehen, bezahlen den Notar ihres letzten Testamentes mit einem Teil der Erbschaft.

Ein Schweißausbruch, ein kleiner Fieberanfall.

Jeden Tag maltest du bis in die Nacht hinein im Triphuis, dem großen Haus der Trips am Kloveniersburgwal, am Bildnis Jacob Trips, der gerade gestorben war. Du hattest das Portrait seiner Frau gefirnißt, beendetest nun das des Toten aus der Erinnerung. Nachbar Andries sah meine Schweißblässe, aber ich hörte nicht auf ihn, ich habe zuviel Angst vor dem Fieber, nein, ich werde mich nicht hinlegen. Die Sonne bescheint meinen Fiebergang durch die Stadt, das wird meine letzte Anstrengung sein. Der Nachbar hielt meinen Arm bis zur Amtsstube des Notars Nicolaes Listingh an der Herengracht. Warum den Notar wechseln, wenn man einen kennt?

Ich übergebe mich vor Schmerzen. Muß mich hinlegen.

Nicolaes Listingh sah mich körperlich angegriffen, aber in der Lage zu gehen und im Vollbesitz meiner geistigen Kräfte, meines Gedächtnisses und der Sprache. Mein einziger Besitz, mein Anteil am Kunsthandel, der Rembrandt van Rijn Kost und Logis gibt, soll nicht den Gesetzen der Waisenkammer überlassen werden. Mein Kind Cornelia van Rijn soll das erben, was mitgenommen werden kann, aber auch das, was nicht mitgenommen werden kann. Das war zwei Jahre vor der Pest, aber ein Notar kann weiter blicken als Gottes Barmherzigkeit. Und wenn mein Kind ohne Erben sterben sollte, Erbarmen Herr, Dein Wille geschehe, mein Töchterchen, so soll ihr Besitz auf Titus van Rijn übergehen, ihren Halbbruder. Vormund des vorgenannten Kindes soll sein Vater sein, der alle Vollmachten bekommt, auch zu verkaufen. Durch andere Gesetze bist du nun, mein Geliebter, vor den Gesetzen geschützt. Die Worte Nicolaes Listinghs drehen sich immer noch im Kreis, und wenn das Kind vor der Erblasserin sterben würde, und ohne Nachkommen. Das Fieber steigt. Ich unterschreibe. Ich liebe es zu unterschreiben, ziehe zwei ganz gerade Striche. Ein nacktes Kreuz, Christus ist auferstanden.

Nie zuvor hat das Bett gezittert. Ich höre die Klappern der Brandwächter, es dringt in mein Ohr. Es sind meine Zähne, die klappern.

Die Römer verloren Schlachten. Dann drangen sie dank eines Verräters in unser schönes Land ein. Unter der Führung von Claudius Civilis erhoben sich die Bataver gegen sie und jagten die Eindringlinge davon. Abraham sagte, Civilis habe die Schlacht gewonnen. Für Ephraim hatte Civilis gut mit den Römern verhandelt; man dürfe nicht vergessen (und sein Name sei der Beweis, pflegte er zu sagen), daß er fünfundzwanzig Jahre lang für die römische Armee gekämpft hatte. Für Abraham wirft keine einzige Schwäche auch nur einen Schatten auf Claudius Civilis, die Bataver sind ein freies, mutiges Volk, die Bataver sind Holländer. Als erstes von zwölfen wird dein Bild den Augenblick des Schwurs der Verschwörer darstellen.

Noch ein bißchen schlafen. Ich sehe deine Güte über mir, und deine gerunzelten Brauen, deine Sorge. Deine Hand, die sich nähert, kühl auf meiner Stirn. Ich liebe dich, ich lächle dir zu. Meine Lider sind schwer, mein Körper ist schwer, mein Arm ist zu schwer, um das eisige Hemd hochzuheben, das an meiner Haut klebt.

Den Eindringling verjagen, ja, die Schwerter schworen es. Der Wein wärmt den Mut, die Bataver wissen das. Aus dem großen Kelch haben sie den Wein des Mutes getrunken, das Blut Christi. Andere Personen sitzen an der Wand und schauen zu. Aber es sind zwölf am Tisch, zwölf zu Claudius Civilis gewandt. Civilis ist königlichen Geschlechts, die Krone auf seinem Kopf läßt ihn noch größer erscheinen. Er ist größer, er ist stärker als alle. Sein geschlossenes Lid verbirgt die Schlachten, das Feuer, das Blut hinter dem ausgestochenen Auge, im Innern seines Kopfes. Er hat dem Tod ins Auge geschaut, ganz nah. Starr wie eine steinerne Statue wendet er sich an jeden der Zwölf, mit einem Auge sieht er den Schwörenden ins Angesicht. Doch warum geht sein Blick über die Leinwand hinaus, warum sieht er bereits, weit hinter dem Augenblick und dem verheißenen Sieg, die Trauer, warum sieht er mich an?

Cornelia geht durch das Licht. Ihre weißen Zähne lachen, dann verschwinden sie im Dunkeln. Ganz klein vor der Wand. Sie lacht nicht mehr, sie schüttelt den Kopf, Titus zieht sie an der Hand, jetzt schreit sie; Titus Simson Civilis mit dem herrlichen Feuerhaar schlingt die Arme um seine Halbschwester. Beugt den Kopf zu ihr hinunter. Eng aneinandergeschmiegt erbeben sie, teilen denselben Kummer. Ich drehe den Kopf nach links, und mit einem Auge sehe ich dich verkehrt herum, mein Geliebter.

Noch ein bißchen schlafen, bis morgen früh. Deine Lippen hauchen Wörter, sie sagen, daß es schon morgen ist. Morgen früh.

Der Pestsäer.

Es ist der Pestsäer. Ich glaube an Gott, den allmächtigen Vater, ich glaube an Jesus Christus, Seinen eingeborenen Sohn, unseren Herrn, den Heiligen Geist, geboren aus der Jungfrau Maria, gelitten unter Pontius Pilatus, gekreuzigt, begraben, hinabgestiegen in das Reich der Hölle, am dritten Tage auferstanden von den Toten, aufgefahren in den Himmel, von dort wird er kommen, zu richten die Lebenden und die Toten. Ich habe Durst.

Es ist dunkel. Ich schließe, ich öffne die Augen. Ich denke, daß ich die Augen schließe und öffne. Ich denke. Das ist der Pestsäer. Und das bin ich.

Wenn ich noch schlafen wollte, ich könnte es nicht, das Summen in meinen Ohren wird immer lauter. Wie eine große Woge kommen die Flammen näher, langsam steigt das Feuer in mir. Der See brennenden Schwefels, das ist der zweite Tod, Herr, warum. Ich klappere mit den Zähnen, das Bett zittert, die Wand, das ganze Haus, das ist der Bock des Nachbarn. Auch du, mein Geliebter, deine Schultern beben, an Titus geschmiegt. In meinem Innern brennt das Feuer, wie es will, von außen stechen Tausende von Nadeln in jede Stelle meiner Haut.

Dann erreicht die Schleppe aus verbrannter Gischt das Meer, das sich langsam zurückzieht. Ein leichter Wind erhebt sich in den Blättern, die um ihren Stiel herumflattern, ein Hauch unendlicher Müdigkeit. Ich zittere nicht mehr, ich rühre mich nicht mehr, ich versinke in meinem Bett. Ein großer Frieden. Einstweilen.

Die Kerzen verbrennen die Miasmen in der Luft zwischen mir und jenen, die ich liebe. Ich sehe deinen Kummer, er zieht mich zu deinen Augen, zeichnet Furchen und Beulen in dein Gesicht, verzeih. Die glühende Luft meines Körpers hat meine Zunge ausgetrocknet, aber die Wörter knallen noch. Essig. Ja, halte nur das rote Taschentuch zwischen uns. Essig ist der Geruch des Lebens.

Mit gespreizten Armen und Beinen lauere ich schweißgebadet auf den ersten Schauder. Ich weiß nun, während der kleinen Brise zwischen zwei Bränden, daß die Feuerwoge wiederkommen wird.

Ich habe es so gut gemacht, wie ich konnte. Immer, in all den Jahren bei dir. Um uns alle vier zu schützen, habe ich getan, was ich wußte, Salben, Pulver, das Quecksilber und die Zwiebeln. Mit heißem Essig habe ich die von dem Pestsäer besudelte Tür abgewaschen. Die Sünden der Menschen haben Gottes Zorn geweckt, im Zorn fällt Gott rasch sein Urteil. Aber euch zu verlassen, euch nicht mehr zu sehen vor dem Jüngsten Gericht, ihr fehlt mir schon jetzt. Der Tod, das ist nicht der Schmerz, das ist die Liebe.

Ich sah meinen Schrei in deinen Augen, bevor ich ihn hörte. Es ist nicht das Fieber, es sind nicht die Nadeln, es sind glühende Kohlen im Fleisch. Eine Pestbeule. Ich kann den Kopf nicht mehr drehen, ich höre die Angst, die mein Blut im Hals pochen läßt. Mit den Fingerspitzen, eine Kirsche, eine Pflaume, schon wird sie größer. Auf der Innenseite des Schenkels auch. Geschwollen von schwarzem Blut, heiß, verseucht.

Abraham, der Apotheker, und Ephraim, der Arzt, danke, Freunde, daß ihr da seid. Aber schaut nicht so traurig, meine Freunde, damit mir der Tod nicht so schwer wird. Der bittere Geschmack in meinem Mund läßt mich würgen, das Gift des Körpers steigt in den Mund.

Der Herr wird sie verfaulen lassen, wenn jeder noch auf seinen Füßen steht. Ihre Augen werden in ihren Höhlen verfaulen, und ihre Zunge wird in ihrem Mund verfaulen.

Ich sage ja, ich will die dicken Schröpfköpfe, damit die Pestbeulen größer werden und reifen. Ich schäme mich nicht meiner Nacktheit vor euch. Höchstens vielleicht, nicht mehr so zu sein wie der andere, noch feste Körper Bathsebas, heute gelb und weich. Verseucht von großen schwarzen Blutegeln und voller roter und schwarzer Karbunkel, wie Flohstiche. Durch den Nebel im Zimmer erscheint einen Augenblick lang Judiths Gesicht und lächelt mir zu. Laß mich nicht wahnsinnig werden, oder erst, wenn die Schmerzen kommen, damit ich vergesse. Unter den Schröpfköpfen brennt es, zieht es, kitzelt es auch. Aber gleichzeitig sammelt sich der Schmerz in der Bauchhöhle, bereit, hervorzuspringen; um ihn herum kreuzen sich Arme und Beine, dort über dem einsinkenden Bauch.

Im Licht werden die Augen blind. Das weiße Tischtuch ist ein Spiegel, das Licht ertrinkt darin. Um Civilis herum stehen die geneigten Gesichter in Flammen, die weißen Klingen der Schwerter kreuzen sich über dem Schwur. Das war vor der Schlacht, doch berauscht oder ernst hatten sie schon von dem Sieg getrunken.

Durst.

Ganz klein meine neunjährige Tochter neben ihrem Vater. Von ihrer toten Mutter wird sie lernen, was Pest ist, aber die Pest ist nicht das Leben. Neun Jahre. Danke für diese Bierblasen, die an Zunge und Hals kratzen. Neun mal sieben dreiundsechzig. Das Jahr der Wende, aber auch die Zahlen dieses Jahres. Ich war es also, die Gottes Zahlen bedrohten. Es summt mir in den Ohren, aber Ephraim hat eine klare Stimme: »Zu früh zum Aufschneiden, nicht reif genug, die Beulen.«

Meine heisere Stimme erstickt. Laßt mich nicht sterben voll von Gift, Würmern und Gerüchen.

Das Fieber erwürgt mich: »Rembrandt, ja, hör mir zu, komm näher, aber nicht zu nah. Ich glaube auch, daß die Öle, die an deiner Haut haften, dich vor der Pest bewahren, aber das Leben in diesem Zimmer ist gefährlich. In den Flammen der Kerze sollen auch Thymian, Raute, Weinreben und Kampfer verbrannt werden, alles, was deiner Nase den Gestank meines Körpers verbirgt.«

Damit die Erinnerung besser riecht als dieser schwitzende Tod. Unser Schweiß vermischt in den feuchten Laken, das Ende war nah; ohne es mir sagen zu müssen, auch nicht ganz leise, wußte ich es. Jede Nacht seit jener ersten Sommernacht, eingeschlossen in deinen Armen und deinen Schenkeln, schwitzte ich unter dir, auf dir und noch auf alle anderen Arten. Um die Pest zu vergessen. Wenn die Prediger recht haben und es Sünde ist, sich von hinten zu paaren wie die Tiere, dann haben wir in diesem letzten Monat jede Nacht gesündigt, als ob es die letzte wäre, die letzte Sünde vor der Pest des Morgens. Gute Auferstehung. Wenn ich auf deine Überraschung, deinen Löwenschrei wartete, der einen Bock aufwecken konnte, sagte ich mir jedesmal, daß dies die letzte sei und das Leben eines Nachts aufhören würde, du in mir, ich unter dir zerdrückt.

Ich muß mich wieder übergeben.

Manchmal hast du bis zum Einschlafen gearbeitet. Auf deinem großen goldenen Hemd kreuzten sich die gelben, roten und weißen Striche deiner Malerei unter dem Aufschlag der Schwerter der Verschwörer. Am nächsten Morgen ging ich mit Cornelia durch die Stadt und über den Dam, um euch, Titus, Aert und dir, Bier und Heringe, Käse und Brot für den Tag zu bringen.

Vor allem nicht ohne Erinnerungen sterben. Das war ein Jahr vor der Pest, die Mädchen in ihren hübschen bunten Satinkleidern vor dem Rathaus hatten die Stadt noch nicht verlassen. Sie sahen noch nicht den Tod hinter dem Leben, sie beobachteten sich und lachten zwischen den Perlmutttropfen an ihren Ohren.

Auf einem Bein hüpfte Cornelia über die schwarzweißen Fliesen der Großen Galerie. Von vorne betrachtete sie das Auge des Claudius Civilis. Dann drehte sie langsam den Kopf nach links. Aber das Auge ließ sie nicht los.

In meinem Bauch habe ich Hunger, aber in meiner Kehle steigt schon im voraus Übelkeit hoch. Du hältst Bier mit verquirlten Eiern in der Hand, bestimmt habe ich Hunger, bestimmt würde es mir guttun. Der Teller nähert sich meiner Nase, um nicht zu erbrechen, drehe ich schnell den Kopf zur Seite.

Die Würmer hatten vierzehn Jahre lang Zeit, um ihre Arbeit zu tun. Immer langsamer verdauen sie das Sägemehl.

Ich weiß nicht mehr, wer ich bin, was innen und außen ist. Das Wasser in meinem aufgedunsenen Bauch, der Schweiß überall, und das Gift, das der Körper durch all seine Öffnungen ausscheidet. Wir waren, was ihr seid, ihr werdet sein, was wir sind. Erbarmen. Die kleinen Würmer in meinem Kopf sollen mich nicht wahnsinnig sterben lassen.

Judith kam mit drei Hühnern ins Zimmer. Indischen Hühnern. Rembrandt, mein Geliebter, du schüttelst den Kopf; Judith spricht lauter als gewohnt, nicht weil sie stören will, sondern weil sie sicher ist. Ich hauche, ja, daß ich es ertragen könne. Daß die Schröpfköpfe der Ärzte nichts auszurichten vermochten, daß Judith Freundinnen mit Zauberkräften hat, daß bekanntlich indische Hühner Pestbeulen zum Verschwinden bringen.

Selbst wenn sie an dem Gift sterben. Deswegen braucht man mehrere. Es war am letzten Tag der letzten Lasur vor dem Firnissen; ich erkannte jenen Frieden auf deinem Gesicht, wenn das Bild deiner

Vision gleicht, wenn dein Pinsel dich auf der Suche danach über sie hinaus geführt hat. Drei oder vier Körnchen Salz in den Hintern des Huhns. Sogleich öffnet er sich weit und zieht sich wieder zusammen. Ganz zusammengepreßt, das kratzt. Mit einer Hand hält Judith den Körper, mit der anderen den Kopf. Mit derselben Hand bedeckt sie die Augen und hält den Schnabel zu. Ein Regent würde an die Tür klopfen, ohne Antwort würde er eintreten. Judith setzt das Huhn mit dem Hintern auf die Pestbeule in der Achsel. Er würde das leere Zimmer sehen, Töpfe und Farben weggeräumt, nur das große Bild an der Wand. Er würde die Gerüche riechen. Auf dem schwarzen Schmerz ist die Hitze des vom Salz verbrannten Hintern des Huhns einen Augenblick lang wie eine Liebkosung. Besser als ein gläserner Schröpfkopf zieht der warme Atem seines Bauchs das Gift heraus. Es schüttelt den Kopf, wie ich würde es gern schreien. Der Regent wird die anderen rufen, alle gemeinsam werden sie es bewundern. In ein oder zwei Tagen werden sie einen Boten zur Rozengracht schicken, um dich einzuladen; oder aber sie werden nicht warten und selbst kommen, um Rembrandt van Rijn zu danken und zu beglückwünschen.

Wenn ich als kleines Mädchen mit den Zähnen klapperte, klang das wie ein lächelnder Schädel. Meine Mutter glaubte, ich hätte Fieber, sie nahm mich auf den Schoß, erzählte mir von den spanischen Foltern, dem alten Mann, der sein Blut trank, so wie es ihm aus dem Hals schoß. Sie erzählte, und ich klapperte mit den Zähnen, aber nie bebte mein Bett so wie jetzt. Durst.

Rembrandt van Rijn, mein Mann fürs Leben, vor zwei Jahren hast du Pieter van Gerven, dem Totengräber der Oude Kerk, das kleine Grab verkauft, in dem Saskia seit einundzwanzig Jahren zu Staub zerfiel. Mit diesem Geld hast du ein neues Familiengrab in der Westerkerk gekauft, näher an der Rozengracht. Hattest du eine Vorahnung von der Pest?

Durch den Essig lächelt Judith mit ihren roten Augen. Sie will mir alles sagen, sie glaubt, ich habe Angst. Sie weiß nicht, daß Schmerz und Wahnsinn die Angst töten. Jetzt, da die Hühner die Beule angehoben haben, muß man sie mit einem Breiumschlag zum Reifen bringen. Dazu nimmt man eine große, ausgehöhlte, mit Theriakwurzel gefüllte Zwiebel. Unter Asche gegart. Mit Schweineschmalz, Senfkörnern, einer Prise Taubenkot und Magnetstein zerstampft. Legt man das Ganze auf die fest verschlossene Pestbeule, so wird man sie morgen aufschneiden können.

Durst. Die ganze Nacht wurde mein Körper vom Schluckauf geschüttelt. Wenn der Wind sich legt, starre ich mit weit geöffneten Augen in die Flamme der Kerze. In der Ferne höre ich die erste zitternde Gischt.

Zehn Tage später wurde das Schweigen der Regenten unmöglich. Vielleicht gefiel es ihnen nicht. Das kann nicht sein, wiederholte der verwundete

Löwe, lief in seinem Käfig hin und her. Wie konnten die Regenten es wagen? Die Regenten haben alle Rechte, auch das ihrer Feigheit.

Im Laufschritt kam van Ludick vom Dam zur Rozengracht. Er setzt sich. Lehnt mit einem traurigen Lächeln ab, nein danke, keinen Genever heute abend. Auf seine Fragen hat er keine Antwort bekommen. Nichts wurde gesagt, nichts Wahres, nichts Deutliches, nur Zweifel. Cornelis Witsen ist wieder Regent. Sollte er Rembrandt noch übelwollen? Er hatte veranlaßt, daß Rembrandts Haus der Waisenkammer entzogen wurde, es war Cornelis Witsen, der das Haus in der Breestraat verkaufen ließ. Er ist kein Mann, der sein Geld verliert, er allein hat seine viertausend Gulden (und seine Vorzugsgebühr) zurückbekommen. Der Regent verteidigt die Moral des Geldes und der Macht. Wer sich der Gesetze bedient, um seine Schulden nicht zurückzuzahlen, dem wird niemals vergeben. Auch wenn jene, die ihn heute verurteilen, ihn bestohlen haben, so sehr, daß sie glaubten, ihn hinzumorden, ihn und seine übelriechende Malerei, ihn und seine Schatten.

Im Licht läßt Ephraim Bueno die Klinge des Skalpells aufblitzen.

Und dann kränkt ein Regent einen anderen Regenten nicht, der ihm mit einer Stimme seinen Platz im Rathaus überlassen hat. Er beleidigt den Maler, den sein Feind der Macht ausgewählt hat. Kleine Geschichten von kleinen Leben. Als hätte ich mir schon an jenem Abend die Krankheit geholt, kommt mir ein bitterer Geschmack hoch. Kleine Leben nenne ich jene, die ihre Seele verloren haben, die in den See von brennendem Schwefel geworfen werden.

Ich werde nicht verflucht sein, nein, ich werde nicht die ewige Glut erleiden. Nur das Skalpell in dem Abszeß.

Das große Bankett des Claudius Civilis wurde von der Wand im Rathaus abgehängt, verkehrt herum zusammengerollt (die rissig gewordene Malerei in der Mitte verborgen) und dem Maler Rembrandt an die Rozengracht zurückgebracht. Ohne Bezahlung, ohne ein Schreiben. Nur ein paar Worte, wiederholt von einem der drei Träger. Ich weiß es noch. Der Maler solle es noch einmal malen, richtige Leute mit richtigen Farben, nicht diesen da, der nur ein Auge hat, um das Leben zu sehen.

Ich sehe, ich höre es noch; und wenn ich nach dem Biß in mein Fleisch noch lebe, so nur deswegen, weil Ephraim den kleinen mondförmigen Schnitt so gut gesetzt hat. Im Essigdunst beglückwünscht ihr euch. Ja, die schwarze Entzündung verläßt den kranken Körper. Noch einen Krug lauwarmes Bier in den von klappernden Zähnen versperrten Mund. Noch ein paar Blasen auf den Durst der schwarzen Zunge. Vor dem Ausbrennen.

Wenn ich mich noch erinnern kann, dann werde ich vielleicht nicht sterben, noch nicht heute nacht. An einem Geneverabend wolltest du das große Bild ausrollen. Zum ersten Mal wolltest du die Tafelrunde der Verschwörer wiedersehen, den Messias Civilis und seine Apostel, wolltest auch den Verräter finden und entlarven. So sagtest du. Du wiederholtest, daß du den Intrigen der Feiglinge im Rathaus gedient hättest, die nicht einmal mehr ein einziges Auge hätten, um dein Bild anzuschauen. Das Haus ist klein, das Vorderzimmer zu klein für das große Bild. Da hast du auf die große Rolle, auf die Rückseite des aufgerollten Bildes mit deinem Messer eingestochen, auf die Verräter und die Verschwörer, auf die Feiglinge und die Blinden. Mit Worten, Zeit und Küssen haben Titus und ich dich ins Bett geführt. Dann hat Titus im Licht der Morgenröte draußen auf dem Pflaster die Leinwand auseinandergerollt. Die Messerstiche waren deine Rache. Sie hatten den Hintergrund zerschnitten, ihn um den Tisch herum durchstochen, zerrissen. Sie waren um die Verschwörer gekreist, aber kein einziges Gesicht war durchlöchert. Kein einziges.

Es gibt keine Luft zum Atmen mehr, die Flamme, mit der Ephraim die Wunde ausbrennt, zehrt alles auf. Nur nicht meine Schreie, die ich hinunterschlucke. Die Lebenden wissen, daß sie sterben werden, aber die Toten wissen gar nichts. Ich falle in einen bodenlosen Schacht, die langen Krallen meiner Hände klammern sich ans Laken. Das Maul des Drachens der Apokalypse, die feuerspeienden Mäuler des siebenköpfigen Drachens verschlingen mich. Wirst Du ein Wunder für die Toten vollbringen? Werden die Verstorbenen sich erheben, um Dich zu feiern?

Wir werden uns wiederfinden, diesmal für die Ewigkeit. Ich weiß es. Aber vorher fehlt ihr mir, ihr fehlt mir schon jetzt. Ich habe noch keine Angst. Ich weiß, daß Gott barmherzig ist. Rembrandt, Cornelia, Titus, keiner von euch liegt auf dem Bett vor mir. Danke, o Herr, nicht ich muß das Leid erfahren, mit anzusehen, wie einer von ihnen mich in meinem Leben und meinem Kummer allein läßt.

Nur die Menschen begraben ihre Toten. Das wird meine erste Beerdigung sein.

Die Kränkung wird noch größer. Über Govaert Flincks Zeichnungen werden die Regenten von Jurriaen Ovens das erste Bild von dem Aufstand der Bataver malen lassen. In vier Tagen. Für 48 Gulden. Ich warte auf den nächsten Schüttelfrost. Ich spüre ihn schon kommen.

Zwischen den Batavern und der Auferstehung sind unsere Leben so leicht. In all den Jahren, seit ich bei dir bin, lerne ich zurückzuweichen, Freude oder Leid von meinem Inneren fernzuhalten. Ja, im voraus habe ich mich losgelöst, von meinem Leben und meinem Tod. Aber kein Leid pocht in der Farbe deines Gesichtes, das sich verkehrt herum über mich beugt. Auch nicht in dem meines Kindes, das ich nicht aufwachsen sehen werde, mein Fleisch und mein Blut und sein Lachen.

»Abraham, lieber Abraham Francen, ja, kommt näher, aber nicht zu nah, immer die Kerze zwischen uns. Ich bitte Euch, Rembrandt zu helfen. Wollt Ihr in Eurer Güte Cornelias Vormund sein? Ihr werdet immer wissen, was das Beste ist, und niemals gegen ihren Vater, aber, dank Euch, ohne die Gesetze der Waisenkammer.« Danke, lieber Abraham. Mehrmals senkt Ihr die Lider als Zeichen der Zustimmung, und auch um Eure Tränen zu verbergen.

Aus der Bauchhöhle, wo er sich gesammelt hat, ist der Schmerz hervorgesprungen, der ganze gemarterte Körper zuckt, Arme und Beine zu lang. Die Gemeinschaft der Heiligen, Vergebung der Sünden, Auferstehung des Fleisches und das ewige Leben, eine Sintflut reißt mich mit, läßt mich im Krampf erbeben.

Rembrandt, Cornelia, Titus, eure geliebten Gesichter entfernen sich. Um euch besser verlassen zu können, damit die Trauer sich löst und verblaßt. Meine Hände schließen sich und gleiten über das Laken. Mit einem heiseren Atemzug hole ich noch einmal Luft. Dennoch fühle ich mich leichter in dem bebenden Bett. Ich weiß, daß sich die Seele vom Körper löst und nach dem Tod erhebt. Die Schafe zu Seiner Rechten und die Ziegen zu Seiner Linken. Letztere werden zur ewigen Verdammnis gehen, aber die Gerechten zum ewigen Leben. Ein bodenloser Schacht, ich fürchte mich, die Hure Rembrandts fürchtet sich.

Immer werden sie dasein, die Notabeln und die Regenten mit ihren unmittelbaren Gewinnen und ihren Lügen. Nach ihnen werden ihre Kinder, immer die gleichen kleinen Leben, in dem gleichen Geld und der gleichen Macht schwimmen. Aber immer wird Rembrandt dasein. Immer wird Gott einen von ihnen auswählen.

Danke, Rembrandt, das habe ich dir nicht oft genug gesagt. Niemals träumte ich an deiner Seite von einem anderen Leben. Es begann in deinen Augen. Durch deine Augen wurde ich vor vierzehn Jahren in der Breestraat zum Leben geboren. Du hast mich das Schöne und Gute gelehrt, und auch den Tod.

Ich werde für dich gelebt haben, für unser Kind, mein Geliebter, und für die Spuren. Dank deiner Pinsel und deiner Farben werde ich noch lange das Leben und die Lebenden in ihren Augen durchqueren. Es ist dunkel im Zimmer, ein Silberstreif dringt herein. Es ist Vollmond, ich spüre es. Im Vollmond fordert die Pest die meisten Opfer.

Als Jesus wußte, daß alles vollbracht war, sagte er: »Mich dürstet.« Als Er den Essig von dem Schwamm getrunken hatte, der ihm auf einer Lanze gereicht wurde, gab Er Seinen Geist in die Hände Seines Vaters. Der Essig auf dem Schwamm hat Christus getötet.

Kommt, Gesegnete meines Vaters, habt teil an dem Reich, das euch bereitet wurde von Beginn der Schöpfung an. Das Bett um mich herum ist getrocknet. Oder ich erhebe mich schon über meinen Schweiß hinaus.

Ich weiß nicht, ob das Gift in meinen Kopf steigt.

Meine Mutter sagte, an der Pforte zur Ewigkeit kämpfe das Leben, die Erinnerungen stößen sich. Sie sagte nicht, daß man auch sehen kann, was nach dem Leben kommt. Zwei Finger schließen die Lider über meinen Augen, zwei Finger, die gut nach Mohnöl riechen. Schon verhängt Judith die Spiegel und dreht die Bilder zur Wand. Nein, weint nicht, ihr wißt es nicht, aber ich sehe euch noch. Mein Kind, meine schöne Tochter, ja, Titus, bring sie aus dem Zimmer, fort vom Tod und seiner Häßlichkeit.

Rembrandt bindet ein Tuch um mein Kinn und knotet es in meinem Haar zusammen; zum letzten Mal treffen die Zähne in Ober- und Unterkiefer aufeinander. Danke, mein Geliebter, daß du mir den Mund vor meinem letzten Schrei verschließt, damit Gott den Frieden auf meinem Gesicht sieht. Rasch, unter die Bodenplatte in der Westerkerk, damit du wieder das Licht deiner Palette vor dir siehst. Die dicke Farbe riecht so gut, ich bin geblendet von den großen Messerstrichen. Ich sehe die Bilder und spüre den Kummer.

Ich höre das Lachen der Kinder und ihre Stelzen, die über das Pflaster der Stadt klappern.

Ich sehe das Ende der Gänge, die das Heer der Würmer ins Holz gegraben hat. Vierzehn Jahre lang haben sie gearbeitet, lassen mehr Hohlräume als Holz hinter sich zurück. Einen Augenblick lang halten sie am Ende des Sägemehls inne, geblendet von dem Licht der Sonne im Wasser, dann krabbeln sie weiter. Sie wissen nicht, daß kleine Würmer im Wasser ertrinken.

Mit einem Kreuzzeichen fügte der Heilige Niko-
laus die Stücke der Kinder im Pökelfaß des Schlach-
ters wieder zusammen und erweckte sie zum Leben.
Die Kinder sind auf der Erde, um ihr Lachen
erschallen zu lassen und zu singen und den Heiligen
Nikolaus zu feiern. Aber die Regenten und all die
Männer in Schwarz haben es verboten, verboten,
den Freund der Kinder zu feiern, auch verboten,
Lebkuchenmänner zu verkaufen, bei drei Gulden
Strafe.

In Rosenwasser und Myrrhe getauchte Tücher
verjagen die letzten Nadeln auf meiner Haut. Titus,
mein Kind, mein Bruder, ich höre dein Weinen. Ich
höre auch das Leid der Pest. Das zerbrochene
Lachen einer Frau und die Schreie eines Kindes, das
allein ist auf Erden. Seit ich geboren wurde, vor vierzehn Jahren in der Breestraat, weiß ich, daß das
Leben in deinem Vater stillstehen wird, wenn du vor
ihm stirbst. Sieben mal neun, mit dreiundsechzig ist
das Leben gefährlich.

Sie schlagen auf die Trommeln, sie schlagen an die
Türen der Stadt. Ihr Lachen verbrennt die Regenten
und die Prediger.

Auferstanden von den Toten, aufgefahren in den
Himmel. Unter der Bodenplatte der Westerkerk, das
Gesicht nach Osten gewandt, werde ich jeden Mor-
gen deines Lebens aufgehen sehen. Ich werde jeden
Tag zählen, der uns einander näher bringt. Sieben
mal neun.

Leichter als eine Welle, weniger salzig als Gischt. Deine Finger streicheln mein Gesicht.

Das Holz wird bersten. Das Holz der Deiche.

Gegen den Zorn der Kinder werden die Regenten nichts ausrichten. Tausende von Lebkuchennikoläusen. Angesichts der Leckermäuler der zornigen Kinder werden die Regenten diesmal zurückweichen.

So laut wird der Donner sein, daß man nicht weiß, ob es die Wellen sind oder das berstende Holz.

Kühl wandern deine Finger über mein Gesicht.

Erst wenn Gott Hollands Sünden überschwemmt hat, wenn sein Zorn sich gelegt hat, dann werden die Wasser sinken, und diejenigen, die Pest und Sintflut überlebt haben, werden die Tausende kleiner Gänge sehen, die Tausende von Würmern in das geborstene Holz der Deiche gefressen haben.

Es ist kein Seufzer. Es ist keine Wolke, durch die ich gehe. Es sind deine Tränen auf meinem Gesicht. Deine Finger haben sie von deinen Augenwinkeln gepflückt. Du teilst sie mit mir, die dich verlassen hat.

NACHWORT

as Leid, das die sterbende Hendrickje spürt, ist das der künftigen Verluste.

Am 10. Februar 1668 heiratet Titus Magdalena van Loo, eine angeheiratete Cousine. Am 4. September desselben Jahres stirbt Titus, wahrscheinlich an der Pest. Sechs Monate später, am 19. März 1669, bringt Magdalena ihre Tochter Titia zur Welt.

Am 4. Oktober, also dreizehn Monate nach dem Tode seines Sohnes, stirbt Rembrandt van Rijn. Er war dreiundsechzig Jahre alt geworden, neun mal sieben Jahre. Er hatte zuviel Leid erfahren. Er wird in der Westerkerk beerdigt.

Am 17. Oktober stirbt Magdalena van Loo, zwei Wochen nach Rembrandt. Die kleine Titia ist nicht einmal ein Jahr alt.

Mit ihrem Vormund Abraham Francen als Zeugen heiratet Cornelia einen jungen Maler, Cornelis, und siedelt mit ihm nach »Batavia« (auf Bali). Dort bringt sie einen Jungen und ein Mädchen zur Welt, denen sie die Namen ihrer Eltern gibt: Rembrandt (geb. 1673) und Hendrickje (geb. 1678). Auf ihrer Insel am Ende der Welt verliert sich schon bald ihre Spur.

Titia stirbt 1728 ohne Nachkommen.

Ich glaube sagen zu können, daß in diesem Roman

alles der Wahrheit entspricht. Nichts ist erfunden. Weder die Prozesse noch die Rezepte, noch die Gerüche, noch der Schrank, noch der Spiegel... Weder die Bilder noch die Güte. Die notariellen Urkunden, die Briefe und die Bilder sind Beweise dafür, aber es wäre langweilig, sie alle aufzulisten.

Außer den Biographien habe ich Dokumente gelesen, Zeugenaussagen und Verträge studiert, habe lange die Bilder und Radierungen befragt, den Kummer in dem gemalten Schmerz und den gemalten Blicken verglichen, oder in den Jahren ohne Bilder Ängste und Hoffnungen wiedergefunden. Auch der Pest bin ich begegnet.

Hendrickje Stoffels' Schicksal hat mich berührt wegen des ungerechten Urteils und der Leiden, die sie verletzten. Rembrandts Bilder zeigen uns bereits die Tiefe und Großzügigkeit ihres Blicks. Um sie besser verstehen zu können, bin ich ihr entgegengegangen, mit ihr habe ich versucht, mich zu erinnern.

Anhang

Die Kompanie des Kapitäns Frans Banning Cocq (Die Nacht-
wache) (Gemälde) 1632. Mauritshuis, Den Haag.

Das Hundertguldenblatt (Radierung) 1649.

Medea (Radierung) 1648.

Bathseba bei der Toilette (Gemälde) 1654. Louvre, Paris.

Der Mann mit dem Goldhelm (Gemälde) 1650. Gemäldegalerie, Berlin.

Jan Six (Zeichnungen und Radierungen) 1647.

Selbstbildnis (Gemälde) 1652. Wien.

Das Stadhuis am Tag nach dem Brand (Zeichnung) 1653.

Bildnis des Clement de Jonghe (Radierung) 1651.

Aristoteles mit der Büste Homers (Gemälde) 1653. Metropolitan, New York.

Die Beschneidung im Stall (Radierung) 1654.

Die Flucht nach Ägypten (Radierung) 1654.

Bildnis des Jan Six (Gemälde) 1654. Jan-Six-Sammlung,
Amsterdam.

Die Kreuzabnahme (Radierung) 1654.

Ecce homo (Radierung) 1654.

Christus in Emmaus (Radierung) 1654.

Die Heilige Familie (Radierung) 1654.

Titus am Schreibpult (Gemälde) 1655. Museum Boymans van
Beuningen, Rotterdam.

Bildnis des Abraham Francen (Radierung) 1657.

Badende Frau (Gemälde) 1655. National Gallery, London.

Thomasz Haaringh (Radierung) 1655.

Hendrickje (Gemälde) 1660. National Gallery, London.

Der geschlachtete Ochse (Gemälde) 1655. Louvre, Paris.

Christus am Ölberg (Radierung) 1657.

Titus (Gemälde) 1658. Wallace Collection, London.

Der Hl. Franz von Assisi (Radierung) 1657.

Die Anatomievorlesung des Dr. Deyman (Gemälde) 1656. Rijksmuseum, Amsterdam.

Selbstbildnis (Gemälde) 1658. Frick Collection, New York.

Jakob und der Engel (Gemälde) 1659. Gemäldegalerie, Berlin.

Titus in Mönchskleidung (Gemälde) 1660. Rijksmuseum, Amsterdam.

Alexander (Gemälde) 1655. Gulbenkian Foundation, Caluste, Portugal.

Selbstbildnis (Gemälde) 1659. National Gallery of Art, Washington.

Hendrickje (Gemälde) 1660. Metropolitan, New York.

Christus und die Samariterin am Brunnen (Gemälde) 1660. Gemäldegalerie, Berlin.

Homer (Gemälde) 1663. Mauritshuis, Den Haag.

Der Evangelist Matthäus (Gemälde) 1661. Louvre, Paris.

Paulus (Gemälde) 1661. Rijksmuseum, Amsterdam.

Bildnis des Jacob Trip und *Bildnis der Margaretha de Geer* (Gemälde) 1661. National Gallery, London.

Die Verschwörung des Claudius Civilis (Gemälde) 1661–1662. Nationalmuseum, Stockholm.

Hercules Seghers, *Gewitterlandschaft* (Gemälde)
Carel Fabritius, *Stieglitz* (Gemälde)
Govaert Flinck, *Bildnis der Margaretha Tulp* (Gemälde)

Jacqueline BROSSOLET und Henri MOLLARET, *Pourquoi la peste? Le rat, la puce et le bubon,* Gallimard Découvertes.

Jean CALVIN, *Le Catéchisme de Genève,* G.K.E.F.

Jean CHEVALIER, Alain GHEERBRANT, *Le Dictionnaire des symboles,* Bouquins/R. Laffont.

J. COTTIN, *Traité de la peste* (réédité en 1721).

Daniel DEFOE, *Journal de l'année de la peste.*

Pierre DESCARGUES, *Rembrandt,* Lattès.

La Bible et les Saints (Tout l'Art), Encyclopédie Flammarion.

Die Bibel. Das Alte und das Neue Testament.

Pierre-Jean FABRE, *Remèdes curatifs et préservatifs de la peste* – réimprimé en 1720.

L. GANEBIN, A. GOURMELLE, *Le protestantisme,* La Cause.

Les canons de Dordrecht.

Jean GENET, *Le Secret de Rembrandt,* Gallimard.

Jean GENET, *Ce qui est resté d'un Rembrandt déchiré en petits carrés...,* Gallimard.

Guides Gallimard, Amsterdam.

Bob HAAK, *La Peinture hollandaise au siècle d'or,* Dumont.

Cornelis HOFSTEDE DE GROOT, *Die Urkunden über Rembrandt.*

J. J. VAN LOGHEM, *Le Rat domestique et la lutte contre la peste au XVIIe siècle,* Masson & Cie, 1925.

Les Maîtres de Delft, Waanders Publishers.

Jan MENS, *La Vie passionnée de Rembrandt,* Intercontinental du Livre.

Emile MICHEL, *Rembrandt, sa vie, son œuvre et son temps,* Hachette, 1893.

Johannes NOHL, *La Mort noire,* Payot.

Rembrandt eaux-fortes, musée du Petit Palais.

Rembrandt, le maître et son atelier, Flammarion.

Simon SCHAMA, *L'Embarras des richesses,* Gallimard.

Gary SCHWARTZ, *Rembrandt, his Life, his Paintings,* Penguin.

Seymour SLIVE, *Dutch Painting 1600–1800,* Yale Universal Press.

Tout l'œuvre peint de Rembrandt, Flammarion.

Christian TÜMPEL, *Rembrandt,* Albin Michel.

C. VOSMAER, *Rembrandt, sa vie et ses œuvres,* 1877.

F. P. WILSON, *La Peste à Londres au temps de Shakespeare,* Payot.

Paul ZUMTHOR, *La Vie quotidienne au temps de Rembrandt,* Hachette.

Ingmar BERGMAN, *Das siebte Siegel.*
Carl DREYER, *Ordet.*
Pier Paolo PASOLINI, *Das Heilige Evangelium nach Matthäus.*
Lars von TRIER, *Breaking the Waves.*

DANKE

Ich danke Hendrickje Stoffels, die hübsche Person gewesen zu sein, die sie war und immer auf Rembrandts Bildern sein wird. Ich hoffe, ich habe sie nicht verraten. Ich danke auch Rembrandt und Titus van Rijn, die ich in all der Zeit liebgewonnen habe.

Ich danke Charles, Léonard und Jules, meiner Familie und meinen Freunden, die mich auf dieser Reise (in jeder Bedeutung des Wortes) unterstützt haben.

Ich danke Muriel Beyer für ihren umsichtigen und liebevollen Beistand.

Sowie Elisabeth de Laubrière, Anne de la Baume, Sylvaine Parmeland, Marina Kamena und Jacques Baratier für ihr aufmerksames, freundschaftliches Lesen. Mein besonderer Dank gilt Elisabeth, die mich von Beginn meiner Nachforschungen über Rembrandt an in die Bibliotheken geschleppt und alle Dokumente mit mir durchgearbeitet hat.

Ich danke Charles Matton und Serge Clément für alles, was mit Malerei und Radierungen zu tun hat.

Ich danke Sebastian Dudok van Heel, Wissenschaftler und Historiker am Stadtarchiv Amsterdam, und Anneke Kerkhof, Konservatorin an der Bibliothek des Institut Néerlandais in Paris, für ihre langmütige Hilfe, ihre Kritik und die Geheimschlüssel, die sie mir freundlicherweise überließen.

Ein ganz besonderes Wort des Dankes geht an Jacqueline Brossollet für ihr immenses Wissen über die Pest und ihre Folgen für die Menschheit und die Gesellschaft, an dem sie mich äußerst großzügig teilhaben ließ.

Ich danke Armelle de Crépy, Zime Koleci und Suzanne Andriessens.

Toby und Yves Gilbert für die schönen Tränen.

Und den Menschen, die mich gelehrt haben, was Güte und Mitgefühl ist: F. F. und C. M.